戦後をつくる

追憶から希望への透視図

御厨貴
Mikuriya Takashi

吉田書店

戦後をつくる

——追憶から希望への透視図——

目　次

序章　戦後五〇年を戦後七〇年から振り返る　001
第1章　「憲法」をつくる、「五五年体制」をつくる　013
第2章　「処」をつくる――満州国からの還流　061
第3章　「国土計画」をつくる――日本列島改造と高度成長の時代　081
第4章　「列島改造」をつくる――田中角栄　開発政治の到達点　121
第5章　「機振法」をつくる――戦後日本産業政策の原型　153
第6章　「栄典体系」をつくる――勲章の政治人類学　201
第7章　「ハイカルチャー」をつくる――五人の軽井沢人
馬場恒吾・鳩山一郎・朝吹登水子・白洲次郎・玉村豊男　243

第8章　「復興計画」をつくる——危機管理コミッティとしての阪神・淡路復興委員会　287
第9章　「政党」をつくる——昭和二〇年代の芦田均・重光葵・三木武夫　321
終章　戦後七〇年のむこうに、何が見えるのか　385
あとがき　401
人名索引　409

【凡例】

・本書各章の論稿は、巻末に一覧として掲げた初出論文に適宜手を加えるなどしたものである。特に、各章の扉裏のコメントや第6章、7章、8章の末尾の補遺は新たに書き下ろした。

・［　］は編集部が入れた文言である。

・本書中には、西暦優先表記と元号優先表記の章が混在している。日本の歴史、特に戦後史を考える際には、例えば、「昭和二〇年」と記したほうが理解が進む場合もあるとの判断から、あえて統一をとっていない。

序章　戦後五〇年を戦後七〇年から振り返る

戦後五〇年を戦後七〇年から振り返る。二〇年前に〝戦後〟をどう捉えていたのか。これは意外に難しい問いである。切れ目なく続いていると思いがちの歴史の流れに身を任せていると、時代を見すえる大局観、時代を規定している文脈のあり方などがいつの間にかごっちゃになってしまう。変わっているにもかかわらず、日々の忙しさに取り紛れているうちに、昨日あるように今日もあり、今日あるように明日があるという錯覚に自然にとらわれてしまうのだ。

だが一九九五年前後――一九八七年から二〇〇二年まで――を中心とする九〇年代に書かれた個別の事象についての論稿を、改めて今束ねて見ると、そこにある共通の意識に思いが至る。戦後も五〇年もたてば立派な歴史となり、各々の「あり方」あるいは「作り方」に振り返るべき事柄がたくさん出てくる。ここでは九つの事象について、早い遅いは無論あるが、戦後五〇年の時間軸でダイナミクスに見て取れるものをあげてみた。

序章では、戦後五〇年前後までの政治を、戦前からの節目節目を大切にしながらとりあげてみよう。

政党内閣の終わりと近衛新体制

一九三二年五月一五日、犬養毅首相はテロの銃弾に倒れる（五・一五事件）。元老西園寺公望は、これまで八年間続いた政党内閣の慣行を破って、後継首相に、海軍の長老斎藤実を推薦した。前年九月に勃発した満州事変を、第二次若槻民政党内閣、犬養政友会内閣はともに解決できないまま、ここに政党内閣は終わりをつげる。

そもそも戦前の政党内閣の帰趨に、テロリズムは計り知れない影響をもたらしている。元老山県有朋との葛藤の末に、初の本格的政党内閣を率いた原敬が一九二一年に、次いでロンドン海軍軍縮条約問題を乗り切り、強力な政党内閣を実現した浜口雄幸が一九三〇年に、それぞれ現職首相として凶弾に倒れているからだ。

これ以後、一九三〇年代を通じて軍人や官僚の出身者が挙国一致内閣や中間内閣の首相をつとめる。これらの内閣は、強力な権力基盤を欠いたため、事変処理を当面の目標としながらも、明確なリーダーシップを発揮できなかった。政党もまた議会を通じての政権獲得に展望を見出すことができなかった。

一九三六年の二・二六事件は、議会・政党・軍部・宮中といった統治制度の力関係を決定的に変えてしまう。なぜなら総選挙の結果が政治変動をもたらすことなく、その後一週間足らずの間に二・二六事件というクーデターが生じたからである。クーデターそのものは鎮圧されたが、もはや軍部の動向を抜きに政治運営は考えられなくなった。元老や宮中グループによる首相選出も場当たり的にならざるをえない。

そして翌年七月の日中戦争から一九四一年一二月の日米戦争へと、戦時体制が模索されていく中で、軍部・政党・宮中の三者から期待され三次にわたり首相となった近衛文麿は、政党を超えた新体制の構築に結局失敗する。その結果、一九四五年八月一五日の敗戦に至るまで、戦争と和平、いずれの選択肢についても、日本の統治制度はついに一元的な指導力を確立できなかった。

近衛新体制の結果としての大政翼賛会は、「大日本帝国憲法」体制の割拠性・分立性を克服することはできなかった。不磨の大典と称された「帝国憲法」を改正することは、到底できなかったからである。

「弱い内閣」から吉田ワンマン体制へ

一九四七年、新たに成立した「日本国憲法」体制は、国会（衆議院・参議院）・内閣・最高裁判所という簡潔な三権分立の統治制度をとる。そして衆議院に優越性のある首相指名権、内閣による最高裁判所長官の指名権といった人事序列を定める。しかも国権の最高機関としての国会とりわけ衆議院は、「政党」による秩序形成が前提とされた。すなわち「議会」と「政党」が「戦後憲法」体制の統治の要とされたことで、戦前の「帝国憲法」体制のように、「元老」や「軍部」それに「宮中」といった様々の統治の要となる主体を、場当たり的に創り出すという可能性はなくなった。

しかし一九四九年までの数年間、過渡期の「戦後憲法」体制は、「強い国会」と「弱い内閣」を露呈した。片山哲・芦田均と続く社会党・民主党・国民協同党による中道左派連立内閣は、炭鉱国家管理という社会主義的政策の導入をめぐって政党問の離合集散を招き、昭電事件という政治スキャンダルで崩壊した。

少数与党内閣を率いた吉田茂は、与党自由党による単独過半数化をめざす。戦前の原敬政友会内閣の例を持ち出すまでもなく、特に戦後は単独過半数さえとれば、多数党総裁＝首相の力は飛躍的に強化されるからだ。一九四九年総選挙で単独過半数獲得に成功した第三次吉田茂内閣は、統治構造全体の安定のため、まず与党勢力の強化をはかり、民主党連立派を吸収する。次いで衆・参両院議長及び最高裁長官に吉田人脈からの起用をはかり、さらに民主自由党支配の確立のため内閣改造を恒例化する。こうしてGHQの権力を背景にしながら、「強い内閣」を構想した吉田ワンマン体制が確立する。

しかし人脈と人事権をフルに活用した吉田ワンマン体制は一時的なものだった。一九五二年になると、占領の終結によるGHQの退場と、公職追放解除による戦前派政治家の復活という状況変化により、吉田ワンマン体制は揺さぶられていく。占領後の状況変化は、鳩山一郎らの復帰に伴う吉田自由党の議席減となって現れ、一九五三年の第五次吉田内閣は少数与党政権に転落する。

保守合同と五五年体制の成立

「弱い内閣」「弱い政党」に戻った「戦後憲法」体制の混乱の中で、保守合同をめざす動きが生じる。その立役者が岸信介である。岸は戦前にワン・オブ・ゼムであった「政党」が、戦後はオンリー・ワンになったとの自覚のもと、「数の論理」にのっとった体制づくりを推し進めることになる。

一九五五年の保守合同によって結成された自由民主党（自民党）は、当初は一〇年もてばよいと言われていた。そこには自由党吉田派から改進党革新派までの驚くべき人的・思想的幅の広さがあったからだ。すなわち自由党吉田派は、占領以来の政治体制を肯定し、内に自由主義経済、外に日米安保体制を堅持し、軽武装のまま、経済復興に尽力すべきだと考えていた。これに対して、民主党内の旧改進党革新派は、内に修正資本主義、外に自主外交を明らかにしていた。さらに民主党鳩山派及び重光派は、占領体制の見直しを唱え、憲法改正・自衛軍創設をめざしていた。

これだけの政治理念とイデオロギーの相違を一挙にブラックホールのように飲み込んだのが、保守合同の実態であった。そうなると、同一政党を形成しているのが不思議なほどの相違をまとめ上げるために、強力な指導力が必要不可欠となる。したがって岸は「数の論理」に忠実に、自民党総裁公選への積極的介入、党と内閣における主流派優先人事、社会党との対決型議会運営と、「強い政党」「強い内閣」をめざして日米安保条約改定に臨むことになる。

しかし、岸が推し進めた、グレーゾーンを排して敵・味方関係を峻別する政治手段には、限界があったと言わねばならない。もっとも、岸派・池田派・佐藤派の結節点としての日米協調路線が、このときから事実上、自民党の党是として容認されたことは重要である。

だが同時に、憲法改正といった高度な政治目標は、自民党の党則を変えないまま封印されてしまう。一九六〇年「寛容と忍耐」を標榜して低姿勢でスタートを切った池田勇人内閣は、敵を明確にした対決型の政治を極力避ける。したがって五五年体制下の与野党関係も、社会党を野党に固定したまま協調型の運営に変えていく。それとともに経済の高度成長が、自・社両党を受益者集団化し、予算の配分における調整こそが、政治の主たるテーマとなる。

一九六四年から八年あまり続いた佐藤栄作内閣の下で「戦後憲法」体制は円熟期を迎える。沖縄返還、大学立法、日韓問題など与野党対決の争点を抱えながらも、佐藤内閣も結局は池田がめざした協調型政治の枠を超えることはなかった。そして政権交代の考えられない自民党一党優位制の確立が、自民党政治家のキャリアパスの明確化、社会党など野党との国対政治の顕在化、各省官僚と自民党族議員の定着化といった「固定化された政党」のイメージを浮かび上がらせていく。

自民党の柔構造化

一九七二年、今太閤と称された田中角栄首相の登場は、戦後民主主義政治の大衆化を象徴する。一方で『日本列島改造論』に示されるように、与野党をまきこむかたちでの利益政治の体系化が進み、他方で、都市政策・福祉政策・公害政策などについて社会党をはじめ、野党の政策を貪欲に吸収する〝自民党の柔構造化〟現象が顕著になる。もっとも田中は二年後、金脈政変で失脚したが、一九七六年、ロッキード事件で逮捕されてもなお政界に君臨し続ける。これは田中派をはじめ自民党の五大派閥（三木派・福田派・大平＝鈴木派・中曽根派）が、党中党として制度化され、首相退陣後も派閥の長として前首相がとどまることと軌を一にしていた。

「戦後政治の総決算」をキャッチフレーズに、一九八二年、中曽根康弘内閣が成立する。中曽根は「二重権力」と言われた田中との確執から田中の病気を契機にしだいに脱し、田中派から竹下派、鈴木派から宮沢派、福田派から安倍派への派閥の代替わりを推進し、「強い内閣」をイメージした大統領型政治を確立する。行政改革、教育改革、税制改革に取り組んだ中曽根は、国鉄改革に成功し総評を中心とする労働運動を解体した。自民党が左にウイングをのばしたと言われ、中曽根は佐藤に次ぐ五年の任期を全うし、余力を残して退陣する。

一九八七年に成立した竹下登内閣は、自民党総主流派体制を構築し、消費税導入に取り組む。だが中曽根時代の負の遺産ともいうべきリクルートスキャンダルによって、竹下内閣は一九八九年に崩壊し、ここから自民党のみならず野党までまきこみ、衆・参両院の関係性の再構築までを考えに入れなければならない「議会」と「政党」の迷走の時代が始まる。

五五年体制の崩壊

「失われた十年」と言われる一九九〇年代は、「戦後憲法」体制を構築する立法・行政・司法の三権に対してひっきりなしにスキャンダルの嵐が襲う点に特色があった。固定化されながらも柔構造を誇った自民党を中心とした五五年体制全体に、制度疲労と組織崩壊の兆しが、明らかに見えはじめた。そこで党中党の中でも質量ともに最も際立った竹下派が、一九九二年その中核にいた小沢一郎の手によって分裂する。そして翌年、宮沢喜一内閣は「政治改革」への対処に失敗し、不信任と衆議院解散に追い込まれてしまう。

総選挙の結果、非自民八党派連立の細川護熙内閣が誕生する。ここに戦後五〇年をわずかに待たずに五五年体制は崩壊し、「弱い政党」「弱い内閣」の時代が再来する。細川内閣は小選挙区比例代表制の導入は果たしたものの内紛から短命政権におわる。他方、野党に転落した自民党は、五五年体制のライバルだった社会党と連立政権を組むことによって、一九九四年、与党への復帰を果たした。しかし自民党、そして細川・羽田内閣後合同した対抗馬の新進党も「強い政党」にはなりえなかった。また社会党は片山内閣以来実に四六年ぶりに首班となって村山富市内閣を率いたが、その代償として日米安保や自衛隊など自民党への対抗上唱えてきた観念的イデオロギー的平和主義との決別を余儀なくされた。与党化のために結局、社会党は存在意義を失って消滅することになる。

戦後五〇年ののち、社会党が消滅し、新進党が分解した後もなお五五年体制の一方の雄である自民党は生き残りをはかる。野党新進党そして自由党や民主党の「改革」をテーマとした政策のとりこみをはかり、「構造改革」「行政改革」を訴えて、自民党は竹下派を基盤とする橋本龍太郎内閣、小渕恵三内閣を次々と誕生させた。

しかし二〇〇〇年、調整役としてうってつけであった竹下元首相、小渕首相の相次ぐ病死により自民党は深刻な後継者難に陥った。急きょ首相を継いだ森喜朗は「強い政党」も「強い内閣」も実現できないまま退陣し、二〇〇一年擬似首相公選ともいうべき幅広い総裁公選の結果、小泉純一郎が首相となる。小泉内閣は「改革」をキーワードに、自民党を「弱い政党」にしたまま「強い内閣」「強い議会」の形成をもくろんだ。

戦後六〇年と「弱い内閣」の出現

そして、小泉政権の二〇〇五年の郵政選挙がそれ以後の政治状況を決定的なものにした。まさに戦後六〇年に重なる。郵政解散があったとき、現在は司会を務めているテレビ番組「時事放談」にゲスト出演したのだが、そのときの相手が宮沢喜一だった。司会者が宮沢に「あなたが総理だったら、法案が参議院で否決された一事柄をもって解散を打つという手段を用いましたか」と尋ねると、普段ははぐらかすような物言いが多い宮沢が、毅然として「私ならやりません」と答えた。その理由は「いくら首相に解散権があっても、こんな解散はしてはならない。世の中には、権限はあっても使わないという不文律もあるのです。刺客を含めた小泉さんのやり方は、一時的には成功するでしょう。でも、数年後に自民党は下野することになる」というものだった。

つまり、自民党は禁じ手を使うことで、結局は自らの命脈を短くし、崩壊することになるというのだ。いま振り返るとまさにその通りだった。

その後、自民党は若さの安倍晋三、箸休めの福田康夫、選挙に勝つタマとしての麻生太郎と、一年ごとに首相をすげ替えるが、メディア人気をあてにしての、まさにその場しのぎの「弱い内閣」の出現にほかならなかった。

しかしこのとき、自民党にはもはや期待できないが、次の新しい政権の担い手が育っているという期待感、高揚感が世の中にあった。民主党である。民主党にもいろいろ問題はあるかもしれないが、少なくとも一年ごとに総理が代わることはなくなり、自民党の限界を克服した政権になるだろうという「幻想」にとらわれた。

だが、民主党政権になり、この国の政治は案に相違して、物事を決めて実行することができぬ稚拙さを露呈することになった。鳩山由紀夫、菅直人という二代の民主党政権は、鳩山は宇宙人、菅は運動家と言われたように、それまでの野党政治家としてのあり方を全く変えずに総理を務めようとした。総理大臣とは統治を担う特別な役職であって、これをこなすのは容易なことではないという自覚を、全く持たなかったのだ。

かくて、メディアの動向で総理の進退が決まることとなり、「弱い内閣」「弱い首相」が続くことになる。

戦後七〇年体制ができるか

小選挙区制の下では、国民は「政党」に投票することによって直接、総理大臣を選出できると言われたものだった。だから「強い内閣」「強い首相」が誕生するはずだった。だが、政治改革後、現在に至るまで、それで総理が選ばれたことはほとんどない。あるとすれば、郵政選挙時の小泉と政権交代時の鳩山の二人だけだろう。しかし、小泉はその後何もせず、鳩山は沖縄の米軍普天間基地問題で転び、ともに一年で政権の座を降りた。小泉でも、最後は一年しか務めなかった。もっとも、再度の政権交代で首相にカムバックした安倍晋三の場合はどうであろうか。これについては終章に譲ろう。

こうして一年ごとに代わる総理大臣が、本当にその党を代表し、率いていることになるのか。それが本当に政党政治と言えるのか。これは、考えるべき問題だろう。

歴史的アナロジーで言えば、この状況は戦前の日本の二大政党制が崩壊したあとに似ているように思う。五・一五事件のあと、元老の西園寺公望は政党内閣を一時休止して、朝鮮総督だった斎藤実を首班とする「中間内閣」をつくった。この中間内閣とは、一時しのぎの内閣であって、いずれは政党内閣に戻すという考え方に基づいたものだった。しかし中間内閣はやがて中間と呼ばれなくなり、政党政治ではない内閣が当たり前のように続いていくことになる。さらに二・二六事件のあとは半年程度しか持たない総理が日米開戦までにたびたび現れた。

野田佳彦政権もこの中間内閣に非常に近い性質を持っていて、総選挙で選ばれた総理はおろか、党内事情で選ばれた総理も、二一世紀以降はほぼ一年で辞任しており、いわゆる「仮置きの総理」となっている。戦前の場合は、その「中間内閣」がやがて「近衛新体制」というとんでもないハリボテ体制を生み出す結果を招くことになる。

自民党三代、民主党三代、合計六代にわたる「中間内閣」が、再度の政権交代を経てどうなったかは、終章で見ることにしよう。

第1章 1995年

「憲法」をつくる、「五五年体制」をつくる

「統治」の本丸は憲法である。なんだかんだ言われながらも、日本国憲法は還暦どころか古希を迎えるまでになった。戦後70年を迎えた今、「帝国憲法体制」と「日本国憲法体制」、それぞれの統治イメージを見ておくことは無駄ではあるまい。

そもそも「統治」とはなんであろうか。制度なのか人なのか……。憲法と同じように、統治のしくみも実態も戦争（敗戦）によってドラスティックに変わったのだろうか。人的つながりは残り、統治を構成している要素は途絶えていない。ある種のつながりを残しながら変化したのであり、その後も変化し続けている、とは言えまいか。

本章では、戦前から戦後、いわゆる「戦後体制」が固まっていく時期までを辿ることで統治のあり方について一つの見通しをつけてみたい。もちろん、制度にも人にも目配せしながら。

なお、統治の要である政党については、戦後初期に登場した第二保守党に沿って第9章で論じている。ぜひ、本章の姉妹章としてお読みいただきたい。

（初出：「帝国日本の解体と民主日本の形成」『占領と改革』岩波書店、1995年）

1　憲法改正にみる統治イメージ

戦後五〇年、約半世紀にわたって「日本国憲法」に法文化された統治のしくみは、まったく変わらなかった。そもそも〝不磨の大典〟とされ約六〇年余り続いた「大日本帝国憲法」の後をうけた「日本国憲法」自体が、〝不磨の大典〟であり続けたのだから、当然と言えば当然のことだ。象徴天皇制・三権分立制・議院内閣制を旨とし、主権在民の観点から国会を国権の最高機関と規定した統治の基本構造は、二〇世紀後半の日本の統治の精神としてほぼ完全に定着したと言えるだろう。

もっとも現実の統治にあたって、統治のしくみの運用の実態面では、この半世紀の間に様々な変化が生じたのは言うまでもない。試みにそのいくつかを例示してみよう。まず象徴天皇制においては、昭和三〇年代の「大衆天皇制」の演出から四〇年代・五〇年代にかけての「国際化」への対応など、まさに日本社会の象徴的存在としてそのイメージの変遷をたどることができる。立法機関たる国会では政策立案や立法をめぐる個々の国会議員の資質や力量が問われる一方、五五年体制確立後の自由民主党一党優位体制における与野党関係および政官関係の構造化が指摘されるようになった。それはまた大蔵省・通産省・自治省・外務省など官僚制における行政のノウハウの連綿たる蓄積と、それ故の統治の実際面での強さの発揮と表裏一体の関係にあった。さらに「帝国憲法」時代よりも飛躍的に強化された司法権において、違憲立法審査権の規定と運用の乖離も、常に話題となった。

しかし善きにつけて悪しきにつけ、このような統治のしくみの実態面における変化は、これまではすべて運用の問題として、言い換えれば、「日本国憲法」の規定した統治のしくみの枠内で処理されてきた。逆にいえば、制度の問題として憲法改正までを射程距離におさめて争点化したことはなかった。したがって仮に、「首相公選論」がある種の政治的主張としてなされた場合も、憲法との抵触の一点で、賛成・反対の議論のアリーナそのものが非現実化する運命を負っていた。ありていに言って、憲法改正は無理という判断が先にある以上、この種の制度の枠を超えた議論は思考実験としても深まるはずがなかったのである。

ところで冷戦の終焉や五五年体制の崩壊など〝戦後〟を規定してきた要因の世界的レベルでの変容が始まったことと関連して、昨年秋、二つの注目すべき憲法改正の議論が統治のしくみを焦点として提出された。一つはイギリスの伝統を誇る雑誌『エコノミスト』が、「時代に合わなくなった思想」と題する記事を皮切りに、イギリス王政の廃止へむけてイギリスの統治のしくみの議論の活性化を訴えるステートメントを発表し始めたことだ（"The Economist" 10, 22, 1994）。今一つは「読売新聞社」が、「憲法の空洞化」を理由に、九〇年代に入ってからの研究成果の一つとして、『憲法改正試案』を公表したことだ（『憲法21世紀にむけて　読売改正試案・解説・資料』読売新聞社、一九九四年）。

『エコノミスト』は、かつてビクトリア朝時代に――ということは今からちょうど一二〇―一三〇年前に――編集長を勤めたかのウォルター・バジョットの議論を引き合いに出しながら、イギリス王政の存廃とデモクラシーとの緊張関係を問い直す（バジョット「イギリス憲政論」『世界の名著』六六巻、中央公論社、一九七〇年)。しかし同時に君主制の廃止がもたらす統治の混乱と代償にかかわる問題の重要性を指摘する。はたしてそれは何か。すなわち君主制の問題は単に君主制の有無のみに収斂するのではなく、他の統治のしくみと密接不可分の関係を有するということに他ならない。再びバジョットの議論に戻ろう。バジョットが指摘したように、イギリスの統治のしくみでは、個々の統治制度や組織より以上に、相互関連によるダイナミクスが重要なのだ。だとすれば、今日のイギリスの統治のしくみの基本的な欠陥は、実は下院と内閣に対する過大な権力集中にあると言わねばならない。権力の濫用や腐敗それに過度の中央集権など、みなそのせいなのだから。歴史的にいって立法の検査官としての上院の機能が弱体化し、そもそも憲法裁判所が存在せず、司法部が過度の行政権の行使を抑制しえないところに、問題が生じているのである。言い換えれば、君主制や上院などイギリスの統治のしくみの重要な構成要素が、しだいに機能低下した結果、下院とその多数党による内閣に権力が集中しすぎてしまった。

そこで『エコノミスト』は、こうした統治のしくみの欠陥を一度すべてにわたって改正するのは難しいが、相互関連による統治のダイナミクスの観点から言って一つの統治制度の改革は必ずや他の統治制度の改革に影響を与えずにはおかないと述べて、上院改革を例示する。もし上院を選挙された第二院に置き換えるならば、それはたちまちにして君主制の機能にそして下院の選挙制度に連鎖反応をおこすこととなる。かくて統治のしくみはその相互関連によるダイナミクスにおいて変わっていくのである。要するに、『エコノミスト』は将来における君主制の廃止を前提としながら、他のあらゆる統治のしくみについて再検討を促す結論を導き出すのであった。

『エコノミスト』によるイギリスの憲法改正の提案が、君主制存廃論争を契機に、権力の集中から抑制を志向する統治イメージを明らかにしているのに対し、「読売新聞社」による『憲法改正試案』は、安全保障論議を契機に権力の集中と強化を試行する統治イメージを提示している。一見したところこの二つの統治イメージは相互に逆方向をむいているかに見える。そもそも『エコノミスト』が言及したバジョットの時代に、日本にはまだ憲法が存在しなかった。一八八九年に「帝国憲法」、一九四七年に「日本国憲法」が各々制定されて爾来五〇年。『読売試案』は、極貧と飢餓の戦後から世界第二の経済大国へと変貌をとげた日本の現在に焦点をあて、世界も日本も大きな変化を経験したにもかかわらず、憲法だけがなぜ変わらないのかという素朴な疑問から出発する。

したがって同じく憲法改正を提案するにあたって、『エコノミスト』がイギリスのデモクラシーの成熟という内むきの観点に立つのに対して、『読売試案』は日本の国家安全保障の確保という外むきの観点に立つことになる。そこでその観点から、行政権の主体としての内閣および首相の権限の制度的強化が提案されるのである。端的に言って『読売試案』の特徴は、首相のリーダーシップの強化を始めとして、すべての統治のしくみについてその権限を独立的かつ並列的に明示しようとした点にある。

たとえば二院制国家は変わらぬものの、両院の権限は明確に対比される。衆議院に首相の指名権、予算優先権を与え、参議院に新設の憲法裁判所の人事権、条約・人事案件の優越権を与える。また内閣が人事権をもつ最高裁判所の上位に、参議院が人事権を持つ新設の憲法裁判所がおかれる。いずれについても確かに「日本国憲法」の規定した個々の統治制度の権限を明確化し強化することによって曖昧さを制度的に克服しようとする試みであることはわかる。

しかしその結果、統治のしくみとしての『読売試案』体制は「日本国憲法」体制以前の「帝国憲法」体制を彷彿とさせる制度を導入することになってしまった。いったいそれは何か。無論、天皇大権ではない。貴族院・枢密院・大審院といった「帝国憲法」に規定された制度の機能的復活である。憲法裁判所は枢密院的機能、最高裁判所は大審院的機能、参議院は貴族院および枢密院的機能を果たすことになるのではないか。確かに衆議院と内閣および官僚制との一体化は制度的に担保されることになるが、首相の権限がまったく及ばない参議院や憲法裁判所の存在は、統治のしくみの相互関連によるダイナミクスという観点から見れば、現実の運営を困難にするであろう。

言い換えれば、『読売試案』は個々の統治制度の独立性を強調するのあまり、天皇大権の下同じく個々の統治制度の独立を保障した「帝国憲法」に規定された統治のしくみに近くなってしまったのである。したがって、一見権力の集中と強化を志向する統治イメージのようでありながら、現実には権力の過度の集中をさけ相互抑制的な方向へ進む統治イメージにふさわしくなる。その意味では、『エコノミスト』が示唆したイギリスの憲法改正と、結局は同じ統治イメージに収斂されるに相違ない。

もっともバジョットの指摘のくり返しになるが、イギリス憲法の統治の妙は、統治のしくみの相互関連によるダイナミクスにあった。そうであれば、個々の統治制度の独立性の強い『読売試案』では、統治のしくみの相互関連性を保証する何らかの非制度的主体を創り出していかねばならぬことになろう。そうした非制度的主体の創出ということでいえば、先に機能的類似性を指摘した「帝国憲法」体制にまた近くならざるをえない。なぜなら「帝国憲法」体制は、個々の統治制度を総合調整する機能を果たすものとして、まず「元老」次いで「政党」、さらに「宮中グループ（内大臣・重臣）」などを生み出してきた歴史をもつからだ。

これに対して「日本国憲法」体制は、国会（衆議院・参議院）・内閣・最高裁判所という独立した簡潔な三権分立の統治制度の下に、まず衆・参両院による衆議院に優越性のある首相の指名権、次いで内閣による最高裁判所裁判官の指名権といった人事権の序列を決め、統治のしくみの相互関連によるダイナミクスを保障してきた。しかも国権の最高機関としての国会とりわけ衆議院は、「政党」による秩序形成が前提とされた。逆にいうと「政党」が当初から統治のしくみの要的存在となった他は、非制度的主体を創り出す必然性をもたぬ体制だったのである。

だから、五年に及ぶ中曽根内閣の行政改革を終始一貫支えてきた警察官僚出身の後藤田正晴（官房長官・総務庁長官）が述べるように、「日本国憲法」体制の下でも、人材さえ得られれば首相のリーダーシップは十分に発揮しうるという見方もありうる（後藤田正晴『政と官』講談社、一九九四年）。すなわち後藤田は首相のリーダーシップの強化を制度改正の問題に還元せず、首相の人材登用によってカバーすべきことを説く。すなわち単なる首相の法律的権限をこえた政治的力量に基づく事実上の影響力行使こそが、首相のリーダーシップにとって重要なのである。そこではある政策課題の達成のためには、首相の影響力の下に果敢に人事権を発動し適切な人事配置を実現することに尽きると言うのだ。

とどのつまり、いかなる憲法体制をとるにせよ、統治イメージを決定づけるのは折々の人材登用にもよるのであろう。その意味では制度か人かの二者択一ではなく、制度も人もなのである。日英の憲法改正にみる統治イメージを論ずることにより、「帝国憲法」体制と「日本国憲法」体制とについて、各々の歴史的特質を考察するとば口にたどりついた。では半世紀前に遡っての検討を開始することにしよう。

2　帝国憲法体制にみる統治イメージ

議会制・政党制からの読みこみ

日米戦争の始めから終わりまで、侍従として昭和天皇の側にいた入江相政は、戦争について比較的冷静な記述を残している。日米開戦の興奮さめやらぬ一九四一年一二月末、入江は次のように日本の運命を見通していた（『入江相政日記』二巻、朝日文庫、一九九四年）。

「夕方役所から帰りがけに、初冬の風が吹いてゐる市ヶ谷あたりを通ると、何か亡び行く国の跫《あし》音《おと》が聞える。方々で左翼の検挙があつたことを聞く。家の前の坂を昇りつゝ空を見ると、飛行機が二台夕空を行く。探照灯が盛にこれを追つてゐる。口惜しい話だが、予はこれを帝国の挽歌と聞いた。勝つなら大変なものだが、アメリカが参つたといふ筈はない。もし日本が敗けたら、日清戦争の前に戻らなければならない」。

開戦時にすでに敗戦を予測していた入江は一九四五年八月一〇日、まさに敗戦の直前の日記に「結局五・一五、二・二六以来一聯の動きが祖国の犠牲に於て終末に近づきつゝあるといふより外ない。一億特攻を強ふるはよいが、国民に果してそれだけの気力ありや。如何ともし得ずしてたゞ荏苒《じんぜん》日を通してゐるだけであらう」と記した。以上からわかるように、入江は日米戦争の最中に敗戦がもたらす「帝国」の崩壊を、驚くほど真正面からうけとめていた。それは第一に、領土的には日清戦争以前への回帰による植民地の喪失に他ならない。第二に五・一五事件や二・二六事件を契機とする「軍部」の台頭がもたらした「帝国憲法」体制の一九三〇年代における変容の終焉であった。言い換えれば、満州事変以来「帝国憲法」体制の中で統帥権の独立を根拠に、政治的肥大化をとげた「軍部」の影響力の消滅を意味する。

入江は日常的に昭和天皇の側近くで仕えたとはいえ、「宮中グループ」のトップを形成していたわけではない。いわば一侍従にすぎない入江が、早い時期から敗戦後を見通した認識をもっていたこと自体が、実は「帝国憲法」体制の中で「軍部」とならんで、「宮中グループ」の政治的肥大化が進んでいたことを、はしなくも明らかにしている。

このように一九三〇年代の「帝国憲法」体制において、事実として政治的に肥大化したのは「軍部」と「宮中グループ」に他ならなかった。しかし同時に入江の一連の日記の記述からうかがえるのは、そうした「帝国憲法」体制の変容はあくまでも一時的な逸脱現象であるとの統治イメージであった。

実はこの統治イメージは、リベラリストとしてまた政治評論家として、二〇世紀の初頭から「帝国憲法」体制とつきあってきた馬場恒吾にも共通のものであった（御厨貴『馬場恒吾の面目』中央公論新社、一九九七年）。すなわち馬場は、明治維新以来の日本の統治の歴史について「帝国憲法」に根拠づけられた立憲政治、言い換えれば議会制と政党制の発展過程としてくり返し説明する。さらに馬場は満州事変と五・一五事件を契機とするいわゆる一九三〇年代の危機に対しても、議会制と政党制を可能な限り擁護し、政党政治への復帰こそが「帝国憲法」体制のノーマルな姿であることを主張し続けた。たとえばすべての政党が解散にむかい近衛新体制の成立が喧伝される寸前の一九四〇年三月、馬場は次のように述べた（馬場恒吾『時代と人物』東洋経済新報社、一九四〇年）。

「五・一五事件、二・二六事件の後、陸軍の政治的勢力が如何に重要になったか、想像されるであらう。この変化したる状態に適応すべく、日本の政治舞台装置が変更されたのである。即ち、五・一五事件以前、政党内閣制が存在してゐた頃は、総理大臣が病死するか或いはその他の個人的事情で退くときは、同じ党の後継総裁が首相になり、それが政治的理由で辞職するときは反対党の総裁が首相になる。そして政権は総選挙に依って、組織されるかは、元老、内大臣、及びその周囲の数人の政治家が密議の上に推薦するのであるから、国民は五里霧中に揣摩臆測を逞しうするのみである」。

「軍部」の政治的肥大化と、それに伴う「宮中グループ」の政治的肥大化とが相俟って、いったい「帝国憲法」体制に何をもたらしたのか。それは、はからずも「政党政治」の時代と異なり次期首相の予測可能性が、まったく失われてしまったことであった。馬場は、このような統治のトランスペアレンシー（透明度）の喪失について、「総理大臣と云ふ職務は天下の目標である。それを誰に委ねるかも天下の耳目を掩《おお》ふて決定する。其処に日本の政情が如何に複雑微妙な機構になってゐるかを示すものがあらう」と、精一杯の批判を述べたのだった。

では「帝国憲法」体制の下で、統治のトランスペアレンシーを確保すべき「政党政治」を推進する統治イメージはいかなるものであったか。馬場を水先案内人としながらさらに昭和の初めまで歴史を遡ってみよう。加藤高明護憲三派内閣から若槻礼次郎憲政会内閣をへて田中義一政友会内閣へと政権交代が続く「政党政治」真只中の時代、一九二八年に馬場は『議会制度改革論』（青雲閣、一九二八年）なる小著を明らかにしている。馬場はこの中で、「帝国憲法」体制における「政党政治」の最終的確立をめざして統治制度改革を提案する。それは、議会制・政党制推進の観点から、「帝国憲法」体制をいかに読みこむかという問題提起に他ならなかった。

周知のように「帝国憲法」の規定によれば天皇大権の下に様々な統治制度が相互に独立的かつ並列的に存在していた。したがって明治時代の元勲、大正時代の元老のように憲法の規定にない非制度的主体が、同じく憲法の規定にない政党と、時に対立し時に協調しながら競合する形で統治の実質を担ってきたのであった。端的に言って「政党政治」の立場からの馬場の読みこみによれば、「帝国憲法」体制の中で元老・枢密院・貴族院のいずれもが改廃されるべき対象そのものであった。

まず元老である。憲法の規定にない元老の改廃は、事実として唯一人の元老となってしまった西園寺公望の意思一つで決定する。当時西園寺の意向は、制度としての廃止と準元老的存在をも置かぬことにあった。そこで馬場は、若槻憲政会内閣から田中政友会内閣への交代の際の西園寺の行動を例にあげながら、西園寺の意図を限りなく政党間の政権交代のルール化にあると忖度して次のように述べる。

「今日の時勢に於て、政権の移動は元老などが独断専行で、勝手に決めるべきものでない。立憲政治を発達せしめようと思へば、政党に内閣を渡すより外はない。一つの政党内閣が潰れゝば反対党に内閣を取らしめる。それが憲政の常道であって、其間に元老などの考量を費やすべき必要はない」。

政党による政権交代と言う憲政の常道がルール化されれば、「人格化されたルール」（升味準之輔『日本政党史論』五巻、東京大学出版会、一九七九年）である元老西園寺公望でさえ必要なくなるわけである。「併し此所にまだ一つ問題が残されてゐる」と馬場は反問する。

「即ち憲政常道論とは対立する二大政党が交互に政権を授受すると云ふ事で尽きるか否かである。それは元老の手に依って、政権を飛んでもない所に持って往かれるよりはましである。しかし憲政常道論の本質的な趣旨は唯政権が二大政党の間を往来すると云ふ事ではなく、選挙に依って具体的に表示せられる所の、国民の意志に依って政権が動くと云ふ事である」。

馬場は、総選挙後の衆議院で多数派を形成した政党による政権交代のルール化こそ、憲政常道論の最終的ゴールと考えていた。だから「政党政治」の実態を次のように鋭く論評したのであった。

「憲政常道論は只政党の間に授受されると云ふ機械的な規定ではなくして、人民の意志に従って移動すると云ふ原則を含む。然るに現在迄の政治家は人民の意志が動いて、自分が政権を取ると云ふのでなく、自分が先づ政権を取って、人民の意志を動かさうと試みる癖があった。現在でも、先づ政権を取る、而して政府の威力を以て選挙に臨み、議会に多数を占めんと試みる。其考へ方が政府万能主義である。専制思想の殻を脱してゐない」。

こうして「政党政治」推進の立場から、「帝国憲法」体制運用のルールとして、憲政常道論が定着することこそ、馬場の期待する統治イメージなのであった。だがそのためには、元老のみならず枢密院と貴族院も改廃されねばならなかった。いずれもが憲政常道論の阻害要因でしかないからである。
枢密院は廃止、貴族院は選出方法の改革が、馬場の結論であった。

「枢密院も元老と同じく廃せられるべきものである。何日《いつ》かは自然に廃せられるであらう。併し之れは元老と異って憲法に規定されたる諮詢機関であるが故に、其廃止を唱へた所で容易に廃止される性質のものでない。当分は其内容改善の程度を以て我慢するの外はないであらう」。

貴族院についてはこう述べる。

「衆議院が地域的代表機関であるのに対して、貴族院を機能的代表となす第一歩と云へる。機能的代表とは国民を其従事する業務に依って分類して、各業務の代表者を議員に出さしめる事である。例へば、大学、官庁、陸海軍、商業会議所、農会、出版業者、資本家、地主、労働組合、小作組合の代表者と云ふ如きものである。之れを伊太利の如く、官僚的な選出方法でなく、真に民主々義的方法に依って選出するときは、近代国家の各方面の機能を代表するものとして、優に議会の第二院として存在の意義を有するであらう」。

こうした馬場による「帝国憲法」体制への究極の読みこみは、実は後の「日本国憲法」に規定される統治イメージにきわめて近いものになる。すなわち、元老の廃止と宮中勢力の非政治家化、枢密院の廃止を前提とした政治的無力化、貴族院の選出法改革による政治的中立化が実現できれば、軍部や司法部の問題は残されるにしても、政党を要とする統治のしくみの相互関連性と求心力は飛躍的に高まるからだ。

だがすでに歴史の示すところ、馬場による究極の統治イメージは挫折を余儀なくされていた。やはり当時にあっては「帝国憲法」の改正が不可能である以上、内外の政治状況の変化が、個々の統治制度の運命を変えることになったのである。枢密院は、台湾銀行問題に次いでロンドン海軍軍縮問題をめぐって再び政党内閣と対立したため、政治的には無力化どころか著しく活性化してしまった。貴族院改革は一度として実らぬまま一九三〇年代を通じてくすぶり続けた。確かに制度としての元老こそ消滅の運命をたどることになったが、憲政常道論ルール化の失敗によって、「帝国憲法」体制は、好むと好まざるとにかかわらず、新たに元老機能代替機関を育むことになった。その一つが、内大臣・宮内大臣をトップとする宮中グループの制度化であり、今一つがそれに包摂される枢密院議長・総理大臣経験者による重臣グループの形成であった（粟屋憲太郎『十五年戦争期の政治と社会』大月書店、一九九五年）。

かくて一九三〇年代の「帝国憲法」体制は、独立的かつ並列的な統治制度を廃止する方向ではなく、新官僚・革新官僚など官僚制の自立化や「軍部」「司法部」の自立化を含めて、むしろ逆に増加する方向に進んでしまったのである。そして天皇大権の下並立する多くの統治制度をいかにして統合するか、また競合の主体をいかにして創出するかが、一九三〇年代の「帝国憲法」体制の最大の政治課題となったと言わねばならない。

一国一党制からの読みこみ

内に新体制、外に三国同盟という明らかにこれまでとは一線を画した革新的政治路線を選択した一九四〇年をふり返って、馬場恒吾は次のように「政治力」の問題性を明らかにしている（馬場恒吾

『国と人物』高山書院、一九四一年）。

「例へば現代に於ても種々の政治力がある。軍部、官僚、議会、言論機関、財界、其他社会の各方面に部分的の政治力は存在する。併しそれを統合して、全国民を一つの神経系統に結び、それに電気を通ずる如く、政治的な昂奮を感ぜしめるやうにはどうしたらよいか」。

ここにいう「政治力」とは、要するに分立性、割拠性がしだいに強まる「帝国憲法」体制の下で、統治のしくみの相互関連性と求心力を高める主体をいかに創出するかと言うことである。そこで馬場は「近衛内閣が政治新体制を始める時に際しての目標は強い政治力を結成せんとすることにあった」と述べ、「われ〳〵は政党ならずして如何にして強い政治力を有ち得るかを疑はざるを得ない」との疑問を呈する。統合の主体となるべきものは、なぜ新体制であって新党ではないのか。この問いに答える時に、実は馬場の観点とは異なり、一国一党論からの「帝国憲法」体制への読みこみに言及する必要が出てくるのだ。

一九四〇年近衛文麿のブレーンとなった東大教授矢部貞治は、この年半ば新体制に関する近衛の意見書の多くの起草にあたっている（伊藤隆『昭和十年代史断章』東京大学出版会、一九八一年。同『近衛新体制』中公新書、一九八三年）。その一つ、八月末に天皇に提出した意見書の中に、「憲法の運用について」という項目があった。そこでは、まず世界史的な次元において時代の変化による憲法の改正乃至は運用の変更を不可避とする理由を述べている。そもそも「帝国憲法」の統治制度に関する部分は、一九世紀後半のヨーロッパの自由主義的立憲国家の憲法をモデルとしたものだから、二〇世紀に入ってからの行政国家化に対応できない。今では世界的な傾向として、「権力分立、牽制均衡を棄てて、寧ろ強力なる国家権力の集中を図り、その集中的政治機関として執行権を強化し、為めに議会は政治の中枢より後退するの已むなきに至ってゐる」。明白なのは、二〇世紀に入って以来ヨーロッパ各国、とりわけ全体主義国家において、憲法改正または弾力的運用が進んでいる事実だ。「帝国憲法」においても統治制度については、「著しく分立主義、均衡主義の要素」が強いので、時代に即応するため、憲法改正乃至運用の変更による統合の一元化は必至であった。この意見書ではさらに具体的に憲法八条〈緊急勅令〉、一四条〈戒厳令〉、二一条〈戦時における国民の権利義務の制限〉、七〇条〈緊急時の勅令による財政処分〉等の規定をあげ、強化された内閣による弾力的運用を望んでいる。

ここに言う強化された内閣の出現の前提となるものこそ、まさに一国一党的な政党の結成に他ならなかった。そもそも一九四〇年の前半、とりわけこの年六月近衛が枢密院議長を辞任していよいよ実際に新党運動に乗り出すまでは、いわゆる革新派――陸軍〈武藤章ら〉、政党〈聖戦貫徹議員連盟など〉、官僚〈富田健治ら〉、近衛ブレーン〈有馬頼寧、風見章ら〉――は、こぞって一国一党的な統治イメージを持っていた。昭和研究会のメンバーでもあった矢部は、五月段階である雑誌に「少くとも当面の正しい国民運動の推進中核をなすべきものは、恐らく、軍、官、民の最も優秀にして、時代の趨勢と難局に最も透徹した自覚を持つ分子の、強力な結合体の他には存しないのではあるまいか」と、そのイメージを書いている。事実六月に始まる新党運動は、文字通り〝新党〟運動だったのである。

だが七月に入って、まさに「帝国憲法」との関係で、新党運動は新体制運動として擬制されねばならなくなった。近衛と矢部は「挙国体制と憲法論（幕府論）との関係」についてともに注意を喚起した。そして矢部は七月一一日の日記に「強力新党の首領が同時に内閣の首班となるといふことについての国体論、憲法論を汽車の中で考へる。どうも関白が首相となってから又挙国的政党組織をやるといふことは、国体上、憲法上、どうも疑はしい。幕府論になる」と記したのであった（『矢部貞治日記・銀杏の巻』読売新聞社、一九七四年）。

近衛を首相＝党首とする一国一党体制が、「帝国憲法」に抵触するならば、当面は迂回戦略をとらなければならない。同じく近衛のブレーンであった尾崎秀実は、第二次近衛内閣の組閣状況をまとめて、満鉄「東京時事資料月報」の七月二〇日号で、次のような情勢判断を示している（尾崎秀実・今井清一編著『開戦前夜の近衛内閣』青木書店、一九九四年）。

「新政治組織（体制）は党の名をとることを避ける。即ち全国民の入り込み党は既に所謂「党」の概念を脱するものであること勿論である。然し乍らこの組織は明かに党的結合であって結社法による届出を行うべきものである」。

ここでは、顕教としての新体制、密教としての政党＝一国一党という統治イメージが明らかにされている。尾崎が最後に「尚一国一党論に対する憲法上の疑義も一部から提起され近衛公を苦しめた形跡なしとしない」と付加しているのが印象的である。その後の事態の動きは、顕教がますます密教を封じこめる方向に進んだ。それは何よりも矢部が、例の「憲法改正乃至憲法運用の変遷」を示唆した近衛の天皇あての意見書とまったく同じ時期に、閣議了解の声明文を起草し、次のように明確に「帝国憲法」に抵触する一国一党論を否定したことに現れている。

「抑々《そもそも》輔弼《ほひつ》の重責に在る者が、政治結社法の適用を受くる政党運動を指導する如きは慎むべきことであると考える。況んや権力を背景として、一国一党を結成せんとすることは、党と国家を混同し、その地位の恒久化を図らんとし、輔弼を一党に独占し、憲法上の公選、協賛の憲法規定を有名無実とし、万民輔翼の本義に反する虞れあるのみならず、国体の本義を紊る危険があると考える。この点で、一方自由主義的な政党政治とも、ドイツ、イタリー等の一国一党の政治とも根本的に異る、国体の独自性の上に立脚する必要がある」。

こうして天皇大権の下にさまざまの統治制度が分立し割拠する統治イメージをもつ「帝国憲法」体制の存在それ自体が、一国一党的な統治イメージを退けることになった。議会制論者であり政党論者であった馬場が、まさにこの七月の段階で、「然るに今は政党ではなくして、新政治体制だといふ。政党ならば善きにせよ、悪しきにせよ、われ〳〵は過去半世紀の歴史でそれを経験してゐるのであるからその概念がある。新政治体制といへば、政党政治以外の何物であらうと思ふ」とコラムの中で示唆した所以である。しかも一国一党論を充分に意識した上で、「政党ならば反対党の存在を予想しなければならぬ。近衛新党が如何に有力な政党であり、そして反対党が如何に微力であっても、政党が対立してゐる時は挙国一致ではない」と続け、「近衛公は飽まで憲法の範囲内で行動するといふ。帝国憲法に依れば、衆議院は「公選せられたる議員を以って組織」されるのであって、ナチスまたはファッショの如く政府の指令に依る人選が行はれるのではない」と言い切ったのである。

かくて大政翼賛会に帰着する近衛新体制が「帝国憲法」体制の割拠性・分立性をついに克服しえなかったのは、歴史の示す通りである。

「帝国憲法」体制は、政党制・議会制からの読みこみにせよ、一国一党制からの読みこみにせよ、最終的には統治のしくみの分立性・割拠性を、まさに「帝国憲法」の改正なしでは不可能とする体制であった。敗戦と占領という新なる状況の到来が、このような統治イメージにいかなる影響を与えていったか、議論は敗戦後の日本に移ることになる。

3　日本国憲法体制にみる統治イメージ

宮中と軍部

一九四五年一〇月、敗戦直後に成立した東久邇内閣がマッカーサーら占領軍を迎えた後、まさにそのGHQとの軋轢によって総辞職する。その後継として幣原喜重郎内閣が成立したことによって、「帝国憲法」体制にとっての戦後が明確化する。すなわち幣原内閣は、満州事変と五・一五事件以前の統治の記憶――ふり返るべき過去の統治体制としての政党内閣と軍縮の時代――を蘇らせた。幣原内閣書記官長となった次田大三郎の日記を見ると、幣原内閣の統治感覚はオンリーイエスタデイとしての一九二〇年代を標準化し、すぎし一五年前を今にひきよせることによって、〝戦後〟改革に対応しようとしていたことが、理解される（『次田大三郎日記』山陽新聞社、一九九一年）。

一九二〇年代、「帝国憲法」体制への議会制・政党制からの読みこみが進んでいた時代に、ともに民政党系の政治家・官僚として――幣原は外務大臣・次田は内務官僚――活躍した経験から、彼らが二〇年代型の政党政治への復帰をまず考えたのは、ごく自然の成り行きであった。かつて馬場恒吾が説いた「帝国憲法」体制における憲政常道論の確立という統治イメージを、幣原内閣は共有することになったのである。だからこそ幣原内閣は、戦時中に過度に肥大化した二つの統治制度たる軍部と宮中とを徹底的に縮小し抑制しようと試みた。

まず軍部についてみてみよう。すでに敗戦により軍部は事実上崩壊していた。したがって陸海軍両大臣の廃止はもはや時間の問題であった。それでもなお幣原内閣の組閣時において、実現はしなかったものの、陸海両軍部大臣の首相事務管理というアイディアが真剣に検討されている。これはかつてワシントン会議の折、海軍大臣の事務管理を原敬・高橋是清両首相が相次いで務めた故智に倣ったものであることは疑いえない。したがって、もしこれが実現していれば、陸海両省に与えた精神的ダメージは、かなり大きかったであろう。

軍部の問題は、また軍人の政治活動に関する問題でもあった。端的に言ってそれは宇垣一成の戦後政界への復帰にかかわっていた。実はこの当時宇垣は近衛文麿とならんで、戦後の新政党結成の動きの中で、自他ともに認める党首としての最有力候補の一人であった。「帝国憲法」体制の枠組の中での政党政治の復活という統治イメージで見るならば、たとえ軍人であってもかつての田中義一のように軍服をぬぎさえすれば、政党総裁になることは充分可能だったからである。そこで宇垣側近の打診に対する次田の見通しは次のようなものであった。

「宇垣大将が政党ヲヤッテ、次ノ次ノ選挙デ絶対多数ヲ得タ場合ニハ当然政局ヲ担当スルコトニナルベキデアル。ソレガ所謂民主々義ナノダ。何人ガ絶対多数ヲ得テモ仮令ソレガ本当ノ意味の戦争責任者デアッテモ、日本ノ民意ガソコニ在ルノデアレバ、マックアーサーハソレニモ干渉デキナイ筈デアル。況ヤ宇垣大将ハドノ面カラ見テモ、戦争責任者トハ考ヘラレナイ」。

ここには、アメリカの言う民主主義――「帝国憲法」体制下の憲政常道論という統治イメージが確固として示されている。だが幣原は、良い軍人・悪い軍人に関係なくそもそも軍人の全否定へむかう認識をもっていた。だから宇垣問題については、次田に対して次のように冷徹な判断を下すのである。

「宇垣ハ自分ノ懇意ナ人デアルガ、政党運動ハシナイガ宜イト思フ。ソンナコトヲ言フノハ、丸裸ニナッテ、政党ニ入ルト云フノデアラウガ、モウ宇垣ノ出ル幕デナイ。時ハ去ッタ。（中略）又宇垣ガ今更陸軍大将ヲ辞シタ処デ、其ノ前身ガ軍人デアッタト云フコトヲ世人ノ記憶カラ打チ消スコトハ、到底出来ナイデアラウ」。

かくて幣原内閣が示す「帝国憲法」体制への議会制・政党制からの読みこみによって、軍部および軍人は全否定され消滅の運命をたどることになる。このことと、後に「日本国憲法」の第九条に規定される戦争放棄および陸海軍の否定の問題とは、少なくとも統治イメージに関する限りおそらく無縁ではあるまい。

ところで幣原内閣は単に軍部のみならず、革新官僚、衆議院、貴族院など他の統治制度についても早くも改革に着手していた。とりわけ衆議院については逸早く選挙法の改正を進め、選挙年齢二〇歳、被選挙年齢二五歳への引き下げ、婦人参政権などが幣原内閣成立後二週間で決まっている。これ以外にも、地方自治の推進と知事公選、労働組合法の制定などは矢継ぎ早に決定された。では何故このような迅速な対応が可能であったのか。それはすべて他ならぬ一九二〇年代の政党政治の遺産だったからである。言い換えれば、一九二〇年代に発想の原点はあったものの、三〇年代そして戦時体制下では遂に現実化することなく、幻の改革案として伏流と化し、ようやく敗戦とGHQによる占領という新しい状況の下で実現可能となった政策群であった。

ありていに言ってこれらはすでに二〇年代の政党政治の時代に、各内閣が設けた調査会でくり返し審議が行われていた。したがってGHQからの指令が来た場合にも、検討の素地があっただけに比較的受け入れやすい状態にあった。逆に次田などは、GHQの意向にかかわらず先手を打って推進すべき政策と考えたようである。だから次田はGHQによる五大改革、五条項の指令を検討した一〇月一二日の閣議の模様を、次のようにヴィヴィッドに記している。

「此ノ日ノ閣議ハ主トシテ先方ノ覚エ書ニ付テ、其ノ要求スル所ハ如何ナルコトデアルカト云フコトニ付テ、意見ヲ交換シタノデアルガ、其ノ中、所謂婦人ノ解放、即チ婦人ニ選挙権ヲ与フベシト云フ要求ハ僅カ一時間程ノコトデ、当局ガ先手ヲ打ッテ昨日閣議直後、選挙法ノ改正ヲ行フ、婦人ニ参政権ヲ与ヘルト発表シタノデ、際ドイ所デ後手ニナラナカッタコトハ、政府ノ面目カラ言ッテモ非常ニ宜カッタト皆デ喜ビ合ッタ」

GHQ指令以前に、選挙法改正と婦人参政権とを間一髪閣議決定として発表できてよかったという、まことに正直な感情の吐露がみられる。貴族院については次田は、「貴族院ノ方ハ直チニ民意ヲ代表スルモノデナイ、国内ノ慎重、熟練、耐久ノ分子ヲ以テ構成スル建前デアルカラ、衆議院程急ガナクトモ宜シイ」との認識を示す。そこにうかがえるのは、あくまでも衆議院を中心とする民主主義＝憲政常道論を前面に押し出し、その補完物として貴族院をとり扱うという統治イメージであった。

ここに幣原内閣は、限りなく「帝国憲法」体制への議会制・政党制からの読みこみを押し進め、その線上に憲法改正を考えることになった。だからこそ松本烝治国務大臣は、憲法改正をあくまでも国務と考え、内大臣府御用掛となった近衛文麿の憲法改正への関与に、執拗に反対したのであった。それは裏からいうと、二〇年代を貫く元老の廃止に象徴される宮中の非政治化という西園寺公望の考え方を踏襲したものであった。

もっとも完全に崩壊してしまった軍部とは異なり、宮中は内閣とは別に、政治的に肥大化した宮中の縮小再編成や、非政治化への独自のリーダーシップを発揮すべく試みた。すなわち内大臣木戸幸一の日記や侍従次長木下道雄の日記、さらに侍従入江相政の日記を見る限り、戦後逸早く宮中改革や皇室の国民への開放へと明確なリーダーシップをとったのは、昭和天皇とその側近たちに他ならない(『木戸幸一日記』下、東京大学出版会、一九六六年。『木下道雄側近日誌』文藝春秋、一九九〇年。『入江相政日記』三巻、朝日文庫、一九九四年)。

とりわけ戦時中に政治的肥大をとげた内大臣府の廃止は、喫緊《きっきん》の課題とされていた。したがって元内大臣の牧野伸顕が木下に対して、「近衛公の内大臣府御用掛を発表せるは拙劣なり」と批判したのは、当然のことであった。宮中の非政治化という文脈から見る限り、木戸による近衛の登用は、事柄が憲法改正であるだけに、明らかに逸脱現象に他ならなかったからである。もっともその牧野にして内大臣府の廃止には消極的であった。枢密院議長平沼騏一郎もまたしかりであった。

そのような中で幣原内閣とならんで明快に内大臣府廃止を打ち出したのは、何をかくそう昭和天皇自身であった。一一月二日に天皇は木下に対し「米国の短波より察するに、皇室に政治的権力があるらしく見ゆるは不得策なり。昨夜より色々考うるに内大臣府は廃止する方よろし」と決心の程を語っている。実は内大臣府廃止にあたっての最大の問題は、政権交代の際の段どりをいかにするかにあった。いくら憲政常道論で押し進めていったところで、「帝国憲法」体制の下では究極的には天皇大権に至る以上、天皇と内閣と衆議院との間に何らかの媒介的な役割を果たす制度乃至人物が必要不可欠だったからである。

　これについて積極的に憲政常道論を捉える統治イメージをもつ幣原内閣の結論は、まことに簡単明瞭であった。すなわち「内大臣がなくなるとき、内閣更迭の際如何にすべきか、此場合には枢密院議長、貴族院議長、衆議院議長の意見を聴取せらるゝこととし、松平康昌氏の如き人が何かの資格（例へばキングスセクレタリー）でお使を勤めることゝすればよいと云ふのが総理の意見である」と、次田は記している。「帝国憲法」規定外の制度たる元老・重臣・内大臣がなくなる以上、政権交代の媒介的役割もまた宮中の手を離れ、「帝国憲法」の規定にある枢密院議長・衆議院議長・貴族院議長となるのは、あたりまえといえばあたりまえであった。

　だがこれに対して、即位以来政権交代を何回となく実際に体験してきた昭和天皇は、基本的にはこれを受け入れながら、なお政治の実態的部分として「裏面諮詢」の必要性を指摘し、一種の重臣制度の温存を望んだ。天皇が具体的にあげたのは、岡田啓介・米内光政・阿部信行の元総理大臣、それに木戸幸一・牧野伸顕の元内大臣であった。結局、宮中では宮内大臣ら天皇側近の話し合いの結果、常時この五人の〝重臣〟と相談しながら政変時には枢・衆・貴の三議長にはかるという結論に落ちついている。

　こうして敗戦後わずか半年の間に、「帝国憲法」体制の再編成は進んだ。微温的ながら再編の進む「帝国憲法」体制を直撃したのが、一九四五年末から翌四六年初めにかけてのＧＨＱによる戦犯指名と公職追放、およびマッカーサー憲法草案の提示であった。これらによって、日本の統治のしくみは

〝不磨の大典〟としての従来の憲法改正の絶対的限界を越えて、急速に変わっていかざるをえなくなる。その意味では幣原内閣も宮中もとてつもない激震に見舞われたと言ってよかった。

もっともマッカーサー草案の要綱化によっていよいよ天皇大権の廃止が明らかになった三月六日、昭和天皇とその側近は統治のしくみからの制度的解放を戦前の反省の上に立って積極的に捉えている。木下の次の発言に天皇が同意した所以である。

「此の度の改正は文章上より見れば頗る面白からぬも、従来天皇の大権と威厳とをもって規定しあれど、事実は不本意ながら裁可をなさるる場合もあり、裁可なく拒否なさるるは田中内閣倒壊の時の如き（重臣ブロック攻撃の火の手を挙げしめた――陛下はこれをお自身の失敗なりきと申さる）。むしろかかる虚器を捨てられて、かえって政治家及び国民の精神の指導に自由の天地を得らるることを好ましく考える旨を申上ぐ」。

こうしてすぎし「帝国憲法」体制下の天皇大権という統治制度の割拠性・分立性の焦点の地位から身を引いた天皇は、同時に来たるべき「日本国憲法」体制下の象徴天皇制を担うため、国民に開かれた天皇イメージを示すための地方巡幸に積極的にのりだしていく。すなわち宮中の危機管理に際して、昭和天皇は時代即応のリーダーシップを発揮することによって、軍服をぬぎさることに成功したのであった。

占領体制における統治構造の再編

一九四六年二月、ＧＨＱから幣原内閣に渡されたマッカーサー草案に示された統治のしくみは、まことに簡単明瞭なるものであった（佐藤達夫著・佐藤功補訂『日本国憲法成立史』三巻・四巻、有斐閣、一九九四年）。すなわち立法権は一院制国会、行政権は連帯責任制内閣、司法権は最高裁判所と、絵にかいたような三権分立制をとったからである。では、統治のしくみとしての三権の相互関連性はどのようになっていたか。国会が首相を指名し首相は国会の承認を得て国務大臣を任命する。同時に首相は国務大臣の罷免権と最高裁判所の人事権をもつ。したがって国会こそが「国家ノ権力ノ最高機関ニシテ国家ノ唯一ノ法律制定機関」とされたのである。

しかも日本側が最も驚いた象徴天皇制および戦争放棄の規定の導入によって、元来統治のしくみに複雑にかかわってくるはずの「宮中」と「軍部」の問題も一挙に解決してしまった。というより統治のしくみから除かれたため、考えないですむことになったのである。

そのような中で統治のしくみに関して、松本烝治国務大臣を中心とする日本側が最も抵抗したのは、一院制国会の規定であった。そこでマッカーサー草案の要綱化――日本案の作成――にあたって、松本は二院制をベターとする次のような説明書をGHQに提出したのである。

「二院制カ一院制ニ比シ少クトモ我国情ニ照シテ我国ノ制度トシテハ長所アリト信シタルニ依レリ。右ノ長所ハ不当ナル多数圧制ニ対スル抑制ト行過キタル一時的ノ偏倚ニ対スル制止トニ在リ。議会政治ハ必然的ニ選挙制度ト多数決制度ニ依リテ行ハルルモノナル所其ノ結果ハ動モスレハ多数党ノ専制ヲ生シ多数党ノ政策ハ時ニハ一党ノ利害ニ専念スル為国民全体ノ利益ニ副ハサルモノト為ルノ弊アルハ従来幾多ノ実例ノ示ス所ナリ」。

松本は日本人の国民性についての洞察を加えて、さらにこう述べる。

「我国民性ハ動モスレハ国論国策ヲシテ左右何レニ向テモ過激ニ偏倚セシムルノ傾ナキトセス。是レ深ク省察スルコトナク軽シク時ノ勢力ニ阿附スル事大性雷同性ノ然ラシムル所ニシテ我々トシテ誠に慙愧ニ堪ヘサル次第ナルモ此ノ如キ悲ムヘキ傾向アルコトハ確カニ事実ナリ。其ノ結果トシテ政局ノ安定ヲ欠キ国勢ノ健全ナル発達ヲ妨ケタル実例多キハ今更言フ迄モナキ所ナリ」。

松本は何よりもマッカーサー草案が示す、あまりにも簡明な統治のしくみにかえって統治の安定性を欠くと見て、危機感を抱いたのであった。確かに「マッカーサー草案」体制は、「帝国憲法」体制に対する議会制・政党制からの読みこみによる「憲法改正」の域をはるかに超えていた。宮中（内大臣）・軍部・枢密院・貴族院などすべてがなくなってしまったからである。その結果「最高機関」とされてオールマイティが制度的に保障される一院制国会を多数党が支配したらどうなるのか。それをあえて言えば、一国一党制ならぬ一国一院制の到来と見ることができる。つまりここに予測される統治イメージは、「帝国憲法」体制に対する一国一党制からの読みこみによる「憲法改正」の域に近くなったと言わざるをえない。

「マッカーサー草案」体制のもつ一国一党制という統治のしくみのパラドクスを見ぬいたからこそ、松本ら日本側はこの点に関する限り徹底的に反対し、ついにGHQに対して二院制国会の説得に成功する。しかし二院制をとるためには新設の参議院の組織を衆議院とは変えなければならない。そこで要綱化（日本案）では、「参議院ハ地域別又ハ職能別ニ依リ選挙セラレタル議員及内閣ガ両議院ノ議員ヨリ成ル委員会ノ決議ニ依リ任命スル議員ヲ以テ組織ス」と規定された。

要するに職能代表制と複選制の導入である。かつて「帝国憲法」体制に対する政党制・議会制からの読みこみで貴族院の職能代表制が議論され、一転して一国一党制からの読みこみで衆議院の職能代表制が議論された経緯があった。結局、これまでの議論を換骨奪胎し、衆議院への抑制機能を担保するために職能代表制の導入に踏み切ったのであろう。同様に複選制の採用についても、従来の勅選制のスタイルを形をかえて残す意味を含めて、抑制機能の発揮を期待したのであった。もっとも「帝国憲法」の規定とは明らかに異なり、両院は対等ではなかった。つまり参議院の機能をあくまで抑制機能に止めるため、多くの点で衆議院の参議院に対する優越性を制度的に保障することになった。

かくて一国一党制ならぬ一国一院制を改める日本側の試みは、二院制採用の一点においてGHQに受け入れられたものの、職能代表制や複選制はすべて退けられてしまった。すなわちGHQ側は、国会の組織に関する規定を、両院共通とした上で「両議院ハ国民ニ依リ選挙セラレ国民全体ヲ代表スル議員ヲ以テ組織ス」のように枠をはめてしまったのである。

一九四六年四月初めに、「帝国憲法」体制下最後の衆議院選挙が行われた。この総選挙は婦人参政権などの選挙法改正断行後行われたこともあり、一面で来たるべき「日本国憲法」体制を先どりする統治イメージを明らかにする可能性を有していた。したがって選挙前の議論では、憲政常道論の赴くところ、多数党党首による新政権の発足が期待された。だが選挙結果は意外であった。なるほど当選者四六六名のうち八割を占める三七七名が新人であり、議員の入れかわりは著しかった。問題は過半数はおろか全体の三分の一を超える政党すら出現しなかったことにある（自民党一四〇、進歩党九四、社会党九三、協同党一四、共産党五他）。

これまでの憲政常道論は、基本的には二大政党による政権交代を前提にしており、少数党相互による連立政権を想起してはいなかった。周知のように幣原内閣総辞職から第一次吉田内閣成立にいたる一カ月の政治空白は、まさにいきなり選挙結果が与えたかなり難しい連立方程式を解くことに時間がかかってしまったことを意味する。しかもようやくのことで成立した吉田内閣は、鳩山一郎追放のあとを受けた首相の吉田自身に政党運営の経験がまったくない上、自由党・進歩党の少数与党連立政権だったため、いくら議会を背景としたとはいえ到底強力なリーダーシップを発揮できるとはみなされなかった。

実は、枢密院・衆議院・貴族院による「日本国憲法」の審議は、この政治的混乱をみた政治的空白期から指導力の弱い吉田内閣期にかけて行われた。だからであろう、統治のしくみについての審議は、強い国会・弱い内閣・駆け引きに走る政党・難しい政権交代という、まさに眼前にくり広げられる政治の現実を色濃く反映することになった。そこで三院の委員会・本会議における審議（四月—一〇月）を通じて、統治のしくみに関して出された議論を整理して、「日本国憲法」体制に託された統治イメージを比較検討しよう。

三院の審議でくり返し懸念が表明されたのは、国会と内閣の相互関連のダイナミクスについてであった。まず第一に国会を「国権の最高機関」「国の唯一の立法機関」とする規定に疑問が呈された。枢密院における美濃部達吉の質問に対して松本国務大臣は、「国会は、立法のみならず、総理大臣の指名もするし、司法機関の関係にもふれる。その意味で最高といったものである」「条約といえども国会の同意を要する、大きな目から見て、唯一の立法機関といって差し支えない」「至高の総意を有する国民を直接に代表しているものは国会であり、その意味で、最高機関という。この規定は、むしろ政治的意味と解したい」と、明快に答えた。この松本の答弁の中に、統治の相互関連のダイナミクスははっきり提示されている。

だとすれば次に争点となるのは、「全体から見て、内閣が国会に対しあまりに弱くなりすぎるのではないか」という問題に他ならなかった。枢密院特別委員長で戦前内務大臣を務めた潮恵之輔は、「国会と内閣との関係は、誰も心配している。内閣は国会の出店でありいかにも弱い。しかし考え方によっては強いともいえるが、それを悪くいえば政党専横ということになる」と述べている。さらに戦前行政裁判所長官を務めた遠藤源六は一歩踏みこんで、「議院内閣制は国会を背景とするから強い面もあるという話しも出たが、必ずしも多数党内閣でない場合もあり、内閣をもっと強くする必要があるように思う。議会で修正する気運がつくられるように努力してもらいたい」と要請した。

こうした枢密院の議論をうけて、衆議院特別委員会では、社会党の議員が戦前の政党内閣時代をひきあいに出して、強い国会への懸念を表明している。要約すると、次のようになる。

「かつての政党内閣時代には天皇の強大な大権があり、枢密院があり貴族院があってさえも議会の逸脱あるいは多数党の横暴がみられた。ましてこれらのものが廃止され無力化された今後においては、国権の最高機関として強大な権能を有する国会、ことに衆議院が多数党の逸脱・横暴によって過去の弊害をくり返す恐れがあろう。国会の逸脱を抑制する力はどこにあるか」。

このような一連の危惧の表明に対し、金森徳次郎国務大臣は、参議院の抑制機能を強調するに止まった。もっとも理念としてよりは実態の問題として争点になったのは、首相の国務大臣任命に関する国会の承認の規定であった。確かに一面で連帯責任制による首相のリーダーシップの強化を強調していながら、他面で個々の大臣の任命に国会の承認を要するのは、国会と内閣の相互関連をより微妙ならしめた。金森大臣は両者の微妙な関係の中にこそ、新しい統治イメージが形成されることを説いた。

「幾多ノ人ガ其ノ代表スル方面ヲ異ニシツツモ、而モ統一ヲ保ツト云フ其ノ集団体ヲ内閣トシテ見マスル時ニ、本当ニ議会ハ此ノ内閣ヲ信任シテ居ルカドウカト云フ判断ガ起ルノデハナイカト私ハ思ッテ居リマス。随テ議会ガ内閣ヲ信任スルト云フ時ニ、総理大臣ダケヲ信任シテ、アトハ構ハヌト云フコトハ、恐ラク議会トシテ適当ナ道行キデハナイ。（中略）モウ少シ中味マデ、議会ガ責任ヲ持タシテ然ルベキモノノヤウニ思フ」

しかし国会の介入が強まると、戦前の天皇大権下の国務大臣のように割拠性・分立性に悩む事態に陥ってしまう可能性を否定しえない。だから「閣僚ガバラバラニナッテ、統一ヲ保タヌト云フコトニモ弊害ガアリマスカラ、其ノ両方ヲ程ヨク調和サセル」運営の妙にゆだねられねばならないことになろう。

実はこの規定は八月になって突然極東委員会の意向をうけたマッカーサーの指令によって大きく変わった。すなわち国務大臣任命にあたっての国会による承認が削除され、そのかわり国務大臣はすべて文民とし、その過半数は国会議員から選ぶという修正が行われた。

以上の議論のすべての背景に、現実に強い指導力をもちえない吉田内閣の姿があったことは言うまでもない。ただし実際の政治運営に苦労している吉田内閣は、「憲法改正」審議にとことんつき合うことによって、逆に弱さが強さに転じる契機を、今まさに生まれんとしている「日本国憲法」体制の中に見出したに相違ない。いったいその契機とは何か。

議院内閣制をとる限り連立内閣や少数与党内閣ではなく、単独多数内閣になった時、実は政治の主導権は国会から内閣に移るということだ。しかも国務大臣任命に対する国会の承認が削除され、逆に国務大臣の過半数の国会からの選任が規定された結果、首相の内閣および国会に対するリーダーシップは制度的に格段に強化されたことになる。これぞまさしく来たるべき「日本国憲法」体制における統治の妙以外の何ものでもなかった。

五五年体制における統治構造の定着――吉田体制から岸体制へ

一九四七年五月、総選挙の洗礼をうけて「日本国憲法」体制が成立する（佐藤誠三郎・松崎哲久『自民党政権』中央公論社、一九八六年）。選挙結果は、社会党一四四、民主党一三二、自由党一二九、国民協同党三一であった。民主党は総選挙を前に吉田内閣の与党の一角を占めた進歩党が解党し、自由党から芦田均を迎え、修正資本主義を掲げて社会党の右、自由党の左に位置する新党として結成された。その結果、「日本国憲法」体制は社会党・民主党・国民協同党の三党による中道左派連立内閣を最初の担い手としてスタートする。

三権の長には、首相片山哲（社会党）、衆議院議長松岡駒吉（社会党）、参議院議長松平恒雄（緑風会）、最高裁判所長官三淵忠彦（三井信託法律顧問）が各々就任した。片山・松岡と共に第一党となった社会党議員が行政権・立法権の長となり、片山や社会党の人脈につながる元大審院判事の三淵が司法権の長となった。さらに二院制国会で抑制機能を期待された参議院の長に、外交官出身で元宮内大臣の松平が選ばれた。辛うじて「帝国憲法」体制にあった宮中・枢密院・貴族院的要素の残影が、松平という人格に結実したと言うことができるかもしれない。したがって松平を除くあとの三人のキャリアを見る時、「帝国憲法」体制のもとでは到底出てきえなかった、その意味でこれまでとはまったく異なるタイプの人材がリクルートされたことがわかる。

では、異質の人材の登用は成功したのか。この場合、三権の長はいずれも個人に備わった資質や指導力を駆使して、「日本国憲法」が規定した制度の力を効果的にひき出し統治に携わっていかねばならなかった。つまり制度の力を自覚的に行使することによって「日本国憲法」体制における統治のしくみの相互関連のダイナミクスに迫ることが必要とされたのである。しかしながらその後の歴史は、社会党色濃厚な出来たばかりの「日本国憲法」体制が、現実の統治にあたってまったくといってよいほど、強い指導力を発揮できなかったことを示している。

元来強烈なパーソナリティを欠いていた彼等はいずれも、「日本国憲法」体制が保障した制度の力を自在に駆使できず、逆に制度の力に翻弄されてしまった。片山しかり、三淵しかり。たとえば社会党が提案した炭鉱国家管理といった社会主義的政策の導入は、連立三党間の抗争や三党内の内紛をひきおこし、その結果与党勢力を質量ともに低減させることになった。結局それは、弱い内閣・駆け引きに走る政党という、「日本国憲法」審議の過程ですでに懸念された統治イメージをそのまま実証したことに他ならなかった。

さらに単独内閣ではなく連立内閣の場合、すでに「日本国憲法」の審議過程の中で、内閣総辞職の際の国会による首相指名という政権交代の制度化が、必ずしも実質的な政権交代をもたらさぬ可能性が指摘されていた。実はその通りのことが、片山内閣総辞職の際におこってしまったのである。それはどういうことか。「日本国憲法」の審議過程をふり返ってみよう。政策の行きづまりのため内閣が倒れた場合、「帝国憲法」体制下の憲政常道論では少数党であっても野党に政権を渡すことが当然とされてきた。しかし吉田内閣のように自由党・進歩党の連立内閣であれば、「吉田内閣ガ政策上行詰リデ倒レマシテモ、其ノ政権ハ社会党ニ行カズニ逆ニ幣原サンヲ指名シテ内閣ヲ作ッテ、本質的ニハ変リノナイ内閣ガ出来ルト云フヤウナ結果ニナルノデハナイカ」という仮説が提示された。それはをまさに「日本国憲法」体制における国会の首相指名権のひとり歩きの可能性を示唆するものであった。しかもまた次期首相の予測可能性という意味での統治トランスペアレンシーを失わせることにもつながった。

事実この仮説において、吉田を片山、社会党を自由党、進歩党を民主党、幣原を芦田と読みかえれば、一九四八年二月の状況にぴたりあてはまってしまう。さらに同様のことは未遂に終ったとはいうものの、芦田内閣総辞職後の山崎猛首班問題にも見られた。こうして「日本国憲法」体制の最初の担い手は、弱い内閣・駆け引きに終始する政党・難しい政権交代という統治イメージを増幅させた上で昭電事件という政治スキャンダルのため退陣を余儀なくされた。

これらは、先の総選挙で野に下った自由党の吉田茂にとっても意想外のできごとであった。吉田は「日本国憲法」体制の生みの親らしく、政権交代にあたってみごとな出処進退を見せたからである。吉田自身そのことを、岳父牧野元内大臣にあてて、「扨而自由党も第一党たる地位を失ひ候処、此際ニ処してハ淡々たる心境ニて負け振のよいところを見するか大切、政権之推移は自然ニ委ね候様ニ挙党一致其心得ニて社会党をして出易からしむるやうニ仕向候様仕居候」と書いている（『吉田茂書翰』

中央公論社、一九九四年）。そこには、統治のトランスペアレンシーが明確にされていた。

一九四八年一〇月、ようやくのことで政権に復帰した吉田茂は、「日本国憲法」体制下の統治の安定のため、自由党による単独過半数の獲得をねらった。総選挙にあたって幹事長広川弘禅に対し「此度の選挙ニ我党絶対多数を得政局安定せされハ我国再建復興の遂け難し」と檄をとばした所以である。単独過半数さえとれば、主導権は国会から内閣に移り多数党総裁＝首相の力は飛躍的に強化される、というのが、統治の妙だったからだ。

そして「日本国憲法」体制の下で初の単独過半数（二六五議席）を獲得した第三次吉田自由党内閣（四九年二月―五二年一〇月）は、統治構造全体の安定性を確保するために着々と手を打っていく。まず第一に政権基盤のさらなる拡大のため、常に民主党への政権参加を呼びかけ、五〇年三月には民主党連立派を吸収し二八五議席とし政権の安定をはかる。第二に衆議院議長に元首相幣原喜重郎（四九年一月―五一年三月）、ついで副総理林譲治（五一年三月―五二年八月）を送りこむ。これは、吉田が最も信頼するシニアの人材による衆議院の掌握に他ならない。第三に参議院議長に吉田の一年次先輩で、同じく外交官出身の佐藤尚武（四九年一一月―五三年五月）が就く。ちなみに佐藤は緑風会所属であるが、吉田は参議院多数派の支持の獲得のため、自由党のみならず緑風会からも参議院の大臣を起用している。第四に最高裁判所長官に第一次吉田内閣の下で文部大臣を務めた田中耕太郎（五〇年三月―六〇年一〇月）の起用に踏み切っている。「国家の番犬となる」と称した田中は、反共イデオロギーの闘士として吉田を支えることになった（山本祐司『最高裁物語』上巻、日本評論社、一九九四年）。第五に内閣改造を恒例化（五〇年六月、五一年七月、同年一二月）する。これはむろん党内リーダーシップの確立のためである。

吉田は、吉田人脈の活用によって三権の長をすべておさえ、内閣改造と大臣への起用によって衆・参両院をおさえることに成功する。これによって、みごとなばかりに「日本国憲法」体制は、あくまでもGHQの権力を背景にしながらであるが安定していく。ここに吉田ワンマン体制が確立する。

しかしながら吉田ワンマン体制のもたらす安定は、構造的安定というにはほど遠く、一時的安定にすぎなかった。一九五二年になると、占領の終結によるGHQの退場と、公職追放解除による戦前派政治家の復活という状況変化が、吉田ワンマン体制を揺さぶることになったからである。

占領後の状況変化は、まずは吉田自由党の議席減となって如実に現れた。五二年一〇月、第四次吉田内閣は二四二議席でスタートし、半年後には二二二議席まで減少してしまい、五三年五月バカヤロー解散後の第五次吉田内閣は、二〇二議席という少数与党政権になってしまうのである。これに伴って、同じく五二年五月衆議院議長は改進党の堤康次郎、副議長は左派社会党の原彪、参議院議長は緑風会の河井弥八が当選し、吉田自由党のコントロールが及ばなくなった。

保守合同は、このような「日本国憲法」体制の混乱の中で進められていく。その立役者の一人が、他ならぬ岸信介であった（『岸信介の回想』文藝春秋、一九八一年。『岸信介回想録』廣済堂、一九八三年。原彬久『岸信介』岩波新書、一九九五年）。そもそも岸は、戦前において満州官僚・革新官僚のキャリアを積みながら、「帝国憲法」体制下の統治のしくみの中で、すでに議会および政党の重要性に着目してきた。だからであろう、岸は東条内閣の現職閣僚でありながら、一九四二年の翼賛選挙に出馬し当選を果たしている。では何故政党なのか。岸はまさに戦時体制の一翼を担いながら、「軍部」が肥大化した「帝国憲法」体制の中で、「軍部」と拮抗しうる別の強力な政治力が必要であることを身をもって体験していた。そしてそれは「政党」以外に考えられないのであった。これ以後、岸は敗戦で巣鴨プリズンに拘留され、最終的に五二年に公職追放解除になるまでのブランクの期間——それはまさに「帝国憲法」体制から「日本国憲法」体制への転換期にあたっている——を除けば、実は一貫して新党運動の要にいた。

敗戦前には、衆議院商工委員会のメンバーを中心に後に社会党に連なる人まで含めて、護国同志会を結成し、追放解除後には、保守のみならず社会党右派まで含める構想の下に日本再建連盟を結成している。いずれも岸新党と言われたものである。

また巣鴨プリズン時代、岸は発足間もなくの「日本国憲法」体制をある種の苛立ちをもってながめていた。片山中道左派連立内閣はもとより、吉田自由党に対しても強力な指導力の発揮による統治の安定は望めないと考えたからである。ありていに言えば、岸は統治のしくみとしての「日本国憲法」体制を受け入れていた。ただ現実にそれを担う勢力にあきたらなかったのである。それを何よりも雄弁に物語るのは、例の芦田首班問題に関する岸の見方である。岸は獄中日記に「後継内閣として芦田首班工作位不愉快の感を与へるものはない」と記し、たとえ吉田自由党に期待がもてなくとも、吉田首班は憲政常道論および統治のトランスペアレンシーから言って当然のことであるとの認識を示した。岸の憲法の出生のいかがわしさに対する反発はいざしらず、これは少なくとも「日本国憲法」体制を積極的に受容した上での統治イメージに他ならない。

同様に「帝国憲法」体制と「日本国憲法」体制との統治のしくみの上での相違を、岸は次のように明快に語る。

「明治憲法下では天皇は数を超越して絶対であった。政治においてはこれを用いる手があった。戦後はそれはない。全然違う。戦前は相当の数をもってしても、いざという場合、陛下のご聖断で決まった。戦後は数が重要だ」。

つまり、「宮中」「枢密院」「貴族院」などの天皇大権の下に分立する複雑な統治制度が、「日本国憲法」体制の下では一掃されてしまった。その結果、「帝国憲法」体制下ではワン・オブ・ゼムだった「政党」が、「日本国憲法」体制の下ではオンリー・ワンになった。すべては数の論理で決まるというわけである。

かくて戦後は一貫して、数の論理を背景としながら、強力な政治指導をいかにすれば「日本国憲法」体制の下で実現できるかが、岸にとっての課題となった。しかも保守合同への動きの中で、岸は吉田が一時的にもせよ安定させた「日本国憲法」体制における統治のしくみの相互関連性をよく理解していた。だからたとえ少数与党政権になったとしても、吉田自由党内閣が成立している以上、立法権の長もまた自由党に委ねるべきだとの認識を示したのである。

岸の構想する政界再編成は、保守合同により保守と革新の二大政党制を実現することにあった。二大政党制は、何よりも統治のトランスペアレンシーを担保する。そして選挙の結果過半数を獲得した政党による内閣が、可能な限り四年間の任期一杯、政治指導にあたる。これこそが岸の描く統治イメージであった。岸はこうして吉田よりもはるかに明確に「日本国憲法」体制における統治構造の安定化ないし定着化を志向していたと言ってよい。

ところで岸は保守合同後、民主党幹事長から自由民主党幹事長に転じ、鳩山一郎、石橋湛山のあとをうけて自由民主党総裁＝首相に就任する。そして実質的な意味での初代として、五五年体制を担うことになった。その際岸にとって三権の長の人事は自前ではありえず、すべて所与のものであった。衆議院議長益谷秀次、参議院議長松野鶴平、最高裁長官田中耕太郎。しかし前二者はいずれも自民党の先輩、後者は東大の先輩であり、基本的には自民党の意向が反映されるはずであった。

もっとも岸は、個々の人事権の発動によって左右されない強力な体制作りを目指した。それはいったいどういうことか。岸は「日本国憲法」体制における統治のしくみの相互関連性という全体のバランスに気を配るのでなく、数の論理にのっとって体制の求心化を押し進めていった。数の論理は、まさに自民党総裁公選、自社対決型議会運営、党と内閣における主流派優遇人事などに貫かれることになる。言い換えれば、数の論理を前面に押し出し、数を背景に党と内閣のリーダーシップの確立をはかることが、他の統治制度も含めた「日本国憲法」体制全体に影響力を及ぼす結果をもたらす。

ここまで岸の論理をつめてくると、五五年体制に貫かれる岸の統治イメージは、無論換骨奪胎された形ではあるけれども、やはり一国一党制的な機能——党部が強力な指導力を発揮する——の果たす役割に近くなるかもしれない。その意味でまことに逆説的であるが、「憲法改正」を唱え続けた岸もまた、五五年体制を担うことによって統治のしくみとしての「日本国憲法」体制の定着に寄与したということができる。確かに岸のほうが吉田よりは論理的かつ構造的なアプローチであったのだが。

4　「強い政党」「弱い内閣」の統治イメージの定着

一党優位制下の五五年体制

いわゆる一九六〇年安保の政治過程を通じて、岸が「日本国憲法」体制の中に体現しようと試みた五五年体制の求心化、すなわち「強い政党」「強い内閣」という統治のイメージは、危殆に瀕した。それは数の論理を基に、統治のあり方を合理化しようとはかった岸の政治手法がもたらした結果に他ならない（北岡伸一「岸信介」『戦後日本の宰相たち』中央公論社、一九九五年）。

では現実に「日本国憲法」体制において強力なリーダーシップを発揮するために、岸はいかなる手法をとったのか。一言でいえば、それは常に敵を明確化することであった。あいまいなグレーゾーンを残さず、敵をおさえこみ白か黒かの決着をつけながら前進していくことこそが、岸のやり方であった。二大政党制下の社会党、自民党内の反主流派、岸派内の反岸グループ、それに労働運動と結びついた大衆運動、いずれもが排除せねばならぬ明確な敵だったのである。

元首相の吉田もまた岸のこうした態度を理解した上で、それでも、ともすれば敵方勢力との妥協に傾きがちな岸に対して、断固正面突破をはかるべく実弟の佐藤栄作を通じて次のように激励したのである。

「昨今我内外政情誠ニ寒心ニ不堪、民主主義、基本人権ニ籍〔藉〕口して、国家、国憲を軽視し、公共の安寧秩序を乱して怪ます。最近、労働、謹〔勤〕評の争議ニ於ける総評、日教組、社会党の行動然り。十数日ニ亘リ教育を放棄して粉擾を事とす。而して政府、法ニ遵ひて処分せす。外交亦右顧左眄、確乎たる方針信念の下の行動とも思ハれす。（中略）国会に絶対多数を有する政府として此際断乎たる措置ニ出て国民をして大局を過らしめざる用意と決意を示すニ非れハ、信を内外ニ失するのみならす、国家の進運を害し、永く禍根を将来ニ遺す憂あり」（一九五九年九月一五日付佐藤宛吉田書翰、『吉田茂書翰』中央公論社、一九九四年）。

こうして数の力で押し切るという一点において、吉田および岸は、「日本国憲法」体制における統治イメージを共有したのであった。単にそれのみならず、彼等と同じ統治イメージを共有する人物として、二人は共に後継首相に池田勇人を推したのである。吉田内閣閣僚として「中小企業の一つや二つ」と言って通産相辞職を余儀なくされ、また岸内閣閣僚として岸の安保改定に全面協力し、アイゼンハワーの訪日にあたって強硬な自衛隊出動論者であった池田は、確かに吉田や岸の統治イメージを引き継ぐに充分な資格をもっていた。その証拠に一九六〇年六月二三日付書翰で、吉田は岸に次のような見通しを述べている。

「政局之収拾ニ付てハ既ニ御決意の次第有之哉に被存候得共、安保批准後直ニ後継内閣御工夫可相成、その為党内結束を目指し、岸、佐藤〔栄作〕、池田〔勇人〕、派の結束より、以て他ニ及ハれ候得者、他派呼合も自然出来可申歟。その間自然後継首相の撰定も可能となるべく兼て御話の池田君相当の決意有之哉にも被存候。首相の推挙後援ニて政局の跡始末ニ当らしめるへく、時機を失してハ悔ても及ハさるへく、為邦家急速ニ御取運被下度切望之至ニ候」（『吉田茂書翰』中央公論社、一九九四年）。

吉田と岸は、共通する統治イメージを通してあに行政権の長のみならず、司法権の長においても意見調整をはかっていた。彼等は当然統治のしくみの相互関連のダイナミクスの重要性に気付いていたからである。もっとも立法権の長（衆・参両院議長）に関しては、強い政党によるコントロールが充分可能なため、気にかける必要がなくなっていた。話を元に戻すと、一九六〇年一〇月に最高裁長官を定年退職する予定の田中耕太郎は、後任に東大法学部時代の同僚で戦時中の出処進退を常に共にした横田喜三郎を吉田茂に推した。すでに田中は一九五九年一二月「砂川事件」の伊達判決を覆し、憲法九条に関し自衛権および外国軍隊駐留の容認を前提に、内閣および国会が高度の政治判断を下した統治事項（たとえば安保条約）については、原則として裁判所の審査になじまないとの判断を下し、違憲立法審査権に「統治行為論」によるタガをはめていた（山本祐司『最高裁物語』上巻、日本評論社、一九九四年）。田中はこうして自ら「日本国憲法」体制における「強い政党」・「強い内閣」の統治イメージを、司法権の立場から確認していたのである。翌一九六〇年二月一八日付書翰で吉田は岸に次のように田中の意見を伝えている。

「今朝田中氏来談曰く、（中略）自分の後任には横田喜三郎君推挙致度、仝氏ハ大学教授の経験のみニて才判官の経験なきも剛直の資性以て長官たるニ最適と存す。尤も右ハ単なる私見ニて仝君の意向は承知せす。政府の決意次第直接交渉、疾風迅雷取運ハる丶かよし」（『吉田茂書翰』中央公論社、一九九四年）。

かくて安保を焦点に、危機に陥った「強い政党」「強い内閣」の統治イメージをそれでもなお継承する者として、吉田および岸の意向が強く反映される形で、一九六〇年七月に池田勇人が首相に、同

最高裁長官の引継ぎをする田中耕太郎（左）と横田喜三郎（1960年10月、毎日新聞社提供）

年一〇月に横田喜三郎が最高裁長官に各々就任した。では彼等は吉田そして岸の忠実な後継者として、五五年体制の求心化を進める形での「日本国憲法」体制の統治運営に臨んだのであろうか。答えはどちらも明確に「いいえ」であった。

　周知のように池田は、秘書官グループの演出により有名な「寛容と忍耐」をキャッチフレーズに低姿勢でスタートを切った（伊藤昌哉『池田勇人・その生と死』至誠堂、一九六六年）。政権課題も岸から受け継いだ「所得倍増計画」をより非イデオロギー的な経済政策の装いをこらして打ち出した。地域開発を推進するため、「全国総合開発計画」が策定されたのも、まさにこの一環であった（御厨貴「国土計画と開発政治」『年報政治学一九九五年』岩波書店。本書第4章に「「国土計画」をつくる」として所収）。

　ここで池田は、岸のように敵を明確化するいわゆる対決型の政治を極力避ける。したがって五五年体制下の与野党関係も、社会党を野党に固定化したまましかし協調型の国会運営に変えていく。高度成長や地域開発でも自民・社会両党は、パイの配分のレベルで調整をはかるようになる。しかも岸が至上命題と考えていた「憲法改正」といったハイポリティックスの重要課題を自民党が棚上げしていけば、両党協調の兆はますますはっきりしてくる。自民党内においてさえ、池田はできる限り反主流派との協調に苦心する。だから岸が池田支持の条件とした、安保に反対した河野一郎および三木武夫の除名という白黒をはっきりさせる件も、いつのまにかうやむやになってしまった（『岸信介の回想』文藝春秋、一九八一年）。

吉田はこうした池田の低姿勢演出がかりそめのものではすまず、彼や岸が託した統治イメージそのものをも変えてしまうことを恐れていた。それ故、一九六〇年秋の解散直後の一一月一日付書翰で、吉田は池田に次のような忠告を発している。

「扨而今回の改組ニハ是非共人物本位政策本位ニて内閣強化せられ度、此際の低姿勢ハ国民をして内閣弱体なるか故と思ハしめ却而人気ニ障ハり内閣之将来ニ影響せしむへく、寧ろ飽迄も政策本位、国家本位ニて勇往邁進相成度、既ニ佐藤〔栄作〕君も協力を誓へる以上岸〔信介〕派及佐藤派も同調すへく右顧左眄は事を為す所以に非らすと奉存候」（『吉田茂書翰』中央公論社、一九九四年）。

池田・佐藤・岸の主流派優遇人事を貫き、野党社会党と対決姿勢を示すことによって首相のリーダーシップを強化するという、あたかも岸による五五年体制の求心化の復活を望むような吉田の忠告を、池田は文字通り無視した。実は自民党はこの選挙で結党以来空前の三〇〇議席の大台にのせる大勝利をおさめ、一五〇議席を下回った社会党との関係を決定的なまでに固定化してしまった。すなわち五五年体制が二大政党制ならぬ一と二分の一政党制として固定化し、自民党政権の長期化が予測される事態が到来したのである。

しかしだからこそ池田は逆にここで、好むと好まざるとにかかわらず「強い政党」「弱い内閣」という統治イメージへの転換を志向する。なぜなら五五年体制＝自民党一党優位制となれば、与野党交代のないまま統治のしくみは固まっていく。そうなれば、もはや強力な首相のリーダーシップは必要ではなく、むしろそれはかえって統治のつまづきもたらす恐れが出てくるのだ。だから反対派の言うことを粘り強く聞いて調整していくことこそが、統治の要諦とならざるをえない。数の上では社会党を圧倒しているにもかかわらず、池田内閣の下ではそのために、審議未了ないしは継続審議となった有力法案が意外なほど目立つことになる。

ところで横田喜三郎もまた、池田と同じく「強い政党」「弱い内閣」という新しい統治イメージに適合的であった。もっとも横田は「東大ポポロ事件」判決で警察権を認める保守派に与し、また田中前長官が示した「砂川判決」における「統治行為論」や安保是認論はそのまま引き継いでいる。にもかかわらず六年余の在任中、一五人の判事中一三人というほぼ総入れ替えに近い人事権の行使にあたって、結果的に見れば人権重視派・リベラル派とよばれる判事を多数推薦することになった。このことはやがて一九六六年「全逓東京中郵事件」判決で、公務員・公益企業体の争議行為における刑事制裁からの解放という、戦後労働運動における画期的判決において明らかとなる。

つまり横田は「統治行為論」の定着と最高裁判所の安定を背景に、憲法が保証する人権問題に関し、反対派と協調する判断を下したのである。池田も横田も、安定化した「日本国憲法」体制の中で現体制への反対派の主張や利益を積極的にとり込んでいくこと、それを換言すれば五五年体制の遠心化となるが、それこそがさらなる統治の持続的な安定につながると考えたに相違ない。だが吉田も岸も、こうした統治イメージにはあくまで反対であった。裏切られた思いの吉田は、池田政治が三年半をまわった一九六三年一二月二日付書翰で、「既ニ御気付とは存候得共此際断然低姿勢ハ一掃せられワンマン振に御変更相成度ものと存候」とくり返し強い内閣への回帰を望んでいる。

一九六四年池田は戦後二〇年を一つの区切りとして、生存者叙勲を復活した（御厨貴「飽和点に達した栄典制度」『中央公論』一九九〇年三月号。本書第7章に「「栄典体系」をつくる」として所収）。そして池田批判を口にする当の吉田茂を始め戦後復興に貢献した人々に、国家の栄誉を与えた。このような栄誉体系の復活は、いよいよもって「日本国憲法」体制の定着を象徴的に現すものに他ならなかった。

かくて統治のしくみとしての「日本国憲法」体制は、岸時代から池田時代へかけて統治イメージを、「強い政党」「強い内閣」から「強い政党」「弱い内閣」へ、言い換えれば五五年体制の求心化から遠心化へと大きく転換することによって、一段と安定度を増していく。それは五五年体制の下でついに二大政党制が幻に終わり、一と二分の一政党制ひいては自民党一党優位体制が確立する過程でもあった。

実は池田を引きついだ佐藤内閣において、「日本国憲法」体制は成熟期を迎える。池田批判をくり返してきた佐藤にとって、池田よりは「強い内閣」をめざし五五年体制の求心化を企図したことは確かである（山田栄三『正伝佐藤栄作』下巻、新潮社、一九八八年）。折柄の日韓問題や大学紛争をめぐって、社会党を中心とする野党と対決姿勢をとったこともしばしばある。また横田喜三郎―横田正俊と続いた人権重視派の最高裁長官の後任に秩序重視派の石田和外をすえ、労働事件に対する強い姿勢を示したこともある。しかし佐藤は池田が作り出した「強い政党」「弱い内閣」の統治イメージを全面的に転換するには至らなかった。

いったいそれはなぜか。いくつかのポイントで強いリーダーシップを発揮することで、自民党優位体制は変わることなく常に維持されたからである。したがって全体の統治イメージを転換する必然性がおこらず、五五年体制の求心化のモチベーションが生じなかった。むしろあえて五五年体制の求心化をめざすとすると、持続するが故に制度化の進む自民党の人事や組織、さらには与野党間関係にもいらざる波風をたて、思わぬ高い代償を払う破目に陥る可能性があったと言わねばならない（佐藤誠三郎・松崎哲久『自民党政権』中央公論社、一九八六年）。佐藤もまた池田と同じく「憲法改正」を棚上げにしたのは、その意味でまことに象徴的である。

第2章　1995年

「処」をつくる——満州国からの還流

戦前・戦中・戦後を、行政組織を軸に眺めるとどうなるか。

例えば、内務省、司法省のような役所は解体された。商工省は軍需省をへて通産省になった……。戦前を連想させるものは、悉く否定されることになった。では、戦後になって華々しく登場した経済安定本部なる役所はどうか。新しくできたものなのに（いや、だからこそ）、戦前にあった国家経済、国家統制といったものが、戦後型に転換しながら存在したことに特色がある。

その経済安定本部のなかに、「国土総合開発処」なる名称の部局がほんの少しの間存在した。「所」や「院」ならともかく、「処」というたった一文字に託された意味を政治史的に紐解いてみたのが本章である。

結論を先取りすれば、サブタイトル「満州国からの還流」が表すように、戦後の一時期、霞が関の一隅に満州国のあだ花が歴史の中を迷いながら咲いたように思えてならない。

なお、本章の原型は、下に記したように資料集の「解題」である。つまり、本編たる大部の資料集を意識した記述が施されている（特に第３節以降）。そのため、独立した論文としてお読みいただくには不都合な個所もあるが、原則として初出のまま再掲することをご容赦いただきたい。数多の資料群の編集を通じて試みたあたかもシュリーマンの如き「処」の蘇りの作業も、今となっては懐かしい。

（初出：「解題」、総合研究開発機構・戦後経済政策資料研究会編『経済安定本部　戦後経済政策資料　第 34 巻「建設」（1）』日本経済評論社、1995 年）

1　〝処〟の政治史的意味

経済企画庁図書館が整理し、昭和四八年五月に作成した『戦後経済政策資料目録』を繙くと、「国土計画」関連資料の作成部局として、ある時期（昭和二五年六月～昭和二七年七月）に限って、「国土総合開発審議会事務所」または略して「国土総合開発事務所」なる名称の部局が目につく。戦後の官僚制組織の中で、「省・庁・府・局・部・課・室・掛・班」などと並んで「院・所」も決してめずらしい部局名ではない。

だが一たび原資料にあたってみると、これらはすべて〝所〟ならぬ〝処〟が正字であることがわかった。そうなると〝処〟とは、はて面妖なと思わざるをえない。「国土総合開発審議会事務処」または「国土総合開発事務処」……しかも名は体を表すとはよく言ったもので、〝処〟というだけで何となく通常とは異なるイメージを思い浮かべることになる。はたしてこれはいかなる権限をもつ組織で、どのような人々によって運営されていたのか。〝所〟の封印が解かれて〝処〟が顕になってみると、戦後史の中でわずか二年間しか存在しなかったこの部局の実態を問うてみたくなるのは当然のことであろう。

実は昭和三〇年一二月経済企画庁が発足して間もなくの時期に、部内資料として作成された『経済安定本部行政史（機構の部、資料篇）』と題するガリ版刷り小冊子の中にも、〝処〟の部局は姿を現さない。ありていに言えば、昭和二五年六月の機構改革で、「経済復興計画審議会」や「資源調査会」それに「国土調査審議会」などと並列の存在として新設された「国土総合開発審議会」すら、この小冊子の中の機構図には出てこない。

これはいったいどうしたことなのであろうか。意図的か否か、経済企画庁のその時々の担当者は、いずれも自らの前身の経済安定本部に実在した「国土総合開発審議会」とその「事務処」について、明らかに積極的な追究を怠ってきた。そこで今回「建設」編を編むにあたっては、「国土計画」の大半を占めるこれら〝処〟の部局が関与した資料を整理することによって、〝処〟の部局の戦後史の中での蘇りをはかることにした。もっとも、そもそも〝処〟なる部局名に現された政治行政様式とは何であるのかを解き明かすことから始めねばなるまい。

かくて〝処〟の政治行政様式の検討に入ると、戦前の満州国の行政機構にまでたどりつく。そこで昭和一〇年代の前後の時期に、満州国官吏であった武藤富男は『私と満州国』（文藝春秋、一九八八年）と題する回想録の中で次のように述べている。

「これについて語るため、関東軍と満州国政府との政治関係の一面を紹介しておこう。この頃、昭和十一年には、法制局は法制処となって国務院総務庁の中に吸収されていた。総務庁は企画処、人事処、主計処、法制処、弘報処、統計処から成り、それを総括するのは、総務長官で、補佐役は総務庁次長であった。総務長官の役割は官制上は国務総理大臣を補佐することであったが、実質的には関東軍と連絡し、その内面指導を受けることであった」。

満州国国務院総務庁を支える下部部局が、他ならぬ企画処を始めとする〝処〟の組織であった。しかもこれらの〝処〟によって支えられた総務庁が、満州国の国策統合機関たることは周知の事実であった。だからこそこの時期の満州国国務院総務庁は、二・二六事件後総動員体制をめざす帝国日本における国策統合機関創設のための恰好のモデルとなったのである。ちなみに昭和一一年八月一七日付の「昭和十二年度以降五年間歳入及歳出計画」と銘打った石原莞爾、宮崎正義ら日満財政経済研究会作成のプランが、やはりこの時期に参謀本部・陸軍省軍務課を始め近衛文麿ら政界、池田成彬ら財界の有力者に提示されている。このプランに付せられた「緊急実施国策」の中に、満州国から帝国日本へ還流すべき国策統合機関の要点が、次のようにみごとに示されていた（『日満財政経済研究会資料』第一巻、日本近代資料研究会、一九七〇年）。

「国務院ニ直属スル計画及考査機関トシテ総務庁ヲ設置ス。総務庁ニ企画局、予算局、考査局、公報局、法制局及資源局ヲ置ク。而シテ諸般ノ情勢上以下ノ行政機構ノ改革カ実現困難ナル場合ニ於テモ現下ノ国情上本機関ノミハ急速ニ之ヲ実現スルコト絶対ニ必要ナリ」。

帝国日本の国務院総務庁を支えるべき下部部局は、名称こそ〝処〟ではなく本来の〝局〟に戻しているものの、実質的にはほぼ満州国のそれを踏襲していることがわかるであろう。満州国を圧服しその余勢をかって帝国日本をも席巻しようとしたのが、まさにここに見る〝処〟の政治行政様式であったと言ってよい。これらの帝国日本における展開と挫折の詳細な過程の分析は、御厨「国策統合機関設置問題の史的展開」（『政策の総合と権力』東京大学出版会、一九九六年、に加筆再録）に譲る。そしてここまで述べてくれば、〝処〟の政治行政様式が多分に満州官僚的でかつ革新官僚的な色彩を帯びていたことが、当然に理解される。

しかし、だとすれば〝処〟の政治行政様式が何故戦後のしかも一九五〇年代に入ってからの経済安定本部（以下、経本と略す）の中に、今一度出現したのかを考えねばなるまい。満州官僚的で革新官僚的な組織は、もうそれだけで戦後においては充分に否定さるべき存在だったからである。だから片山・芦田中道左派連立政権の下における経本の全盛期には、戦前の企画院や満州国総務庁からの人的系譜の流れが当然にあったにもかかわらず、戦前のそうしたものを彷彿とされるような組織は、まったく見られない。

むしろその後に成立した吉田自由党政権が経本を敵視し、経本作成の「経済復興計画」に反対しこれを政府決定とせず流産させるといった事態に対応する形で、〝処〟の政治行政様式が経本の中に顕在化してくる。その意味ではまことに逆説的であるが、経本全体としては縮小期に入った時期に重なって、時あたかも国土総合開発法の成立と踵を接する形で、〝処〟の政治行政様式が国土計画の一端を担う組織として立ち現れることになった。それは、官僚組織としては全体の縮小の中での部分の拡大と捉えることができる。そうした経緯については、当時を知る経済企画庁の官僚を中心とする昭和四三年の座談会「国土総合開発法と東北開発の展開」の中で語られている。この座談会自体が、今となっては入手し難い平記念事業会編『東北開発の歴史と展望』（一九七三年、非売品）に掲載されているので、ここでは煩をいとわず「国土総合開発事務処」という項目の部分をすべて次に引用することとした。

「**平**（**貞蔵**）　その今のお話大事ないいお話だ。その今お話になったことの前後の事情をね、あなたは今のように詳しいが、外に一番タッチした人達、詳しい人達はどなた。
財前（直方）　その時に議論したのは、電発に居る首藤宜通さん、それから東大の教授をしている本城さん、それから河野さん等と、ほんとに議論したのは四～五人だったと思います。要するにその頃国土開発事務処というのがありましてね、柳町君なんかその時から一緒にやっておったわけなんですが、事務処時代というのは各局から集まってきていろいろな人が自由な意見を出すという普通の役所じゃなかったのですね。
栗原（東洋）　僕もそのサインのあるプリント（二十六年四月二十日付けの『経済効果測定方法について』）を持っているんだけれど、何か満州の役所みたいな感じですね。事務処なんていう名称は。どういう機関かと思ったんだが。
財前　そこで首藤宜通さんあたりが一番工兵隊の議論をやったんですよ。
栗原　初めて聞いたな。
財前　工兵隊作ろう、工兵隊作ろうというのでな。
栗原　そういうとＴＶＡ研究会というのが昭和二十二年かな、六月頃出来て、そういうこととは関係あるわけ？
財前　その間の事情は良く知りません。
柳町（尚毅）　開発事務処の、当時の所長さんというのが今でいえば安本長官のような偉い人で、小沢久太郎さんあたりが副所長さんで、主幹が山崎さんですよ。
財前　山崎小五郎さんね。

柳町　それから今井田さん、促進法の時、実施法にするんだとかどうとかいっていた。今井田さんあたりがちょうど副主幹ですかな。そんな形で組織されとったんだが、ほんとに組織化されたものかどうか、かなり何か寄合世帯だったことは間違いないですよ。
財前　寄合世帯ですよ、奥田亨さんあたりが、総務的なことをやっておられたんではないかな。あの佐瀬さんが何かフリーランサーみたいな恰好でおられたように思います。
柳町　それから開発事務処が解体し、審議庁に移って計画部になったですかな、そうですな。その時の部長は誰ですかな。
喜多村（治雄）　植田（敏雄）さん？
柳町　あーそうだ。それはあんたの方が知ってる。」
なお以上の座談会を補足する意味で、「国土総合開発事務処」について次のような注が付されている。

「国土総合開発事務処というのは、二三年の経済復興計画の策定を担当した経済計画室のなかの地域版を独立させ、拡大したものである。ただし専任は五～六名、あとは各省からの兼務者で三～四〇名を集めていた」。

どうやら昭和二五年、経済計画の挫折と国土総合開発法の名の下における国土計画の法文化とによって、かつての満州官僚や革新官僚の如き経験と雰囲気がなければ、到底担うことのできない組織における一種の真空状態が経本の中に生じたと言ってよい。すなわち国土総合開発法は、占領体制の下にあって、アメリカのグラスルーツ・デモクラシーの理想やＴＶＡをモデルとすることを一面で意図して制定された。その意味では、ここに誕生する国土計画は、全国レベルから地方レベルまで様々なレベルの開発を有機的にネットワーキングさせる新しい政治行政領域のはずであった。しかしこのような国土計画は、生まれてまもない戦後官僚制の下では、とてもオーソドクスな一般の官僚に担えるような問題とは認識されなかったのである。そこで必ずしも吉田政権自体とは相入れないこの課題に取り組んでいくために、実は新しい酒を古い皮袋に入れることとなった。そうなればかつての方法と経験を生かせる人的動員を可能とするように、かえって堂々と〝処〟を名のることによって、わかる人にはわからせる必要があったのではないか。そして経本に現れた〝処〟のサインをどう読みとるかは、戦後政治のダイナミクスに委ねられることになった。

だから「国土総合開発審議会事務処」にしてみれば、単なる審議会の事務局に止まらず、当然のことながら独自の活動を行う意図を、それこそ〝処〟の一文字に託していたと言ってよい。すなわち戦前、それも岡田内閣時代の内閣審議会と内閣調査局との関係が、そこには浮かび上がってくる。両者の緊張関係が、続く広田内閣の下で、内閣審議会の廃止と内閣調査局の拡充をもたらしたことは記憶に新しい。その意味では、梁山泊的な組織の再来が〝処〟の政治行政様式に最もふさわしいと言えた。

事実、この資料集〔『戦後経済政策資料』第９編〕に収めた「国土総合開発審議会」の一連の議事録によれば、「開発事務処」と各省出身幹事とによる幹事会の設定と運用について、本体の審議会の方が懸念を抱いていることがわかる。「開発事務処」が各省横断的に国土計画を焦点に求心力をまし独自性を発揮する事態が、充分に考えられたからに他ならない。ともあれ現実に国土計画の策定をめぐって「開発事務処」によって様々な試行錯誤がなされる有様は、この資料集に直接あたれば一目瞭然と言えよう。しかも国土計画自体は、それを担う〝処〟の組織がやがて解体してもなお続いていく。そこで次に、国土計画そのものについて言及しておかねばならない。

2 半世紀を迎えた国土計画

国土計画の射程距離は意外に長く、実にこれまでの戦後史をすべてカバーする。そして戦後五〇年の歴史的文脈の流れに置いてみる時、今や国土計画は完全に日本の政治・経済・行政の中に定着し、あたかも「空気」の如き存在と化した。直前に迫った二一世紀における国土計画すなわち五全総は、まさに一〇年ごとのタイムスケジュールに沿って審議が進められている。善きにつけ悪しきにつけ定番となった国土計画のガイドラインと枠組があってこそ、開発政治の実態を浮かび上がらせる効果をも期待できる。というのも、国土計画に示される理念と利益との相互関係を、いかに解読して現実に反映させるかが、開発政治の要諦となっているからである。言い換えれば、国土計画と開発政治との緊張関係をどのように構築するかが、計画の策定に関与する側にとっての醍醐味に他ならない。

今日五全総の審議にあたっている国土審議のルーツをたどれば、先述の昭和二五年制定の国土総合開発法の規定に基いて設けられた国土総合開発審議会にいきつく。実はさらにそれをたどり続けると、昭和二二年の国土計画審議会にまで遡る（下河辺淳『戦後国土計画への証言』日本経済評論社、一九九四年）。

国土計画それ自体は〝処〟の政治行政様式と同じく敗戦ラインをこえて、日米戦争直前の昭和一五年にまでルーツを探ることができる。戦前の国土計画については、御厨「国土計画と戦時・戦後の社会」(『政策の総合と権力』東京大学出版会、一九九六年、に加筆再録)を参照されたい。

さらに「戦後は終わった」という有名な『経済白書』の言葉で知られる昭和三〇年代以降の国土計画に関しては、次の三つをあげておきたい。第一は、国土政策に即して政策担当者一〇余名からのオーラルヒストリーを記録し資料として止めると共に、御厨を始めとする研究者と、下河辺淳氏とによる論点整理を試みたNIRA研究報告書『戦後国土政策の検証――政策担当者からの証言を中心に』(総合研究開発機構、一九九五年)である。第二は御厨「国土計画と開発政治――日本列島改造と高度成長の時代」(『年報政治学・一九九五年』岩波書店、一九九五年。本書第3章に「「国土計画」をつくる」として所収)である。双方ともに、輝ける高度成長の時代の国土計画たる全総と新全総を検討の主たる対象とし、なお政治家田中角栄が深く関与した「都市政策大綱」および「日本列島改造論」をも考察のターゲットにしている。そして田中角栄を開発政治の到達点と見る視角から、第三に御厨「田中角栄」(『戦後日本の宰相たち』中央公論社、一九九五年。本書第4章に「「列島改造」をつくる」として所収)がある。

以上からわかるように、本資料集「建設」編は、戦前と高度成長にはさまれた戦後復興期の国土計画に関する資料を、相当程度網羅的に収集したことになる。そこで以下の三つの小テーマごとに区切り、とりわけ「国土計画審議会関連資料」を中心に、「全国計画関連資料」「特定地域及び地方計画関連資料」も含めて、簡単な説明を加えておくことにしたい。

3 「国土計画審議会関連資料」について

「国土総合開発審議会」および「事務処」の活動を最も詳細かつ系統的に知ることができるのが、この小テーマの下に整理された資料群である。最初に昭和二五年六月制定の国土総合開発法に基づく「国土総合開発審議会」より以前の形態について、一言しておかなければならない。

昭和二二年から二三年まで存在した「国土計画審議会」に関しては、「審議会議事速記録」および「組織・人事」において見ることができる。戦後逸早く「復興国土計画」を立案した内務省国土局は、内務省解体への動きの只中で「国土計画審議会」を設置し、会長に内務省地方局系統の長老で元内相の潮恵之輔をすえた。新憲法制定という新時代の余波をうけて、第一回総会冒頭の挨拶で、植原悦二郎内相は「私は皆様方が新憲法においてわが国が戦争放棄を宣言せるゆえんを理解せられ、みづからの思索と構想とに基づき、新時代に適応すべき国土計画を策定されんことを念願するものでありますす」と高らかに宣言している。しかし国土計画を議すべく召集された委員は、誰もがこの混沌とした国土に対して何をすべきかを理解していなかった。そもそも会長に推された潮自身が就任にあたって、「私はこの方面の仕事につきましては、わずかに従来都市計画の仕事及び大震災後の帝都復興の仕事などに幾分の関係をもっておったというだけでありまして、それすらきわめて知識も経験も浅いのでありますす」と正直に自己をふり返り、自信のなさを表明しているほどだったのだから。

結局この「国土計画審議会」は、本来の国土計画の内容の検討に進む以前に、内務省の解体と経本の新設と拡充、また経本内における資源委員会の設置などの未曾有の機構改革に翻弄され続け、機能停止に陥ってしまう。二三年三月の「国土計画審議会懇談会要旨」には、このような旧秩序の崩壊と新秩序の形成の途上にあって、右往左往する長老委員や中堅の各省幹事の忌憚のない生の発言をそのまま記録しており、はなはだ興味深い。

「国土計画審議会」は新設の建設院の所管になったまま、昭和二四年五月になって「総合国土開発審議会」と改称された。実は後の「国土総合開発審議会」の「議事録」の第一回の最後の部分に、「事務処」側からの発言として、「それから印刷されました速記録の方は、これは本審議会の前身とも申すべきところの総合国土開発審議会の議事録でございます。これは前事務局から引き継ぎました原稿を印刷に付したわけでございますが、遺憾ながら第一回から三回までと十二回の草稿が届いておりませんために欠けておりますが、これは追って出て参りましたら、又印刷いたしまして御手許に御配布いたしたいと考えております」とある。残念ながら全部で一二回開催されたと思われる「総合国土開発審議会」の議事録は、この資料集においては全部欠落しており、実態に迫ることができない。建設院―建設省が事務局を務めた故であろうか。

さて本命の「国土総合開発審議会」の一五回にわたる議事録は、なかなか読ませるし圧巻である。会長には土木局・都市計画課を主たる担当とし、内閣調査局調査官を務め、戦後は都市計画協会理事長となっていた、言わば内務省ＯＢとしてはめずらしく国土計画に土地勘のある飯沼一省が推されている。議事の全体の流れを知るには「経過」もしくは「経過概要」に各回の審議事項が要領よくまとめてあるから便利だ。無論審議会は一五回で終了となったわけではないが、これ以後の開催の有無は不明と言わざるをえない。ただし本資料集に見る限り、開店休業となった審議会にかわって、部会・分科会の活動が活発化したようである。

手短かに審議状況を概観するすると、まずは国土総合開発法に掲げられた四つの国土計画のうち、「特定地域計画」「地方計画」の検討が進められる。ちなみに本資料集の第三の小テーマには、それらに関する基礎資料がまとめられている。次いでそれらの検討の進展につれて、審議会本体だけでは対応しきれなくなるため、第八回以降、総合部会、資金部会、河域部会の三部会が順次設けられた。さらに総合部会の中が、地域特定分科会、開発目標分科会、経済効果分科会、特定地域分科会などの専門別六分科会に分かれている。部会・分科会については、ごく一部の「議事録」が残っているにすぎない。断片的ではあるがこれらから受ける印象は、まず経済学者有澤広巳らの活躍がめだつことと、次いで専門委員の大量動員が顕著であることではないだろうか。

このように審議内容を概観していくうちに、実は審議会の組織の問題が見えてくる。審議会の官制や「委員構成」それに「部会・分科会の編成方針」を通じて、「事務処」による戦略的意図が明らかにあると言わねばならない。つまり「事務処」は独自の判断に基づいて、審議手順を可能な限り分科会レベルまでおろし、委員の専門性を考慮しながら分科会での議論を活性化させ、さらに専門委員の導入によって彼等の意見を反映させる仕組みを考慮したのである。ここに見られる専門委員制による下方拡大型の審議組織こそ、「事務処」が編み出した下剋上乃至は下意上達的な新たな政策形成の要に他ならなかった。

そもそも「事務処」自体が、単なる審議会の事務局に止まるものではなかったのである。一たび

「事務処」の組織関連の「資料」にあたってみると、「事務処」拡充の具体的構想が浮かび上がってくる。第一に「事務処」が総裁官房経済計画室及び建設交通局開発課に両属している現況をあらため、「国土総合開発事務処」として経本直轄部局に格上げする。処長は副長官兼務、副処長は建設経済局長、経済計画室長、資料調査会事務局長のあて職とする。この構想は同時に、国土計画と並立する経済計画室担当の経済計画や資源調査会担当の資源調査に対する主導権確保をねらったものであった。したがって第二に「事務処」は実質的には主幹をトップとし、副主幹および主査各々一〇数名で構成される機動的組織を想定していた。一応庶務・総務・企画の官房三班と、東部・西部・中部・北海道の地域四班に分かれながら、全体会議制的な運用をはかることが考えられている。これは明らかに戦前の内閣調査局における体制に酷似していた。

そして「事務処」が現実に調査立案に携わった第二の小テーマ「全国計画」や第三の小テーマ「特定地域計画」「地方計画」の資料群を見る限り、既にして彼等はあるべき体制を先どりしつつ、運用の妙を発揮していたように思われる。そのことは、「事務処」が発行し続けた「月報」および「四半期報」において明らかであった。そこには審議会の各部会や各分科会の進行状況と共に、常に各班の進捗状況も記されていたからである。

しかし先にも述べたように、新しい政治行政領域を切り開くべき国土計画は、容易には政策体系として求心化しなかった。むしろ部会・分科会・班がフル回転すればするだけ、一部に特化した計画案は生まれるものの、国土計画の全体像は見えにくくなってしまう。これに対して「事務処」としては懸命に求心化の契機をつかむために、審議会とのやりとりをくり返すことになる。それを特定できる資料はたくさん残っていないが、第二および第三の小テーマの下に整理された資料の多くも、そのために利用されたに違いない。後にも出てくるが、「経済効果測定の基本方針」は、なかでも最も重要な決定の一つであった。

ともすれば遠心化しがちな国土計画をつなぎとめておくために、「事務処」がもう一つ試みたのが、未来へむけての作業と同時に、常に自らの立脚点を歴史的文脈の中に問い直す作業をくり返すことであった。「戦後国土開発計画機構の変遷に関する概要」の中で、第一期（昭和二〇年九月〜二二年末）を「戦前よりの国土計画のスタッフを中心とする戦後復興国土計画の再編検討の時期」と述べ、第二期（二三年春〜二五年五月）を「米英の国土開発計画方式の紹介時期」と区切った上で、今こそ成果を上げねばならぬ第三期と位置づけている。だから国土計画の推進のためにも、「事務処」は審議会をまきこむ形でより拡充せねばならないことになる。

だが結局のところ国土計画における政策的果実はこれと言って特に生み出せないまま、昭和二七年七月末で経本が廃止され、経済審議庁に縮小再編されたため、「事務処」もまた解体の破目に陥った。しかもその人と組織は、計画部の中にバラバラにされた上で吸収されてしまった。そこで計画部になってからの資料を見ると、早くもＥＣＡＦ提出参考資料たる「日本における国土総合開発事業の経過」において、経本の特異性は指摘されているものの、「事務処」の特異性については何ら言及されないままになってしまっている。

こうして国土総合開発法と共に登場した「事務処」は、本法がほころびを見せつつも四五年の長命を誇り今なお健在なのとまことに対照的で、わずか二年で幕を閉じた。そしてその存在さえ急速に忘れ去られることになったのである。

もっとも「事務処」は忘却の彼方へと消え去ってしまっても、国土計画の中でも一番議論の多かった「全国計画」の策定をめぐって課題はなおその後に引き継がれた。「資金を中心とした総合開発計画についての座談会要旨」において、「事務処」時代からの担当者の一人財前直方は、朝日新聞論説委員土屋清の質問に次のように答えている。

「**土屋**　一体、全国計画とはいかなるものか。

財前　地方計画とは別で、国としての計画であって、この発表には慎重を要するもので、はっきり言えぬ悩みがある。そこで細く地点別までおろすかどうかと云うことと相まって一つの意見に分れて来る。

土屋　特定地域の総合ではないでせうか？

財前　これとは関係がない。後進地域の開発ということを考えるということもある。」

「全国計画」とは果たしてなにか。「特定地域計画」や「地方計画」とどう異なり、しかもそれらとどう関わっていくのか。担当者から明快な回答はついに出ない。そこで次に「事務処」時代から計画部の時代にかけての「全国計画関連資料」について言及することとしたい。

4　「全国計画関連資料」について

第二の小テーマは、さらに「国土立法関連」と「理念と方法」それに「計画の実際」に三つに区分される。

「国土立法関連」の中でも、まず注目に値するのは「国土総合開発法及び実施法関連」の資料である。国土計画を法文化し、「事務処」体制を育んだ国土総合開発法の法案段階での検討資料を集めているからだ。続いて今度は、成立した国土総合開発法のより具体的な実施規定を盛りこんだいわゆる実施法案の登場である。

総合開発事業法案、そして国土の総合開発を推進するための法律案要綱が、第一次案から第七次案まで（第二次及び第五次案は欠落）、最後に国土総合開発実施法案。やや煩瑣にわたるかもしれないが、幻に終わったとはいえ立法過程における微細な変化を追究できる数少ない資料を揃えたことになる。

「利根川開発法関連」資料は、先述の国土総合開発審議会の議事録などにも問題としてとりあげられていた特定河川開発の立法化をどう考えるかについて、審議会のまとまった意見書を載せている。

「理念と方法」はいささか抽象的にすぎるが、国土計画とりわけ後の「全国計画」に連なっていく傾向の意見書と構想を集めたものである。個人名も出てくるが、昭和二三年の経本建設局、二四年の経本建設経済局、そして二五年から二七年までの「国土総合開発事務処」、さらにそれ以降の経済審議庁計画部と、意見提出の担当部局が目まぐるしく変わっている。そのような中で、国土計画の理念や方法にいかなる変化があるのか、ここはじっくりこの膨大な資料と取り組んでみたいものである。

「理念と方法」の次は、当然のことながら「計画の実際」となる。より実際的かつ現実的な側面を重視して選んだものが、そこに示した「計画」である。意外にも「事務処」時代のものが少ない。これは経済審議庁になってから、技術的にも細かい作業を始めることになったことが反映していると思われる。

5　「特定地域及び地方計画関連資料」について

国土計画の中で最も早くから作成されてきたのが「特定地域計画」である。そこで「特定地域総合開発」の中に網羅的に関連資料を集めている。建設省サイドと経本サイドの違いに始まり、「国土総合開発事務処」時代のせめぎ合い、そして経済審議庁における幕ひきまで、プロフェッショナル好みの構成となっている。

その点は次の「地方計画」も変わらない。むしろ「地方計画」では経済計画との交錯が問題となる。それに「国土総合開発事務処」がいかに対応したかが、見所の一つであろう。

「只見川開発計画」は、当時最も問題となった具体的な開発計画を一つの例としてとりあげたものに他ならない。

第3章　1995年

「国土計画」をつくる——日本列島改造と高度成長の時代

全国総合開発計画（略して「全総」）は、1962（昭和37）年の第1次から1998（平成10）年の第5次まで、ほぼ10年ごとに策定され、日本政治における国と地方の関係、政官関係をある角度から規定してきた。

しかし、国土計画という枠組みが、アプリオリに存在したわけではない。戦前・戦中からの流れがあり、その流れの断絶と継承とがあって、言わばジグザグの形で戦後の展開をみることになった。

本章で論じる昭和30年代から40年代の全総の始動と影響力の拡大の時代、そして、まさに高度成長の青天井の時代を過ぎ、中曽根内閣期の「4全総」あたりから頭打ちとなり、結果として「5全総」で終わりを遂げることになる。

21世紀に入ると、国土総合開発法は国土形成計画法に抜本改正され、全国総合開発計画は「国土形成計画」なるものに引き継がれた。もはや、「全総」とは似て非なるもの。マスコミで報じられることも少なくなった。

もう、国が強力に地方を引っ張る形ではなくなったのである。つまり、戦後50年で役割を終えたにもかかわらず、亡霊の如くそのインパクトからは必ずしも脱し切れず、あえいでいる姿を見る思いだ。「国土審議会」委員の末席を汚す今となっては、何やら口惜しく、もどかしいのが実感である。

なお、本章後半で主役を演じる田中角栄については次章「「列島改造」をつくる」もあわせてお読みいただきたい。

（初出：「国土計画と開発政治――日本列島改造と高度成長の時代」『年報政治学1995』）

序　高度成長と国土計画

全国総合開発計画は、はたして二一世紀の日本に対して、国土計画に関する何らかの新しいメッセージを伝えうるであろうか。目前に迫った五全総の策定は、今や完全に一〇年ごとの年中行事と化した国土計画にとって、サバイバルできるか否かのレーゾンデートルを賭けた作業になるに相違ない。

本稿は、全総が年中行事化することはおろか、策定できるか否かの点で覚束なかった昭和三〇年代に遡り、そこから高度成長の時代と運命を共にした昭和四〇年代までの国土計画について考察の対象とする。その際高度成長期の開発政治に対して、国土計画の枠組がいかに機能したか、あるいはしなかったかに注目したい。

まず昭和一五年前後からの国土計画について、歴史的変遷を追って類型化を試みる。次いで所得倍増計画に促される形で策定がすすむ池田内閣の全国総合開発計画（全総）を考察する。そして全総を批判的にうける形で登場する佐藤内閣の新全国総合開発計画（新全総）の検討に移りたい。これらはいずれも開発官僚を策定の主体としている。さらに新全総と相互関連性が強く党の出版物としてはめずらしくロングセラーとなった自民党の「都市政策大綱」、新全総の総点検作業と並行して進められ、政治家の著書としてはこれまた空前のベストセラーとなった田中角栄の「日本列島改造論」について分析する。

最終的に本稿は、これらの国土計画を焦点とする開発政治における政官関係について、具体的記述をめざすものである。

1　池田内閣と全総

高度成長の時代は、昭和三五年池田内閣と共に始まる。これを政策として何よりもシンボリックに現わしたのが、池田内閣による三五年一二月の国民所得倍増計画の決定と、それと密接不可分の形にある三七年一〇月の全国総合開発計画(1)の決定とであった。全国総合開発計画は、一〇年間に国民所得を二倍にするというキャッチフレーズが国民にうけた経済計画を実態化する計画として一般には位置づけられた。

そもそも昭和三五年一二月の所得倍増計画の決定に際し、開発手段の中核をなす「太平洋ベルト地帯構想」に対するアンチテーゼとして付せられた「国民所得倍増計画の構想」と称する但し書によって、全国総合開発計画は昭和二五年の国土総合開発法の制定以来丸一〇年にして、ようやく本格的策定の段階に入ったのであった。逆に国土計画のサイドからすれば、たとえ政治的圧力にさらされてのこととは言え、もしこの機をのがせば、一〇年の間検討に検討を重ねて遂に実らなかった計画は、永久にお蔵入りとなる可能性がきわめて高かった。「国民所得倍増計画の構想」には、次のように記されている。

「後進性の強い地域（南九州、西九州、山陰、南四国を含む）の開発促進ならびに所得格差是正のため、すみやかに国土総合開発計画を策定し、その資源の開発につとめる」。

翻って考えてみると、これまでも国土計画は何らかの政治的イデオロギー的な強い圧力が生じた時、実現への歩みを開始している。まず戦時中とりわけ昭和一五年前後から国土計画が本格化したのは、東亜新秩序および大東亜共栄圏という、日中戦争次いで日米戦争の意味を明確化する過程で、まさにそれらのイデオロギーを本土と植民地をつなぐ国土の上に実態化するためであった[2]。次に戦後の国土総合開発法は、復興をもとめてグラスルーツ・デモクラシーのモデルとされたＴＶＡ型開発構想と、地方自治・地方分権にのっとったより総花的な開発構想とのせめぎ合いの中で、開発の基本法として制定されたのである[3]。

全国総合開発計画のケースも、二つの先例と同様のパターンを示す。すなわち先進地域重点開発たる「太平洋ベルト地帯構想」に対する、あからさまなアンチテーゼとしての後進地域開発構想を実態化するために、全国総合開発計画は策定へむけて動き出したと言わねばならない。それは明らかに、数の上では一部の先進地域を凌駕する全国大多数の後進地域を代表する自民党議員による政治的イデオロギー的圧力がもたらした結果に他ならなかった。

実は歴史的に国土計画を追究していくと、次の三つの類型化が可能となる。まず第一は、完全に政治的イデオロギーを背景に国土計画として自立するタイプ（政治理念型）。ナチスのゲオポリティークはその代表例であり、先述の戦時中の国土計画もこの発想を導入したものとして、ちょうどこれに当たる。次いで第二は石炭・電力・鉄など個々の事業計画や物動計画をまとめて集大成するタイプ（事

業推進型)。戦後復興期の水資源開発や電源開発それに特定地域開発などは、いずれもこれにあてはまる。(4)

第三は、いわゆる経済計画と同じレベルの議論を展開するタイプ(経済計画型)。吉田内閣末期の昭和二九年、経済審議庁開発部によって作成されたものの遂に日の目を見ることのなかった「総合開発の構想(案)」は、その好例である。ここで試みられた経済のフレームやコルム方式は、鳩山内閣下の経済自立五カ年計画にそのままひきつがれた。(5) だが政治理念型から事業推進型をへて経済計画型にたどりついた時、国土計画は最大の危機を迎えたと言ってよい。何故ならそれは吉田内閣に拒否されて非公開を余儀なくされた結果、鳩山内閣の下では国土計画ではなく、経済計画そのものと化してしまったからである。

しかも現に岸内閣は鳩山内閣の延長線上に、東海道新幹線、名神・東名高速道路、首都高速道路、各都市の公団住宅といった公社公団を活用する形での特定のプロジェクトを推進していた。(6) それらはたとえ国土総合開発法の定義とは異なるものであっても、事実上国土計画の範疇に入る事業であった。したがって岸内閣の下で、一方で経済計画から自立し、他方で事業計画の羅列ではない国土計画とは何か、言い換えれば国土計画のアイデンティティーを求める作業が、国土総合開発審議会(7)における最大のテーマとなった。

しかし戦前派と言うべき年長の委員が、経済ではなく政治のコンテキストにおける国土計画の確立を主張するたびに、国土計画の中味は限りなく抽象化せざるをえなくなる。もし抽象化を避けるとすれば、過去の事例としてはゲオポリティーク的な意味あいの濃い政治理念型の国土計画しか存在しなかった。それはまた絶対にふり返りえぬ過去であり、とりえない選択肢であった。だとすれば、そこで議論は常に堂々めぐりとならざるをえない。しかも経済計画型を戦後派世代が、政治理念型を戦前派世代が各々主張するというように、それは一種の世代間的対立をはらんでいた。

こうして日米安保をめぐってハイポリティックスの問題が先鋭化した昭和三五年、本来開発政治を担うべき国土計画において「全国計画」の策定は完全に膠着状態に陥っていた。だからもし「太平洋ベルト地帯構想」がすんなり決定されていれば、国土計画は遂に自立化の道を断念し、所得倍増計画という経済計画に事実上同一化されてしまったかもしれない。逆に「太平洋ベルト地帯構想」への対抗という政治的圧力が働いたために、「全国計画」のとるべきスタンスが容赦なく決まってしまう。

ここに国土計画は歴史的に第四の類型を生み出す。すなわち国土計画は経済計画をあくまでも前提としながら、それを補完する形で相対的に独立したフィジカルプランを作成するというタイプだ（経済計画前提型）。無論この場合、政治的には明らかに後進地域開発構想の具体化を迫られていた。しかし当座の問題は、むしろ担当部局たる経済企画庁総合開発局自体の脆弱性にあった(8)。何故なら昭和三〇年代前半所得倍増計画に至る経済計画を手がけて実績のある経済企画庁総合計画局と異なり、総合開発局は人材の質量双方において劣るので、各省調整および各県調整などの仕事を含む全国総合開発計画の担い手としては無理であるとの考えが政府内に強かったからである。したがって一時は総合計画局主導の下に長官官房に地域経済問題調査室が発足し、さらにその下に地域経済問題調査会を作り、民間の識者をも動員して策定作業をすすめるという動きさえ生じた。もっとも三六年三月には、アメリカ留学中だった喜多村治雄が急遽アメリカから総合開発局に呼び戻され、唯一人のプロフェッショナルとして事実上「全国計画」策定の中心人物となる。その結果、「全国計画」は喜多村を先頭に総勢一〇数名の総合開発局開発計画課がフル回転したため、わずか三カ月で成案を得るに至った。不眠不休の人海戦術で手まわしのタイガー計算機を使ったその作業工程は、あたかも高度成長を担った零細企業を彷彿とさせた(9)。

この「全国計画」は、都市の過大化の防止と地域格差の是正を目標に掲げ、開発の手段として拠点開発方式を編み出した。さらに拠点開発構想の具体化のため、発展段階に応じて過密・整備・開発の三つの政策的な地域区分を明らかにした上で、各地域の特色に応じた適正な工業配分を行うようにした。議論の中心は、過大都市の抑制をめざしながら、なお東京・大阪という過大都市の外部経済の集積効果を充分に認め、その活用をはかるというきわどい点にあった。その上、開発地域はもとより過密地域から遠い整備地域にあっても可能な限り開発を促進するという構想だったのである。いくら所得倍増計画を前提にするとしても、いやそれを前提にするからこそ、「太平洋ベルト地帯構想」を完全に無視はできず、実は「全国計画」は理論のレベルでもおいそれとは確定できる状況になかったのである。

そもそも喜多村が造り出した〝拠点〟というターム自体が、〝効率〟と〝平等〟という二つのターム間のグレーゾーンを形成していた(10)。一方でやはり所得倍増計画の効率的実現を考えるならば、市場原理に忠実に太平洋ベルト地帯に開発を集中した方が経済合理的であるという考え方は経済界を始め、学界官界の中に根強くあった(11)。だからその点から言えば、決められた大枠の中で、政界へむけて多少の政治的配慮を後進地域に施せばよいという議論になる。しかしこれでは実は「全国計画」は経済計画前提型としての自立がならず、経済計画そのものと化した上で、それに不規則な政治介入を認めるということになりはしないか。そこで他方、経済計画前提型「全国計画」を歌うならば、経済的合理性に対し、可能な限り客観的基準を設けることによって地方利益に枠をはめ、いわば政治的社会的合理性を先手を打って官の側から理論的に提示していく考え方が登場することになる。ちなみに喜多村治雄や下河辺淳など「全国計画」の策定を通して総合開発局と共に急速に力をつけつつあった開発官僚は、大旨後者の方向に進んでいく[12]。

結局、双方のせめぎ合いの中で昭和三七年七月「全国総合開発計画草案」は、迫水久常経済企画庁長官の判断により草案のまま閣議了解をとり、なお最終的決定へむけて調整をはかることにしたのだった[13]。迫水は戦前の大蔵省の革新官僚であり、戦時中の企画院や総合計画局での体験から、各省・各県をまたがるこうした計画の難しさをよく承知していた[14]。だから憲法にも憲法草案があると述べて、一挙に閣議決定に持ちこまず、草案としての周知徹底と調整のために時間をかけることに政治的意味を見出したのである。

そもそも「全国総合開発計画草案」は、関係各省の合意すら得られていなかった。北海道開発庁は北海道を計画に含めることに反対し、通産省は工業分散を意図する過大都市抑制に反対であり、農林省は工業中心の開発に反対なのであった[15]。実は昭和三〇年代に入ると、各省はこぞって工業地帯開発の構想を、水資源開発の構想とならんで提案し始めていた。そして時あたかも三五年、所得倍増計画の決定と踵を接するかのように、工業開発をめぐる各省の争いが顕在化した。自治省は地方開発基幹都市構想、建設省は広域都市建設、通産省は工業地帯開発構想を提示する。そこでは当然のことながら各省調整をいかに行うかが、最大の課題となった(16)。

これに対して結党以来五年を迎える自民党は、このころから政策調整のために党として本格的に乗り出し始める。自民党政務調査会において政務全般を扱う審議会よりは、個々の政策に専門分化した部会、調査会、特別委員会の設置数が増加し、審議内容が充実し始めるのも、昭和三五年前後から四〇年前後にかけてである(17)。とりわけ開発政治に関する争点については、地方利益が明確であるだけに、早くからそういう傾向を示したと言ってよい。すでに水資源開発に関しては、三五年四月に根本龍太郎を委員長とする党水資源開発特別委員会が各省調整に乗り出し、一二月には田中角栄に委員長が交代した(18)。同じく工業地帯開発に関しても、三五年一二月橋本登美三郎を委員長とする党地方工業開発特別委員会が各省調整を開始する。

三省がともに譲らず対立がいかに激しかったかは、自治省案から「地方」、通産省案から「工業」、建設省案から「都市」を各々抜き出して合成した「地方工業都市」という名称ならばコンセンサスができるという、笑い話のようなエピソードが残っていることによく現れている(19)。やがて橋本登美三郎が「新産業都市」と名づけ、経済企画庁を窓口に工業拠点を作る法律として新産業都市建設促進法が、三七年五月に成立公布される。

同じく全国総合開発計画も昭和三七年七月に閣議決定をみる。両者の相次ぐ決定に尽力したのは、三六年七月から党政調会長に就任した田中角栄に他ならなかった。すでに田中は前年四月水資源開発の問題を解決し、水資源開発促進法が一一月には成立公布されていた。田中は吉田内閣以来の土方代議士としての面目躍如たる趣があり、池田内閣下の開発政治にも深くかかわることになった(20)。

昭和三六年七月以降の調整の間に、まず喜多村、下河辺ら開発官僚は、地域経済問題調査会との協力の下に理論的検討をすすめ、グレーゾーンたる、〝拠点〟のカテゴリーを二つに区分した[21]。一つは地方開発都市と称する拠点で、東京・大阪をはじめとする七大都市を軸にしながら府県庁所在地の都市さらに各府県の小都市を結ぶ中枢管理機能の体系として把握される。もう一つはまさに工業開発の拠点として把握される。前者は自治省・建設省に、後者は通産省にサポートされる形となった。ともすれば、恣意的な政治の介入を容易にする工業開発にだけ傾きがちの〝拠点〟を、地方開発都市の設定により少しでも広げようとする理論的試みだったのである。

だが開発官僚が考えたこの二つの拠点論は、あくまでも全国総合開発計画の理論のレベルに止まった。なぜなら中枢管理機能体系における拠点としての地方開発都市の構想には、具体化する政策手段が欠けていたからである。これに対して工業開発の拠点という構想は、新産業都市という政策手段を得て、いわば両者のドッキング効果として実現をみることになる。それでもなお新産業都市建設促進法の立法過程では、開発官僚は「太平洋ベルト地帯構想」に対する特例としての後進地域開発という位置づけを変えなかった。つまりそのことは、政治的社会的合理性の見地から明確に地方利益に枠をはめるという彼等の姿勢を引き続き明らかにしていたわけである。だが「全総」と「新産都市」のドッキング効果は彼等の予測をはるかにこえて地方の開発熱と陳情合戦とをまきおこした。ために新産業都市の位置づけは、昭和三八年の指定をめぐる過程で工業開発の拠点としての後進地域開発ということにすっかり変わってしまった。

つまりいかなる場合でも開発官僚は、国土計画に対する政治による恣意的介入をさけるために、政治的社会的合理性にのっとった理論的な基準を作ることにより、国土計画の自立性を確保しようと試みた。ここに昭和三六年の草案の閣議了解から三七年の「全総」の閣議決定をへて三八年の新産都市内定にいたる過程で、国土計画は経済計画前提型からさらに第五類型ともいうべき政治基準設定型のタイプに変容する。そのことは「新産都市」の指定についても言える。ほぼ全県からといってよい四四箇所の指定要求に対し、人口や産業のフレームを設定することによって、審議会が定めた一〇の枠内におさめるところまでまずもっていく。その上で政治介入を許し、太平洋ベルト地帯を含めた一三箇所（後に二箇所増加する）にともかくもおさえこむ。以上の作業でさえ、開発官僚とそのトップに立った宮沢喜一経済企画庁長官の苦労には、なみなみならぬものがあった。

もっともこれですめば開発官僚としてはまずは成功であったと言ってよい。かつての政治理念型に戻ることなく、しかも政治介入を見こんで政治基準設定型の国土計画をみごとに作り出したことになるのだから。だが一三箇所の内定と共に、行政措置で工業整備特別地域指定を太平洋ベルト地帯に六箇所置くという決定が、開発官僚には徒となった。先進地域の政治家の顔をたてるつもりの決定が、例によって一人歩きを始め、ベルト地帯の政治的圧力によって翌三九年議員立法の形でものの見事に「工業整備特別地域整備促進法」として成立してしまった[22]。開発官僚の反対などものともせず、共産党を除く与野党全員一致で可決されたのである。ことここに至って政治基準設定型国土計画は、きわめて大胆な政治介入の前にわずか一年でくつがえされてしまう。各地から噴出する地方利益欲求と開発熱を、一定の枠組みの設定を前提にコントロールするのはかなり困難であることを、開発官僚はあらためて認識させられたのであった。

2　佐藤内閣の新全総

国土計画の決定と執行との間には、当然のことながら時間的空間的ズレが生ずる。しかもそれは、他の政策の場合よりもはっきりと国民の目に刻みこまれる。破壊と建設はいずれもビジブルであるだけに印象が強烈だからである。はたして昭和三〇年代後半の全総の時代は、一般的にはどのように受けとめられていたのであろうか。

ここではまさにオリンピック直前（三八年後半―三九年後半）の東京を、何でも見てまわった開高健のルポ『ずばり東京』[23]を水先案内人として見てみよう。開高健は、住宅を中心に東京という大都市の変貌ぶりを次のように記している。

「私は杉並区のはずれに住んでいる。都心まで電車で一時間ほどかかる。まだ畑や雑木林のかけらなどがのこっていて空気はわるくないのだけれど、ガスも水道もついていない。（中略）住みついてから六年ほどになるのだが、様子はすっかり変ってしまった。団地アパートが建ち、公団住宅群がおしよせ、モダン小住宅が目白おしにならんで、〝文明〟が波うつようになった。土地の値段も、五倍、六倍、七倍になったのだろうと思う。家のすぐよこにまだ畑がのこっていて、ときどきどこからかお百姓さんが小型トラックでのりつける」。

何ともアンバランスな都市化の進み具合がよくわかる。色とりどりの住宅だけは、一見〝文明〟のあかしのように見えるが、水道・ガスという住宅関連の社会資本がまったく欠如している。社会資本といえばその中心とも言うべき道路について、開高健は鋭い洞察を行う。

「ネールが日本へ来て、悪路を全身で味わったあげく、日本の道路ほどわるいものはほかに考えられないという呻きを吐いた。日本の道路のすさまじさを批評するときにきまって引用される言葉である。なんの修正もなしに、そのまま私はこの言をうけとるしかない。（中略）けれど、明治以来の積年の軍国主義がアジア全域から真珠湾、アリューシャン列島の北端にいたるまで膨脹、暴発、のたれ死をしながら、ついに盲腸のさきっちょほどもない日本列島の道路一つ作れなかったというのは、なんという精力の浪費であろうかと思わせられるのである」。

インドの道路整備がイギリス帝国主義の〝良き〟遺産であるとするならば、「日本だけは膨脹衝動が道を生まなかった唯一といってよい例外ではあるまいか。いや、その膨脹のものすごさにくらべて血を運ぶ血管がこれほど細くてあぶなっかしいという奇妙さが唯一といってよい例外ではあるまいか？……」との疑問を呈して、開高健は戦時中のゲオポリティーク的な政治理念型の国土計画の致命的欠陥を指摘する。もっともこの欠陥は戦時に限られない。ＧＨＱの指導の下で「外なるフロンティアから内なるフロンティアへ」というスローガンと共に発展した戦後復興期の国土計画[24]も、すべて石炭・鉄鋼・電力などの事業推進型だったからである。

ようやく社会資本という形で住宅・道路・鉄道・水資源などの「内なるフロンティア」に目がむけられ始めたのは、昭和三〇年代に入ってからのことであった。これらはいずれも今後の日本の成長のための隘路の打開と言われた[25]。そのためにまさに公社・公団方式で特定のプロジェクトとして鳩山・岸内閣の下で着手されたのである。そしてこれらはすべて池田内閣にひきつがれた[26]。

実はここに、特定プロジェクトの推進と全総の策定との間にタイムラグを生じながら、絶対的矛盾がおこらざるをえない。なるほど全総は過大都市の防止と地域格差の是正のために拠点開発方式を明らかにした。しかし特定プロジェクトは現に東海道新幹線、名神・東名高速道路、首都高速道路、大都市近郊の公団住宅という形で実現しつつあり、それはとりもなおさず過大都市をより過密化し、地域格差をより拡大する結果を招くことは必至であった。

言い換えれば、昭和三〇年代後半高度成長が開始された日本は、国土計画的には上層・中層・下層という立体的な三層構造の文脈で捉えることができる。下層部分は、開高健が文学者的感覚でヴィヴィッドに捉えた破壊と建設の真只中にある都市の現状である。住宅は建っても道路や水道がついてこないアンバランスな状態だ。しかし中層部分では特定プロジェクトが各々完成とさらなる発展をめざして計画進行中である。したがって都市への企業と人口の集中はいよいよ進む。これに対して上層部分で全総計画が策定される。後進地域開発と過大都市抑制を目標としながら、太平洋ベルト地帯からのまき返しもあり、全総の〝拠点〟は結局のところ総花的にならざるをえない。

この三層構造のいきつく先は、上層部分が中・下層部分をまったくコントロールできないことの現状確認となる。そして全総の機能不全という深刻な反省が生じた時に、実は池田内閣から佐藤内閣への政権交代を迎えるのである。

拠点開発からの国土計画における発想の転換は、中層部分と下層部分のどちらに着目するかによって、二つのまったく逆の方向性をもつ議論となって現れた。第一は社会開発論である。(27)下層部分における開発の矛盾を池田内閣の高度成長批判、所得倍増計画批判に結びつけ、これに代わるものとして佐藤内閣は生活基盤優先を打ち出した。昭和四〇年初め佐藤内閣発足直後、中期経済計画の決定にあたり産業基盤整備ではなく生活基盤整備を最優先にしたことは、池田から佐藤への政権交代の政策的意味を象徴的に現したことになる。

この点で、鳩山—岸—池田という五五年体制成立以来のこれまで一〇年間の政権交代が、イデオロギーを伴うハイポリティックスのレベルでは大きく課題を変更したのに対し、開発政治のレベルでは特定プロジェクト方式の採用と推進に始まり、所得倍増計画へという一連の流れをほぼ継承してきたのと対照的であった。逆に言えば佐藤は経済計画や国土計画にも確固たるイデオロギーが必要と考えており、開発政治のハイポリティックス化を志向していたと言えよう。社会開発論は、まさにこのために側近の愛知揆一や楠田実らによって編み出されたのである。

もっとも社会開発論は、この後国土計画ではなく経済計画の中に織りこまれていく。すなわち昭和四二年の経済社会発展計画、続く四五年の新経済社会発展計画はいずれも、イデオロギー化した社会開発論のオンパレードとなった。言い換えれば、社会開発論は高度成長のひずみ論や反公害論など、当時の知的世界において主流であった反体制運動のイデオロギーにからめとられていく議論を背景にしていた。

これに対して中層部分のコントロールに目をむけたのが、第二の大規模開発プロジェクト論である。(28)予測をはるかに上まわる高度成長の現実に対し、そのひずみを抑制しようとはかったのが社会開発論であるとするならば、むしろ高度成長を浮揚力として、これまで縦割官庁別に個々バラバラに推進されてきた特定プロジェクトを、相互にネットワーキングさせていかに効率よくコントロールするかという問題意識の下に生まれたのが、大規模開発プロジェクト論に他ならなかった。これは昭和三九年頃から、丹下健三のグループや、茅誠司・大来佐武郎ら「日本地域開発センター」の研究会、それに松永安左衛門の「産業計画会議」などが一斉に取組んだ課題である。[29]それらを通じて昭和四〇年代に入ると、「日本列島の将来像」という未来志向的な日本の国土イメージが一般化してくる。

では「日本列島の将来像」とは具体的に何か。それは日本という国家を世界地図の上に置き、日本列島という形態において捉え直す試みである。そこでの問題意識は、次の通りである。日本列島をいかにしたら効率よく使えるか。空間的には東から西に縦長の日本列島を、時間距離によって縮めて丸くするにはどうするか。世界地図の上で考えるというと、あたかもゲオポリティークの復活のように見えるが、事実はまったく異なる。アジアの周辺諸国をはじめ他国との政治的関係は抜きにして、日本列島の内発的発展にのみ焦点をあてた、きわめて機能主義的な考え方で貫かれていると言わねばならない。それは一つには当時流行の兆しを見せていた坂本二郎らによる「未来学」という知的しかけを背景としていた。[30]同時にそれはまた「明治百年論」をフルに活用することになる。[31]もっとも当時の知的世界の大多数は、「未来学」にも「明治百年論」にも、体制イデオロギーとして批判的であった。大規模開発プロジェクト論自体は当初においてそうした知的世界とは無縁の存在であった。だがやがて開発政治そのものが大きな争点と化した時、知的世界の動向が、社会開発論と大規模開発プロジェクト論の命運を大きく分かつことになる。

以上の経緯をへて、昭和四一年から四四年にかけて新全国総合開発計画の策定作業が始まる。[32]新全総は、これまでのように常に政治的イデオロギー的圧力によって左右されてきた、いわば外圧規定的な国土計画と決定的に異なっていた。結論を先どりしていえば、新全総は全総策定過程で力をつけていった開発官僚を主人公とし、非政治的かつ非イデオロギー的な機能主義を前面に押し出しながら、しかも組織論、計画論、情報公開論のすべての面できわめて政治的な戦略意図を貫こうとした国土計画である。大来佐武郎が、できあがった新全総を「ジュラルミンの飛行機」と称した[33]のは、まことに言い得て妙であった。このタイプを戦略的機能主義型国土計画とよんでおこう。

そもそも大規模開発プロジェクト論に先行し、佐藤内閣によって正式に認知された社会開発論が経済計画の主軸となったので、国土計画としては一方でイデオロギー的にはそれを前提にしながら、他方で現実には成長の果実を黙々と活用しうる余地があった。[34]いわば佐藤内閣にあって面従腹背が可能だったのである。

まず組織論について検討しよう。開発官僚は、新全総に至って経済企画庁内に独立王国としての総合開発局体制を確立することに成功する。[35]それは、経済計画を主管する総合計画局とまことに対照的であった。つまり経済計画は昭和三〇年代初頭に策定が開始されて以来、所得倍増計画をへて、計画としての制度的定着の時期を迎えていた。いわば計画の制度化の反射効果として担当する組織にもまた制度化が見られるようになる。専門の部門別に担当官がいて各々独立に作業を始めることになれば、いかにしても計画全体のイメージは各部門で書かれた個別専門の総和以上のものになりえない。したがってそこには計画全体を貫く説得力が欠けることになる。逆に全総の時は策定能力すらあやぶまれた総合開発局は、新全総策定に際しても、なお組織として制度化の方向へむかってはいなかった。したがって人材さえ得られれば、機動性の高い組織と化す可能性は充分にあったと言ってよい。

新全総は宮崎仁総合開発局長（大蔵省）――下河辺淳総合開発課長（建設省）――森山信吾開発計画課長（通産省）のトリオ[36]が緊密に連絡をとりながら、各課を実務ラインとして一元的に把握していった。したがって総合計画局に見られるような小さなセクショナリズムの入りこむすきがなかった。もっとも新全総の場合は、経済計画と異なり計画手法さえ定型化していなかったのだから、その点から言えば当然のことでもあった。

実はこの規模の局単位の機動性は、戦前の内閣調査局のアナロジーで捉えることができる。[37]たとえば内閣調査局は部課制ではなく全体会議制をとっていたが、総合開発局もまたこれに近い運営をしていたことは想像に難くない。しかもこうしたスケールメリットをさらに有効に働かせるために、総合開発局は官僚制内部の実務ラインとは別に、官僚制の外側に識者による三つの研究会を設けたのであった。

もっとも官僚制組織が、局レベルや課レベルで審議会や研究会を設置することは、格別めずらしいことではない。ただし新全総の場合は、総合開発局が三つの研究会を有機的に連関させながら、研究会の主要メンバーを事実上スタッフとしてかかえこみながらフルに活用した点に特色がある。これもまた戦前の内閣調査局において、民間人を専門委員という形で起用しスタッフ化したシステムと機能的にはまったく同じである。その意味で開発官僚が率いる総合開発局体制は、昭和一〇年代前半に革新官僚が率いて官僚制および政治全体に大きな影響力を与えた内閣調査局体制が、組織論上復活したものとみなすことができる。さらに言えば、こうしてひとたび活性化した総合開発局は、やがて昭和四九年、田中内閣の下で国土庁という大組織に拡大昇格し、他省庁と横ならびの地位を獲得したとたん、急速に力を失っていった。[38] むろんそれには、高度成長の終焉という時代環境の変化も作用したであろう。しかしそれ以上にこのことは、各官庁に横断的な影響力をもちうる戦略的な政策に浮揚力をつけさせるためには、やはり小さからず大きからずのそれなりのスケールメリットがあることを示唆している。

では三つの相互に関連ある研究会は、いかに戦略的に設定かつ運営されたのか。[39] 三つを箇条書き的に整理すると次のようになる。第一は昭和四二年設置の「大規模開発プロジェクト委員会」(主査大来佐武郎、主査代理吉田達男)、第二は同じく四二年設置の地域開発に関する長期構想の比較研究を行う「平田委員会」(主査平田敬一郎、主査代理大来佐武郎)、第三は四三年設置の「情報ネットワーク研究会」(主査渡部経彦)である。このうち平田、大来の二人は国土総合開発審議会特別部会の中心メンバーであり、当然審議会への波及効果を考えた人事配置であった。さらに吉田達男、黒川紀章、伊藤滋らコアメンバーが重複参加する仕組みになっていた。そして研究会はいずれも一〇名前後で構成され、官僚側は局長と二課長の開発トリオはすべてに参加するものの、往往にしてありがちな威容をはるためだけに中間管理職的官僚が並び大名のように参加することは避けた。こうすることによって、少人数で実質的な議論が展開でき、かつそれがすぐにも政策に反映できるよう工夫したのである。

次に計画論の検討に移ろう。計画論は詮じつめて言えば、経済計画か国土計画か、制度か計画か、マスタープランかプロジェクト論か、計画か構想かというように、常に一対となったターム(対概念)の提示があり、そこから二者択一的に議論が展開する仕組みになっていた。

では計画論の背景になった「明治百年論」の意味は何か。[40] そこではもはや戦後という短い歴史的射程距離ではなく、明治百年と日本の近代化という長い歴史的射程距離に注目する。そしてこれまで日本近代化に役立ってきた明治維新以来のインフラストラクチュアのすべてが老朽化したために、今こそとりかえる時期が到来したという議論を展開する。言い換えれば明治以来の日本の骨格の再編成という政治論を前面に押し出すことによって、拠点開発が遂にのがれられなかった市場性重視の経済論を克服する。それは同時に経済計画前提型国土計画はおろか、政治基準設定型国土計画についても、新全総が絶縁することを意味していた。

そのために「明治百年論」の次には「二〇のテーマ論」が戦略的に選びとられた[41]。新全総の計画期間二〇年。日本列島の未来像に関する二〇の設問。情報ネットワークに関する二〇の設問。一〇年では実現可能性があるから、思考が完全に自由にはならない。そこで二〇年とすることにより、かなり思い切ったアイディアの提示が期待できる。しかも二〇年の設定ともなれば、計画期間が長くても一〇年をこえることはなく、むしろ三年乃至五年と短くなる傾向の経済計画と決別できる。かくて新全総は、期間設定の点からまことに無理なく経済計画の上位計画として位置づけられることになった。先に新全総を戦略的機能主義型国土計画として第六の類型化を行った所以である。

二〇年の計画でさらなる百年のインフラストラクチュア造りをめざす国土計画ということになれば、次の選択肢は制度か計画かであった[42]。つまりこれまで三層構造の中で中層部分にあった特定プロジェクトは、道路にせよダムにせよ新幹線にせよすべて縦割の各省が、開発のための法体系を掌握していた。そこで計画論を理論的につめることになれば、当然のことながら時代状況にまったく合わなくなった国土総合開発法の改正に始まる一連の開発法制度の再編成が焦眉の急となることは、火を見るよりも明らかであった。だが実際には高度成長がなお続いているという現実の中で、計画と制度とのフィードバックを考えた場合、計画の中味がすぐには明らかにならないという状況では、たとえ制度改革に着手しても事態は膠着状態に陥る可能性が充分にあった。

こういう場合は、理論よりも現実をすべてに優先させた方がよい。そうすると、上層部分では新全総という新たな国土計画を策定し、そのコントロールの下に中層部分の特定プロジェクトを体系化していくことになる。しかしながら縦割の各官庁に対して法的権限があるわけでもないのに、新全総という国土計画を通じて、開発官僚ははたしてどのように大規模開発プロジェクトをコントロールしたのであろうか。開発官僚はここでもまた戦略的に高度成長へのフリーライダーとしての地位をフルに活用し、各省が予定しているプロジェクトの規模拡大の願望を、みごとに新全総の中に位置づけてみせたのである。(43) しかもその際、開発官僚は計画についてマスタープランかプロジェクト論かとう二者択一的選択肢を示した上で、二〇年先をマスタープランで整合的に描くことはできないとする。そして不確実な計画をすべて除外してしまうと、国土計画のグランドデザインとしての特質を喪失してしまうという観点から、プロジェクト論をとることを強調している。そこで各官庁とも縦割を越えることへのセクショナリズム的抵抗よりは、計画のネットワークの中に組みこまれたとしても拡大の可能性に賭ける柔軟な対応を示した。

しかし開発官僚は、無限の高度成長神話をたてにして、何でも彼でも御用きのように注文をとってまわったわけではない。そこに新全総の最大のメルクマールたる計画か構想かという選択肢が迫ってくる。そこではまず、経済のフレームワークや計画のフレームワークという言い方に見られるフレームワークによる計画の調整をはかることが行われる。[44] その結果、すべての計画は、実施すると決定した「計画」と、実施するか実施せぬかペンディングのままの「構想」との二つのカテゴリーに分けられる。本来理論的に言えば、二〇年間にわたる国土計画の策定の中で、実施はいざしらず調査に踏み切る面白いアイディアをつないで意味ある体系にすることが「構想」のカテゴリーの存在理由に他ならなかった。[45] しかし実施が確実な段階にあるものだけが「計画」入りすることになった結果、実際にはその反射効果としてそれ以外のものはあげて「構想」の中に羅列されてしまう。多くの場合「構想」は拡大拡散される地方利益欲求の処理によく使われたり、危うい箇所づけの大盤ぶるまいと化した。[46]

もっとも、そうは言っても、「計画」と「構想」のカテゴリー化は、「計画」の整理に役立つこともあった。たとえば「本四架橋」は名のりをあげた三本のうち、一本を「計画」に他の二本を「構想」に分けて解決した。こういう対概念がなく、all or nothing であると、熾烈な争いの末に三本ともに「計画」に決定し限りなく投資枠が拡大する結果を招くことになる。この点で、まずは理論的水準の高さを誇るべきであろう。しかし本四架橋に地元利益がかかる政治家であれば、この計画の理論的水準の高さを喜んでばかりもいられない。地方利益から最も縁遠いと思われた宮沢喜一でさえ、本四架橋のことを無視できなかったせいもあり、新全総を評して「人畜無害とはいえない」と語った所以である。[47]

また「計画」では交通・通信ネットワークの下に各プロジェクトの体系化を行い、鉄道と道路の交通体系上のバランスをとり、重点投資地域を決めるなど、明らかにコントロールに成功した面も否めない[48]。実は新全総の交通・通信・情報ネットワークこそ、全総では遂に理論化に止まって具体化に失敗した地方開発都市―中枢管理機能体系のみごとなまでの復活継承だった[49]。確かに新全総は全総の否定の上に成り立っていた。しかしこのように、全総策定時にはアイディア倒れに終わった構想が、新全総になって発展し開花したケースもあったと言わねばならない。

新全総の第三の特色は、情報公開論である。そもそも行政がジャーナリズムを通して、世論とどのような折合をつけるかは難しい問題である。少なくとも新全総の場合、組織論と計画論に対する情報公開論の結びつきには、論理必然性があった。すなわち組織としての総合開発局体制の確立と、計画の方法論としての機能主義の採用に鑑みて、開発官僚は計画策定の過程を、昭和四三年から四四年にかけて六回にわたって自ら積極的に公開していった[50]。それはとりもなおさず情報公開を通して、国民世論を味方にひきよせることにより、開発官僚は縦割官庁に対する主導権の確保を意図したのである。したがって当然のことながら世論への情報公開は、同時に世論に対する情報コントロールでもあった。

また情報公開への配慮とがんらいの機能主義とが相俟って、新全総は戦略的に漢語からカタカナ語への流れを促進し、情報関連用語を導入するという表現革命とも言うべき事態を押し進めた。ネットワーク、フレーム、プロジェクト、情報化社会、電気通信ネットワーク、高速交通ネットワークなど。しかもここでの表現革命は、キャッチフレーズ化しやすい言葉をたくさん生んでいる。新聞にとって新全総はまことに記事にしやすい存在に他ならなかった。さらに新全総をよく読めば、全体に対し各節や各項が独立してもわかるように、文章の構造上工夫がされている。言い換えれば、ある部分がそのまま記事として使えるように用意してあるわけである。

行政の側からするこれほどまでの売らんかなの姿勢は、いい悪いはぬきにして、まことにみごとというの他はない。しかしこのように戦略的意図的に情報公開を試みた新全総は、ある程度それに成功したがゆえに、やがてコントロールしたはずのジャーナリズムと世論から手痛い復讐をうけることになる。まず最初の世論の反乱は、「計画」と「構想」の区別において現れる。

本来縦割官庁と各地方のクレームに対して、「計画」と「構想」を意図的に区別することにより、新全総は両者の欲求をすべて包摂することができたのである。しかしまことにクロウト芸とも言うべき官僚内部の世界では高く評価されるこうした手法は、一歩行政の外の世界に出た時、シロウトの世論にはまったく通用しないし理解もされないのであった。新全総の読み方というマニュアルがあるわけでもないから、結局開発官僚の戦略的工夫はここに空まわりを始めざるをえない。

逆にクロウトの中のクロウトとでも称すべき地方利益にたけた政治家ともなると、たとえ「計画」であれ「構想」であれいったん閣議決定されたものでさえあれば、あとは日々の政治の世界での決着を待つという荒技を生み出すことにもなる。さらに言えば高度成長という時代状況の中では、クロウト芸でうならせた開発官僚にしてからが、「構想」は日をへずして「計画」に化けるという気分をもっていたとしても不思議ではなかった。

こうして昭和四四年閣議決定された新全総は、まもなく四五年になると公害の逆風にさらされ始める。とりわけ大規模開発プロジェクトは「計画」と「構想」の区別も何もなく、公害の元凶として世論の指弾をあびることになった。たとえば志布志湾開発はその好例で、意図的か否か、調査段階の「構想」が、着工予定の「計画」と読みまちがえられてしまったのである。[51] ここへきて開発政治が争点化し始めると、反体制運動のうねりは社会開発論にはさほど厳しくなかったかわりに、もう一方の大規模開発プロジェクト論——新全総に対して容赦なかった。

そこで佐藤内閣末期、昭和四六年末から新全総は、環境問題、土地対策などこれまで手薄だった争点群や、国土総合開発法改正をはじめとする法制度改革など、計画が先行したためにとり上げられなかった課題の再検討の時期に入った。これを新全総の総点検作業という。(52) 総点検作業は田中内閣にひきつがれ、それでもオイルショックまでは一歩後退二歩前進の勢いを失わなかった。だが最終的にオイルショックによる高度成長の終焉が、新全総の政策としての意味を喪失せしめたと言えよう。それに四九年の国土庁創設により、組織としての総合開発局もなくなってしまう。かくて新全総は高度成長と運命を共にしたのである。

3 都市政策大綱と日本列島改造論

新全総が展開していく文脈においては、戦略的機能主義型という類型化が示しているように、主体はあくまでも開発官僚にあった。それでは全総策定時、政策調整に乗り出した自民党政務調査会は、新全総にどのように対応したのであろうか。また開発政治のプロフェッショナル的な性格をもつ政治家は、どのような役割を果たしたのであろうか。

いずれにせよ、ここでは田中角栄という戦後デモクラシーの下でひたすら開発政治のプロとして生き抜いてきた政治家に焦点をあてざるをえない。(53) すでに全総策定当時、田中は党政務調査会長として尽力している。またこれに先立って水資源開発の問題を解決ずみであった。一連の国土計画関連の争点に携った田中が鋭く察知したのは、縦割官庁の弊害であり、これを克服するのは、まさに党の役割に他ならないということであった。同時に田中は一歩を進めて、縦割官庁の対立が生じてから党が調整に乗り出すのではなく、党が率先して縦割官庁をスタッフにして政策立案を行うことを考えたのである。[54]

昭和三七年七月、全総の閣議決定と相前後して政務調査会長から大蔵大臣に転じた田中は、後に秘書になる共同通信の麓邦明に国家改造論的なものを書く気があることを明らかにしている。[55]これはおそらく国土改造を通じた国家改造のことだったであろう。このような全総当時の田中の夢は、四年半後思わぬ形で実現の機を見る。池田内閣から佐藤内閣へかけて連続して要職にあった田中は、四一年末の幹事長辞任で久しぶりに無役となった。そこで田中をトップリーダーとし、坂田道太や原田憲といった衆参両院議員が集まり、田中の秘書の麓邦明と早坂茂三が事務局となって、下河辺淳ら折柄新全総の策定に携っていた開発官僚も加わり、都市政策調査会が発足した。四二年のことである。都市政策即国土政策であるとの田中の意がそこにはこめられている。[56]

そこでは、田中が建設省と大蔵省という開発政治にとっては要にあたる両省をおさえうる稀有の存在であることが、都市政策調査会の活動を意味あるものにした。こうして若手官僚や財界人それに学者のヒアリングを通じて、何十回となく勉強会がくり返されたあげく麓を中心に作り上げられたのが、昭和四三年の「都市政策大綱」であった。

実は「都市政策大綱」の作成時期と新全総の策定時期とはぴったり重なり合い、下河辺ら開発官僚が両者の橋わたしの役を務めている。このことがもたらした政治的意味はいかなるものであったか。ありていに言えば、国家の政策となるべき新全総と党の政策になるべき都市政策大綱とが相互に関連性をもちながら進行しているわけだから、当然のことながら内容的にも連動してくる。新全総の要とも言うべき大規模開発プロジェクトや交通・通信・情報ネットワークについては、「都市政策大綱」の中でも、開発の手段の実質的部分として、「高能率で均衡のとれた国土の建設」とか「先行的政策への転換」さらには「新国土計画の樹立」や「基幹交通・通信体系の建設」といった項目の中で明示している。

とりわけ「新しい国土計画は、各省の施策、計画にたいして上位にたつものであり、その積極的な調整をはかりうるものとする。この国土計画は、国土の均衡ある発展をはかるため、産業の開発、自然と生活の環境および基幹的な交通・通信体系について、明確な基本目標を定める」といった文章の意味するところは、あくまでも抽象的な表現に終始しているが、党による新全総の確認行為に他ならない。このように国土計画のポイント部分を共有することで、両者は相互保証の関係にたった。それは一方で「都市政策大綱」が新全総に浮揚力をもたらし、新全総が「都市政策大綱」を実質的に担保するという双方にとってメリットになる関係であった。そして両者相俟って、開発政治の現実の担い手たちに、昭和四〇年代の開発政治のあり方を明確にしえたのである。

それでは「都市政策大綱」もまた新全総と同じく類型的には、戦略的機能主義型国土計画だったのであろうか。答は否である。そもそものスタイルからして、新全総に比較して「都市政策大綱」は、国土政策の憲法の如き装いをこらしていた。したがって、「都市政策大綱」の方がより総花的であると同時に、よりイデオロギー的であった。総花的と言えば、「国土開発法体系の整備」や「開発体制の一元化」といった提案は、新全総においては計画か制度かの問題設定において先送りにした課題に他ならない。

「都市政策大綱」が戦略的機能主義に徹した新全総と決定的に異なるのは、デモクラシーの理念と、反体制運動の活発化する時代状況とを反映した、国土哲学とでも言うべきイデオロギー過剰の諸項目を抱えこんでいたことにある。試みに三点ほどあげてみよう。

第一に「国民のための都市政策」の中で、「都市の主人は工業や機械ではなく、人間そのものである」と人間中心の哲学を明らかにし、次のように付言する。「産業の発展を急ぐあまり、地域住民の福祉がなおざりにされてはならない。産業偏重の考え方を改め、経済開発の主体が人間であり、目的もまた人間であることを深く認識すべきである。わが国における地域開発の計画や構想をみると、経済開発に対応した社会開発のいちじるしい立ちおくれがあることは否定できない」。

第二に「公益優先の理念」において、「公益優先の基本理念をうちたてる。土地の私権は公共の福祉のために道をゆずらなければならない」と言い切り、さらに補足してこう述べた。「最大多数の最大幸福をはかることは民主政治の原則である。公益の内容は時代とともに変っているが、都市化にともなう経済、社会構造の急速な変動のなかで、憲法が明記している公共の福祉について、改めて読みなおす時がきている。公共の福祉とは、国民、あるいは地域住民の利益と読むべきである」。

第三に「民間エネルギーの参加」の中で、「集積の利益をもっている大都市においては、都市生活の利益を享受し、利用する私人や法人が、みずからの負担によって、みずからの要求を満足させるべきである。都市施設の装備は、公的部門の負担のみで行なうという考え方は改められなければならない」と述べて、都市住民の受益者負担の考えを明らかにした。「社会開発論」に「公共の福祉優先論」に「受益者負担論」。これらはいずれも新全総とは無縁のものであった。むしろきわどいところで、反体制的な都市論や市民論をとりこんだかっこうになっている。かくて「都市政策大綱」は、国土哲学の中に反体制の思想をちりばめることによって、全体としては政治理念型国土計画として読める工夫がこらされていた。しかもその部分で田中角栄の発想を超えていたのも確かであった。

実のところ、「都市政策大綱」が最終的にマスコミで大受けし、田中がジャーナリズムのレベルで認知されるようになったのは、まさにこのイデオロギー的な国土哲学の部分への読みこみがあったからに他ならない。その意味で『朝日新聞』の社説[57]が「公益優先の基本理念をもとに、各種私権を制限し、公害の発生者責任を明確にしたことなど、これまでの自民党のイメージをくつがえすほど、率直、大胆な内容を持っている」と絶讃したのは、まことに象徴的であった。

これらの国土哲学の中でも、共産党[58]も含めて世論が最も高く評価した「公益優先の原則」は、しかし田中自身の発想ではなく、麓や早坂ら秘書グループの発想であった。[59]むしろ田中はこれに反発した。これに対して、公共事業の活発化のために公益優先を明記しないと用地買収が困難になるとの実利主義的な理由で、必ずしも得心しない田中を秘書グループはおし切ったのである。[60]どうして田中はこれを認めがたかったのか。田中の反発は個人的理由にもとづいていた。[61]言い換えればこの点が政治家としての田中の最大のウィークポイントであり、これを克服できるか否かで、田中の政治家としての将来は決まることになった。

かくて開発政治のプロむきの実利体系としてのメッセージと、マスコミ受けするイデオロギー的な国土哲学としてのメッセージとが混然一体となったところに「都市政策大綱」の魅力が生じたのである。それゆえ「都市政策大綱」は、自民党の政策文書としてはめずらしく版を重ね、四半世紀近くも利用されるロングセラーとなった。にもかかわらず田中にとって「都市政策大綱」は自分のものではないという思いが強かったに相違ない。[62]だからこそ昭和四七年、間近に迫った自民党総裁選を前に、田中は「都市政策大綱」にかえて、急遽「日本列島改造論」を公刊して勝負にいどむことになったのである。

では「日本列島改造論」はいかなる経緯をへて編み出されたのであろうか。政治家田中角栄にそくしてみると、相互に異なる三つの契機があった。[63]第一に昭和四七年は田中にとって議員生活二五年を迎える記念すべき年であった。しかも第二に四六年七月通産大臣に就任した田中は、通産省の工業再配置政策を補助金の裏付けを得て強力に推進しようとしていた。さらに第三に四七年はポスト佐藤を強く意識し始めた田中にとって、首相の座につきうるか否かの運命の年でもあった。これら三つの契機のコロラリーとして、やがて一から記念事業出版、二から政策文書作成、三から政権構想作りという発想が生まれても不思議ではなかった。しかもどのような形をとるにせよ、いずれにも共通しているのが著作物の公表である以上、四六年後半になってこれら三つが相互に密接に関連し始め、田中であれば国土計画をテーマとした著作ということになり、その一点に収れんしていくのは、ごく当然のことであった。

そこで三つの契機が一点に収れんした時点で、作業グループが模索された。その際、もともと「都市政策大綱」以来勉強会を続けてきた下河辺淳ら開発官僚を中心としたグループと、通産大臣秘書官となった小長啓一ら立地政策に詳しい通産省のグループとで齟齬が生じた。[64] 前者は第三の契機を強く意識した結果、むしろ逆に拙速主義を避け時間をかけて検討すべきことを主張した。時あたかも新全総は総点検作業に入ろうとしており、かつての新全総と「都市政策大綱」との相互保証効果に鑑みるならば、新全総の総点検と田中の政権構想との相互保証関係の確立までには、当然二年は必要だったからである。しかも当時の雰囲気からして、総点検が進めば進むほど、田中が違和感を感じていた「都市政策大綱」の中のイデオロギー的な国土哲学のメッセージにむしろ近くなることが予想された。したがって方法と内容の二点において、前者のグループは躊躇を余儀なくされたのであった。麓邦明が「都市政策大綱」以来の提言を結局いれられず、田中の秘書を辞したのもこの頃のことである。[65]

これに対して後者のグループは、第一と第二の契機を積極的にうけとめた。[66] とりわけ通産省は、これまで田中との直接的なつながりがなかったため、「都市政策大綱」の作成にもあまり関与していなかった。そこで通産省としてはこの機会に、産業立地政策の観点からの国土計画体系の作成に積極的にタッチし、これを通産省の政策の柱の一つとして是非とも確立したかったのである。

消極・積極両方のグループが交錯する中で、昭和四七年一月、田中が『日刊工業新聞』のインタヴューに応じ、「新しい国づくり・日本列島改造論」と題する連載キャンペーン記事のトップを飾ったことが、流れを決めた。[67] すなわち田中は半年で国土計画を柱とする政権構想を単なるパンフレットではなく本の形でまとめ上げることを決意したのである。[68] かくてトップダウンの形で、早坂茂三の下に後者のグループたる通産省関係者、それに『日刊工業新聞』の関係者が集まり、作業が開始された。

ただし田中自身は第三の契機を強く意識していたものの、この作業工程自体は第一および第二の契機に基づいてかなりフランクな形で行われた[69]。

つまり「田中構想」の作成作業は、少しも秘密のベールに包まれてはいなかったのである。むしろ関係のある政治家や官僚は誰もがそのことを知っていた。議員生活二五年記念事業という名目に加えて、五年前の「都市政策大綱」作成時の経緯もあり、「都市政策大綱」の改訂版を作るということで各省の協力は得やすかったし、「都市政策大綱」をわかりやすく書くということで、政治家の中に格別妨害する者もいなかった。ジャーナリズムの世界でも、『朝日』『毎日』『読売』という日刊紙を避けて、『日刊工業』という専門紙を使ったために、つまらぬ反感をかわれずにすんだ。

以上からわかるように、一国の首相のための政権構想を作るというにしては、むしろ作業グループと外の世界との緊張関係があまりにもなさすぎたと言わねばならない。だから政権構想がブックフォーム化された場合の政治的効果や責任問題について慎重な配慮をすることなく、構想の一人歩きがもたらす危険性についても議論されぬまま、きわめてラフな形で作業は進められていった。そうして四七年四月頃からいよいよ急ピッチで作業は進められ、六月二〇日に七月の総裁選にぎりぎり間に合う形で、「日本列島改造論」は出版されたのである。

かくてできあがった「日本列島改造論」に対する田中の思い入れは、一入であった。そもそも「日本列島改造論」は、「序にかえて」や「むすび」に田中自身の好きな言葉や文章が散りばめられている[70]。「水は低きに流れ、人は高きに集まる」しかり、「過密と過疎の弊害の同時解消」しかり。国土計画のロマンを庶民にわかる言葉で語るのが田中の夢だったからである。内容的には「都市政策大綱」

を全面的に継承し発展させる形をとっている。しかしこの本の冒頭における「都市政策大綱」の要約をみれば容易に理解されるように、田中が違和感をもったイデオロギー的な国土哲学の面はすべてが捨象された。むしろ新全総と相互保証関係にあった開発政治の実利の体系の面だけを拡大拡散する形で「日本列島改造論」はひきついだと言ってよい。

だから具体的には「日本列島改造の処方箋―1」で「工業再配置」によって「人と経済の流れを変える」ことができて、格差是正が実現されることを強調した。次いで「処方箋―2」で、情報ネットワークを背景に工業再配置に基づく「新二十五万都市の建設」を訴えている。しかもそこに具体的な地名を書きこむことによって、政権構想としての迫真性をもたせるよう工夫している。ここであくまでも具体的な箇所づけにこだわったのは、他ならぬ田中本人なのであった[71]。

結局「日本列島改造論」は、田中が政権をとった段階で爆発的な売れ行きを示し、ミリオンセラーと化した。この勢いの恐しさを逸早く察知したのは、誰よりも田中その人であったが、もはや田中には後もどりは許されなかった。田中内閣における土地高騰から、オイルショックによる「日本列島改造論」断念までの過程、同じく新全総の総点検作業の進展と国土利用計画法の制定及び国土庁設置までの過程については、別稿の課題となろう。

ここでは最後に「日本列島改造論」が、いかなるタイプの国土計画であったのかについて触れて結びとしよう。田中にとって、庶民的でわかりやすいことは、具体的であることに他ならなかった[72]。したがって庶民にうけるロマンは書いてもエリート臭のあるイデオロギーを書いてはならない。田中が「都市政策大綱」を気に入らなかった所以である。だから逆に田中にとっては、実利の体系に徹することが庶民の国土哲学をよびさますことにつながった。開発政治はまさにそのために存在するのである。言い換えれば「日本列島改造論」は開発政治推進型の国土計画そのものなのであった。

注

（１）昭和二五年制定の国土総合開発法の規定によれば、全国総合開発計画＝全国計画の筈であった。今日この計画の略称を「全国計画」と言わず「全総」と言うようになったのは、山形県が「全総」と言い出したのが一般に広まったらしい。「永井誠一氏インタヴュー」『戦後国土政策の検証』（総合研究開発機構、一九九五年）。以後、「○○氏インタヴュー」とだけ記したものは、下河辺淳氏の協力を得ていずれも私が主査となって行なった政策担当者へのインタヴューのことであり、総合研究開発機構からＮＩＲＡ研究報告書のスタイルで『戦後国土政策の検証』と題して二巻本で刊行されるもの。本稿ではこれをフルに活用している。

（２）御厨貴「戦時・戦後の社会」『日本経済史　7　「計画化」と「民主化」』（岩波書店、一九八九年）二四三〜二六四頁。

（３）同右、二六四〜二七二頁。

（４）「喜多村治雄氏インタヴュー」。

（５）「吉田達男氏インタヴュー」。

（６）下河辺淳『戦後国土計画への証言』（日本経済評論社、一九九四年）二二八〜二三〇頁。

（７）「国土総合開発審議会資料」『新居善太郎関係文書』（国立国会図書館憲政資料室所蔵）。

（８）「吉田達男氏インタヴュー」。

（９）「永井誠一氏インタヴュー」。

（10）「喜多村治雄氏インタヴュー」。

（11）前掲、下河辺『戦後国土計画への証言』七一頁。「下河辺淳氏レクチャー」『地域開発制度研究会会議録』（日本リサーチ総合研究所、一九八九年)。
(12)「喜多村治雄氏インタヴュー」。「下河辺淳氏レクチャー」。
(13)「喜多村治雄氏インタヴュー」。
(14)「鈴木俊一氏インタヴュー」(戦後政策回顧研究会、一九九五年)。
(15)「喜多村治雄氏インタヴュー」。
(16)「下河辺淳氏レクチャー」。
(17)佐藤誠三郎・松崎哲久『自民党政権』(中央公論社、一九八六年)二五四～二六三頁。
(18)御厨貴「水資源開発と戦後政策決定過程」『年報近代日本研究八・官僚制の形成と展開』(山川出版社、一九八六年)二七三頁。なお、同稿は御厨貴『政策の総合と権力』東京大学出版会、一九九六年、に加筆再録。
(19)「下河辺淳氏レクチャー」。
(20)御厨貴「田中角栄」『戦後日本の宰相たち』(中央公論社、一九九五年)。なお、同稿は本書第4章に「「列島改造」をつくる――田中角栄　開発政治の到達点」として所収している。
(21)「喜多村治雄氏インタヴュー」。「吉田達男氏インタヴュー」。「下河辺淳氏レクチャー」。
(22)「下河辺淳氏レクチャー」。「桑島潔氏インタヴュー」。
(23)『開高健全集』一二巻(新潮社、一九九二年)所収。
(24)前掲、御厨「戦時・戦後の社会」二六九～二七五頁。
(25)『戦後日本の社会資本の整備過程と将来展望に関する研究』(総合研究開発機構、一九八四年)四七～五〇頁。
(26)前掲、下河辺『戦後国土計画への証言』二三八頁。
(27)同右、二三九頁。「宮崎仁氏インタヴュー」。「吉田達男氏インタヴュー」。
(28)「下河辺淳氏レクチャー」。
(29)前掲、下河辺『戦後国土計画への証言』二三一～二三二頁。「吉田達男氏インタヴュー」。
(30)「伊藤善市氏インタヴュー」。粕谷一希『戦後思潮』(日本経済新聞社、一九八一年)一一五頁。

(31)「小谷善四郎氏インタヴュー」。前掲、下河辺『戦後国土計画への証言』一〇七～一〇八頁、二三八頁。
(32)『資料新全国総合開発計画』(至誠堂、一九七一年)。『経済企画庁総合開発行政の歩み』(経済企画庁、一九七五年)。
(33)「吉田達男氏インタヴュー」。
(34)「宮崎仁氏インタヴュー」。
(35)同右。「小谷善四郎氏インタヴュー」。
(36)在任期間は、宮崎が四二年八月～四五年七月、下河辺が四一年～四四年、森山が四二年～四四年で、ちょうど新全総の策定期間をカバーしている。
(37)御厨貴「国策統合機関設置問題の史的展開」『年報・近代日本研究一・昭和期の軍部』(山川出版社、一九七九年)一二七～一四三頁。なお、同稿は御厨貴『政策の総合と権力』東京大学出版会、一九九六年、に加筆再録。
(38)「桑島潔氏インタヴュー」。
(39)「小谷善四郎氏インタヴュー」。
(40)前掲、下河辺『戦後国土計画への証言』一〇七～一〇八頁。
(41)「宮崎仁氏インタヴュー」。「吉田達男氏インタヴュー」。
(42)「下河辺淳氏レクチャー」。
(43)「小谷善四郎氏インタヴュー」。
(44)「宮崎仁氏インタヴュー」。
(45)「下河辺淳氏レクチャー」。
(46)「宮崎仁氏インタヴュー」。「桑島潔氏インタヴュー」。
(47)「宮崎仁氏インタヴュー」。
(48)同右。
(49)前掲、下河辺『戦後国土計画への証言』九八頁、一〇八頁。

(50)「下河辺淳氏レクチャー」。「小谷善四郎氏インタヴュー」。
(51)前掲、下河辺『戦後国土計画への証言』一一四～一一七頁。
(52)同右、一三九―一四二頁。「宮崎仁氏インタヴュー」。総点検作業の内容はまとめて次の一冊に収録。『人と国土・別冊・第三次全国総合開発計画』二巻（国土計画協会、一九七八年）。
(53)前掲、御厨「田中角栄」。
(54)前掲、下河辺『戦後国土計画への証言』一〇四頁。
(55)麓邦明の言、『ザ・越山会』（新潟日報社、一九八三年）二八〇～二八一頁。
(56)同右。早坂茂三『政治家田中角栄』（中央公論社、一九八七年）四一九～四四三頁。前掲、下河辺『戦後国土計画への証言』一〇五～一〇七頁。
(57)一九六八年五月二八日付朝刊。
(58)日本共産党『日本の都市政策』（合同出版、一九六八年）。
(59)前掲、下河辺『戦後国土計画への証言』二四八頁。
(60)「早坂茂三氏インタヴュー」。
(61)「第2章・論点整理」『戦後国土政策の検証』（総合研究開発機構、一九九五年）。
(62)「早坂茂三氏インタヴュー」。「小長啓一氏インタヴュー」。
(63)「小長啓一氏インタヴュー」。
(64)前掲、下河辺『戦後国土計画への証言』二四二～二四四頁。
(65)前掲、「第2章・論点整理」。前掲、早坂『政治家田中角栄』四四六頁。
(66)「小長啓一氏インタヴュー」。「第3章・論点整理」『戦後国土政策の検証』（総合研究開発機構、一九九五年）。
(67)田中のインタヴューは一九七二年一月一〇日付。以後キャンペーン記事は三月一六日付まで三一回にわたり連載。
(68)前掲、早坂『政治家田中角栄』四四五―四四六頁。「早坂茂三氏インタヴュー」。

(69)「小長啓一氏インタヴュー」。
(70) 同右。
(71)「早坂茂三氏インタヴュー」。
(72) 前掲、御厨「田中角栄」。

第4章　1995年

「列島改造」をつくる——田中角栄　開発政治の到達点

「戦後政治の鬼っ子」田中角栄のどこに光を当てれば、田中をうまく描けるのか。毎度のことながら悩ましい。やはり、開発政治の象徴として考察してみよう。彼こそが、開発政治の出発点であり、到達点なのだから。

戦前であれば、土木や建築は、政治が扱うべき価値のあるものとしては捉えられなかった。戦後民主主義とともに登場した田中は、それを真正面から取り上げ生業とし拍手喝采を浴びる。

建設省、国土計画とともに成長した田中。田中無くして国土計画無し、国土計画無くして田中無し、と言っても過言ではあるまい。

前章が国土計画なるものを概念と実態から描いたとすれば、本章は、人格としての国土計画を描いたと言うことができる。両論文は本来表裏一体のものなのだ。

（初出：「田中角栄──開発政治の到達点」『戦後日本の宰相たち』中央公論社、1995年。2001年に文庫化）

1

毀誉褒貶という言葉がある。戦後宰相の中では、吉田茂と田中角栄（大正七年五月四日生―平成五年一二月一六日没）がこの言葉にピタリと当てはまる存在であろうか。もっともその評価のむきは正反対だ。吉田の場合、首相を石もて追われた後、池田―佐藤の時代に高度成長期を準備した戦後復興期の担い手として評価が高まった。その意味では雨のち晴れなのである。

ところが田中の場合はまったく逆だ。池田―佐藤の時代の高度成長期の有力な担い手として評価が高まり、「今太閤《いまたいこう》」ともてはやされた首相就任時の評価がピークをなす。世論調査での支持率は何と六二％。これは細川内閣まで破られたことのない高値である。だが「満つれば欠くるのならい」とはよく言ったもので、田中人気はこれ以後坂道をころがり落ちるように低下の一途をたどる。

田中内閣（昭和四七年七月七日―四九年一二月九日）は「決断と実行」をスローガンに、外交では日中国交回復を、内政では日本列島改造を各々政治課題に掲げた。結果はすでに明らかである。外交は成功し内政は失敗した。とどめをさしたのは、首相田中個人の金脈問題であった。かくて田中の評価は快晴転じて大雨となった。

首相退陣後なお派閥を維持した田中は、昭和五一年八月、ロッキード事件の被告となりながら田中派の膨張につとめ、「闇将軍」「キングメーカー」の地位を恣《ほしいまま》にし、「田中支配」とよばれる政治の二重権力状況を創り出した。これは昭和六〇年二月、竹下登を中心とする創政会結成という田中派内部の反乱と、その直後の田中の発病による事実上の政治活動の停止によって、終止符をうたれることになる。

首相退陣後「田中支配」を確立した一〇年間、田中の評価については逆ドーナツ現象がおこる。田中の実務能力をよく知りその利益にあずかる新潟三区—永田町—霞が関におけるいわゆる政治のプロ評価は変わることなく高く、それ以外のマスコミ世論におけるいわゆる政治のアマの低い評価と、著しいコントラストをなした。局地的に晴れで、全体としては雨ということか。

「棺を蓋《おお》いて事定まる」と言う。しかし田中に関する限り、世を去って八年、到底評価が定まるという状況にはない。マスコミの多くは今でも功罪相半ばするというよりは、罪のほうが大きいが功もあるという言いまわしを好む。その点で田中角栄の死後、新潟日報のインタヴューに答えて、元国土庁事務次官の下河辺淳が次のように述べているのは、まことに言いえて妙である。

「田中さんがちょっとあぶないという（病状悪化の）情報が流れた時に、新聞社が何社か私のところに来た。共通しているのは「死んだときは褒めなくちゃいけないんで褒め方を教えてくれ」と言うんです。「褒め方が分からない」と」（「発掘田中角栄」〈54〉『新潟日報』一九九四年）。

マスコミがオウム返しに唱えてきた「田中金権悪者説」に、マスコミ自らがあまりにもどっぷりつかってしまった揚げ句に、気がついてみたら褒め方すら忘れてしまったというのは、これはブラックユーモア以外の何ものでもあるまい。他方で読売新聞の世論調査（九五年一月五日）によれば、戦後五〇年で「日本発展に功績があった人」には、田中角栄（二三％）が吉田茂（二二％）を鼻の差でおさえてベスト・ワンに輝いている。しかも吉田茂の支持率が五〇歳代から六〇歳代にかけての高齢者世代で三五％という高値を示すのに対して、田中角栄の支持率は三〇歳代から五〇歳代まで平均して二五％という安定ぶりを示す。すなわち働きざかりの世代による支持率を、田中角栄はみごとに獲得している。

このように今なお田中角栄への評価がまっ二つに分かれるのは、評価する側の政治観の相違によるという他はない。政治家田中角栄の中にいかなる政治的価値を見出すのか――政治を実技〈ホンネ〉とみるのか、それとも倫理〈タテマエ〉とみるのか。田中角栄は、まことによきリトマス試験紙となる。しかもどうやらこの二つの価値は、相互にオール・オア・ナッシングであって中間領域を形成しない。そもそも価値観として両立しないのであれば、あとは良いか悪いかだけの多分に感情的な結論に辿りつくことで事足れりとなってしまう。田中角栄論が常に堂々巡りになり、政治論としてはいっこうに深められないのは、このためではないだろうか。

2

もっとも政治と文学を共に言葉を操る世界という観点から捉え直す試み（江藤淳『日本よ、亡びるのか』文藝春秋、一九九五年）の中で、江藤淳と石原慎太郎は次のような注目すべき対話を行っている。

「**江藤**　いったいいつ頃まで、政治家が言葉に重きを置いて、一言一句を慎重に喋ろうとしていたのか。また政治家がものを読まなくなったり、書かなくなったのはいつからだろうか。

石原　そうね……ポスト佐藤だな。

江藤　そうだろうな、やっぱり。

石原　田中角栄が出てきて絢爛として空疎な饒舌を振りまいた。みんなげんなりしながらも、それに引きずられていったけれどね」

江藤はここで、明治大正期の政治家と同じく「自分の考えを文字に書きつけて人に読ませる」書翰によって、自己の政治を展開した吉田茂を田中角栄に対置する。他方石原はここで、「言葉がないことも一つの感性の表出になる」「表現にならない表現力をもった政治家」佐藤栄作を田中に対置する。政治家に江藤や石原が考えるような自己表現能力――それがとりもなおさず知性と教養ということになる――が要求されるならば、田中角栄はそれから最も遠い所にいたことは確かだ。ところで政治をこのような自己表現の世界と仮定した場合、吉田にせよ佐藤にせよ、情報はすべてストックとして捉えられた。したがって集められた情報は質量の差異によって様々の坩堝《るつぼ》の中で溶解され、発酵までの時を待つことになる。そして熟成されたものから少しずつ形を変えて、自己の表現装置を通して相手に伝えられていく。これこそが、吉田や佐藤の言葉による政治の真骨頂なのだ。そこでの情報は、ストックされる時間の長さに意味があるわけである。

しかし一角の政治家になるためには、いずれにせよ自己表現のレトリックがなくてはならぬ。はたして田中にとってそれは何であったか。石原がはしなくも「絢爛として空疎な饒舌」と称したのは、田中の自己表現のスタイルと中身の両方だったに違いない。スタイルとは、常にダイアローグがモノローグと化す田中の饒舌の生態そのものに他ならなかった。また中身とは、田中が東京帝国大学法学部出身の福田赳夫と勝負するのに、自らの名を冠した本で戦うと大見えを切った『日本列島改造論』以外にはありえなかった。

ここで田中にとって、情報はすべてストックならぬフローでなければならなかった。田中の秘書は皆口を揃えて言う。常に田中に見せる情報は、一枚紙（カード）に「〇〇の件」と書き、あらかじめ具体的な対応策を書いたうえ、理由を三つないしは五つに絞って箇条書きに書く。どんな案件でも理由は三つないし五つは存在するが、それ以上の理由は絶対にないとの田中の信念に基づくからだ。こうしてありとあらゆる情報が一枚紙にフラットにされて田中に呑みこまれる。しかる後、ファクツと数字はそのままフローの形で田中の頭の中で記憶され、一たん口を開くとエンドレスとも言うべき一方的なオシャベリとなって洪水のごとく噴出してくる。

さらに情報がフローであることの意味は、田中にとっての政治課題の多くが公共事業・社会資本・インフラストラクチュアに関連していることにある。はしなくも娘の田中真紀子は次のように述懐している。

「父の場合、巨視的な政治と微視的政治を両立させることはなんの負担でもなかったようです。地元の小さな橋の改修も、四国と本土を道路で結ぶことも、ソ連と北方四島返還交渉をすることも、すべては日本のためになるという意味で同じだったのです。ごく自然体で問題意識に取り組んでいた、という感じがいたします」（「発掘田中角栄」〈3〉『新潟日報』一九九四年）。

田中の場合、インプットされる情報が常にフローの状態にあるから、アウトプットされる提言なり見解なり自己表現されるものもまたフローであった。ミクロの選挙区の政治からマクロの日本全体の政治、それに国際政治までのすべてが、立体的にレベルの異なる問題として把握されるのではなく、フラットな同心円上に拡大する問題として把握された。逆にいうと、田中の政治家としての地位が上昇し、関わる問題がマクロへと広がっていっても、田中の対処には質的な変化はなく、量的拡大がすむだけなのである。田中はそのことを、自ら『ガリバー旅行記』に出てくるガリバーになぞらえて次のように断言する。

「ガリバー的といったって、わたしが巨人になって日本を上から見おろしてるわけじゃない。政治家にとって大切なのは、ものごとを鳥瞰的、俯瞰的に見るということだ。それをガリバー的といってるのさ。上から全体を見れば、広く見渡すことができる。「あーこの道はどん詰りだ」「この山の向こうには水がある。これは砂糖水だ。財源になるぞ」と、ひと目ですぐわかる。それを目前のことにとらわれて、地べたを這い回っていたんでは、全体を見渡した政治はできない」

(『早坂茂三の「田中角栄」回想録』小学館、一九八七年)。

同時に田中は、政治家の国民に対する責任は政策を実行するか否かであり、政治家は政策を実行しなければ存在価値はゼロと言い切った。だからこそ田中の自己表現としてのアウトプットは、いつも具体的解決案であり、それ以上でもそれ以下でもなかった。批判は誰にでもできるが、政治家の使命は具体案に尽きるというのが、田中の信条だったからである。

3

しかし田中は、政治家による大なり小なり具体的解決案としての政策を実行に移すという行為が、すべての国民を満足させるものではないということを知っていた。否、解決案が具体的であればあるほど、むしろそれは対立をひきおこす契機となることがしばしばであった。だから逆説的ではあるが、政治家は何もしない方が安泰と言うことにもなる。何もしなければ、分裂や対立はおこらないからだ。田中は秘書の早坂茂三に、「たとえば川の真ン中に橋をつくると、上流と下流の連中が文句を言う。下流につくると、中流と上流が苦情を持ってくる。上流をやれば、またしかり。何かやれば——仕事をすれば、必ず文句はどこからかでてくる」と語っている（早坂茂三『オヤジとわたし』集英社、一九八七年）。

そうした困難をすべて見こしたうえで、なお平地に波瀾をおこすのが政治家の役目であると田中は考えていた。したがってただ単に陳情を受けたから補助金獲得に動くといった消極的な姿勢に終始しない。昭和二〇年代のかけ出しの代議士の頃から、田中は一つ一つの陳情について過剰なまでに学習しインプットしていった。やがてそれは自分の方から陳情の先読みをし、先手を打って攻勢をかけていく姿勢へと変わっていく。佐藤内閣の下で田中が自民党幹事長にあった頃の陳情風景について、秘書の佐藤昭子は次のようにヴィヴィッドに描写している。

「田中はそれ（全国の都道府県の人脈）を全部頭の中に入れている。陳情に来た県会議員はみな一様に「まあ私たちの知らないことを、先生はよく知っていなさるなあ」と驚く。一回頭の中に入れたことは絶対忘れない。一度でも視察に行って、ここは直さなきゃいけないな、と思ったらそれは頭の中のノートに記載される。だから、即座に具体的な質問をする。「おい君の県のあそこの場所は、川の幅をもう少し、何メートルに伸さなきゃいけないんじゃないか」とか「あそこの道路はどうなったかい」とか聞く。こう言われると、県会議員でもすぐには答えられない」（佐藤昭子『私の田中角栄日記』新潮社、一九九四年）。

こうして幹事長時代を通じて先手主義に磨きをかけた田中は、首相になっても変わることなく陳情の処理に忙殺された。その際田中の陳情処理は、政治技術からもはや政治芸術といってもよい境地に達していたと言わねばならない。当時首相秘書官だった小長啓一は往時をふりかえって、その名人ぶりをこう語る。

「「（陳情を受ける）応接間の入り口に入る顔を見たら、きょう何を陳情に来たかがわかる」と田中さんは言っていました。（中略）「だから相手がひと言しゃべれば何を陳情しに来たのかがわかる。わからないのに〝わかった〟と言っているわけじゃないんだ」といつも言っておられた。すぐに秘書の山田泰司さんに処理を言いつけて、二、三分のうちに一件の陳情ができ上がっちゃう。一時間の陳情で何十件の陳情が仕上がる」」（小長啓一「発掘田中角栄」〈16〉『新潟日報』一九九四年）。

だが田中は単に先読みと先手主義だけで対応していたのではない。陳情を含めて田中が政策の実行にあたって強調したのは、固定観念に捕らわれた官僚的発想や現行法墨守主義をこえることであった。すなわち現実と法律や制度を対照させ、政策としてできることとできないことをはっきりわける。この点に着目して、田中内閣の官房副長官だった後藤田正晴は、田中を「異能の政治家」と評した（後藤田正晴『政と官』講談社、一九九四年）。ただしその際、一見できなくみえることでも、現行法の拡大解釈、現行法の改廃、新法の制定という三段階のいずれかで可能ということになれば、あとは田中の「決断と実行」を待つのみであった。ミクロからマクロまでの政治のいくつかの実例を見てみよう。

田中の選挙区での例（早野透『田中角栄と「戦後」の精神』朝日文庫、一九九五年）。栃尾と長岡をトンネルで結ぶ予定の快速道路建設は、地元負担では到底無理であった。そこで田中はまず県道をつなぎ合わせて国の予算のつく国道三五一号を建設したうえで、そのバイパスとして快速道路を建設したのであった。

首相時代の沖縄の高速道路の例（高橋国一郎「発掘田中角栄」〈66〉『新潟日報』一九九四年）。三年後の沖縄海洋博までに高速道路建設を間にあわせたいという屋良知事の要請に対して、これまで一番早かった名神高速でも六年かかったのだから、三年では到底無理と建設省は否定的だった。だが田中は「どうすれば三年でできるか」と問い直し、大胆な土地買収を行った結果、わずか三年で高速道路はできあがった。

通産相時代の日米繊維交渉の例（小良啓一「発掘田中角栄」〈11〉〈12〉『新潟日報』一九九四年）。田中はまず対米折衝において、「被害のないところに規制なし」「二国間の貿易のバランスはマルチベースで考えるべし」との通産省の論理を前面に押し出し、コワモテに出ることによって通産官僚の信頼を勝ちとった。そのうえで大平・宮沢と二代の大臣で解決できなかったこの交渉にも潮時が来たと判断し、国内交渉と対外折衝をワンセットにして解決への道筋をつける。すなわち大蔵省と折衝して二〇〇〇億円を上まわる業界に対する対策費を出させると同時に、対米全面譲歩に踏み切るというものだった。田中は、このために官僚を徹底的に使いこなすのである。後藤田は、続けて次のように総理時代の田中と接した時の特長を述べる。

「また、田中さんは役人を使うのが抜群に優れていた。官庁の中で「これは使える、これは使えない」と全部チェックを入れていた。そして使える役人については、郷里はどこか、経歴はどうか、役所の中の風評はどうか、など全て知っていた。そういう知識を背景にして、必要なときにタイミングよく役人を使うのである」（『政と官』講談社、一九九四年）。

当時田中に仕えた官僚たちは、いずれも異口同音に、従来のルールを変えられずまた変えてはならない行政と比較した場合、田中が確立した、従来のルールにとらわれず新しいルールを打ち立てる政治のあり方を高く評価する。そしてそれこそが、政治と行政とを分かつメルクマールとさえ言い切るのである。実はこのことは官僚側のみならず政治家の側でも認めている。たとえば田中角栄の下で育った橋本龍太郎（「発掘田中角栄」〈82〉『新潟日報』一九九四年）は、田中の教えとして官僚の知恵を大事にしながら官僚と違った切り口を考える点をあげている。

しかしその橋本が同時に苦い思い出として、首相になってからの田中がなお時折「突拍子もない発想」を出して積み上げた予算が崩れて困ったことがあると述懐しているのは印象的である。このことは、政治が行政を率いるといっても、その政治家の判断がある一線をこえた場合、とてつもない恣意の政治と化していく危険性を示唆しているからだ。

橋本は、田中の政治が常に量で勝負することの危うさを感じとっていたと見てよい。田中は質に転化するすきも与えぬほどのスピードで、ともかくも量をこなしていく。いわば無限の陳情や要求に、無限の具体的解決案で対応することが、田中にとっての民主主義の原点であった。だから田中は政敵であろうが反対派であろうが、自分に接近してきた者には必ず積極的に対応した。その結果としていたる所に〝カクレ田中派〟が増えていった。

したがって「頂上をめざすには、敵をできるだけ減らすことだ。自分に好意を持ってくれる広大な中間地帯をつくることだ」（『早坂茂三の「田中角栄」回想録』小学館、一九八七年）という田中の有名なセリフは、意図と結果が逆なのではあるまいかと思われる。つまり昭和二〇年代以来の田中の政治手法の積み重ねの結果として、田中に好意的な中間地帯がいつのまにか増えていった。そのことに気づいた田中は、頂上を意識し始めたある段階（昭和三〇年代後半か）から、今度は意図的にそれを増やすように努めたのであろう。

4

そもそも田中の政治家としてのスタートは「土方代議士」であった。昭和八年に新潟の高等小学校を卒業し九年に上京して以来、理化学研究所の大河内正敏との関係に与《あずか》りながら、一八年には田中土建工業を設立。敗戦と共に朝鮮の現場から引き揚げ、旧民政党の大物、大麻唯男のすすめで日本進歩党に入党し、衆議院議員総選挙に立候補するも二一年四月は落選。翌二二年四月新憲法下初の総選挙に民主党から立候補して初当選。国土計画委員会常任委員となり政治家としての具体的活動を開始。炭鉱国管案に反対して幣原派として脱党し、二三年吉田茂の自由党と合同。以後、昭和二〇年代は一貫して吉田自由党に所属し、建設・土木関係の主要立法のすべてに関与。

昭和二〇年代のかけ出し代議士としての田中は、決して当初からハデな存在ではなかった。今日あまりに強烈な存在感をもつようになった田中のイメージを、無造作にこの時代まで逆照射すると、その点をまちがう。本人ならびに周辺の回顧も、その辺を割り引いておかねばなるまい。同期当選ながら反吉田で終始し改進党革新派だった中曽根康弘は、「私は言論で吉田さんを攻撃し、スポットライトを浴びていたが、そのころ角さんは次の時代の弾込めというか肥料をやっていた時代でしょうね。炭管疑獄（二審で無罪）がハンディになって、昭和三〇年ごろまであんまり表に出られなかった」（新潟日報報道部『宰相田中角栄の真実』講談社、一九九四年）と、正直に回顧している。

もっともすでにして最初の衆議院議員任期中に疑獄の主役となって、法務政務次官をわずか一カ月で棒にふったにもかかわらず、田中は後のロッキード疑獄の場合と同じく選挙戦そのものは勝ち抜き、政治生命を断たれることはなかった。田中はやはり独自の嗅覚をもって、土建業出身の自分を国会の中でいかにしたら生かせるかということに、当初から気がついていた。しかも当時の国会と言えば新旧相乱れたうえにGHQまでからんでやたらとメモランダムが発せられ、それこそ無秩序そのものの状況にあった。そのような中で田中は、GHQメモランダムに基づく法文化作業に携わったり、逆にこれに反する議員立法をすすめるなど、水を得た魚のごとく立法活動に活躍の場を見出したのである。そのうえ帝国議会時代の本会議中心主義から、戦後の国会はアメリカ式の常任委員会中心主義に変わったため、田中は逸早く自分の最も得意とするフィールドである国土計画委員会、次いで建設委員会をホームグラウンドとすることができた。田中および彼の周辺が、自らを戦後民主主義の申し子になぞらえるのは、その意味では正しい。

しかし昭和二〇年代の政治をふり返る時、政治家田中のメインターゲットがこれまた一貫して建設・土木関係にあったことは特筆に値する。むろん建設・土木は地元利益と結びつく問題であるから、戦前から少し目端のきく政治家ならば誰でも関心をもたなかったわけではない。地方ではこれをめぐる政争もしばしばおこった。だがいったんこれが国会の場にもちこまれた時も、それはあくまでもアンダーグラウンドの仕事と見なされていた。多くの政治家にとって、まずは国会議場での天下国家をめぐる言論戦、次いで大物代議士の下での院外団的な活動が、メインの仕事だったからである。

田中は国土計画委員会に所属した当初から、内務省解体後の土木局を単なる建設院ではなく、建設省に昇格させることを訴えていた。「私は土木建設業者でございまして、しかも建設省の設置に対しましては、過去一〇年間を通じまして設置論者であります」との昭和二二年の委員会における発言（早坂茂三『政治家田中角栄』中央公論社、一九八七年）は、簡にして要を得ており臆するところがまるでない。ではなぜ建設省創設なのか。田中は戦後復興を衣食住の生活レベルで捉え、とりわけ住宅問題の解決こそが喫緊の課題と考えており、そのためには母体となる建設省が是非とも必要なのであった。

こうして逸早くまだ見ぬ建設省（設置は昭和二三年）のパトロンとなった田中は、この後、国土総合開発法、公営住宅法、道路三法などの立法活動に精力的にとりくんでいく。同じ時期に只見川の新潟への分水問題など地元利益のためにももちろん働いているのであるが、田中を他の凡百の利権屋的政治家と分かつ最大のメルクマールはここにあった。

すなわち田中は、特殊一地方に限定された利益供与の問題を、全国一律の法体系を作り上げその中に位置づけて解決する。ここでは制度化された全国大の法文のネットワークに対して財源がつくから、構造的に利益供与の体系が確立していく。その結果自分の地元はむろんのこと、他の地域も財源の許す限り余慶に与りうることになる。しかも田中は、こうした議員立法のたびごとに、全国レベルの様々な国土情報に接することができたばかりか、建設省との絆を一層深めることになった。

具体的に示そう。昭和二五年の国土総合開発法の制定に際し、田中は全国の水系関連情報を入手し、二七年の国総法改正と電源開発促進法制定とにより、田中は只見川水系開発を確実なものにすると共に、全国の電源開発体系を掌握してしまうのである。さらに二六年の公営住宅法の制定では、救貧者住宅からサラリーマン住宅への流れを田中が生み出し、これはやがて三〇年の住宅公団へと結実していく。結局二七—二八年の道路三法制定において、田中がガソリン税を道路整備のために特定財源化したことは、田中と建設省との関係の構造化に役立ったと言ってよい。

後年田中がまことに誇らしげに次のように語った所以である。「いつだったか、正確さを自慢にする朝日新聞が、わたしの経歴紹介のなかに「建設大臣」と書いたことがあるんだ。世間では、わたしが建設大臣をやったと思っているようだが、実はやったことはない。それでもわたしが建設大臣をやったように思われているのは、昭和二七年に議員立法で道路三法をつくったからなんだな」(『早坂茂三の「田中角栄」回想録』小学館、一九八七年)。

まだ見ぬ建設省のパトロンをつとめた田中は、いつしか幻の建設大臣になっていたのである。「田中もまた、部屋（議員会館）にいることはあまりなかった。暇さえあれば建設省の事務次官室などへ行っていたので、田中への電話があれば居場所をさがすことになる」との秘書の佐藤昭子の回想（『私の田中角栄日記』新潮社、一九九四年）も、このことを裏書きしている。

さらに田中は建設省人脈の培養のために、公的資金のパイプを公的に建設省につなぐに止まらず、公的資金のパイプを私的関係に持ちこむこともあえて辞さなかった。昭和三〇年田中の選挙区内の三島郡で、補助金つきの初めての舗装道路中永線が完成した時のことだ（新潟日報編『ザ・越山会』一九八三年）。地元小津村の小熊村長によれば、竣工式予算六〇万のうち半分の三〇万を田中が流用し、建設省の役人とその夫人への贈答用の反物を買いまくったという。しかも夫人の年齢や体格など細かなパーソナルデータまで覚えていて選んだというから、何をか言わんやだ。

かくて田中は昭和三三年、岸内閣郵政大臣当時の総選挙の選挙公報で、次のように述べた。「私は世界的政治家や総理総裁になって一党をひきいようというような派手な夢や考えは持ちません。私が道路や橋や川や港、土地改良等に力を入れるので一部のかたがたは「田中は土方代議士だ」といわれるが、私は原水爆禁止運動も世界連邦運動も結構だが「まず足元から」という気持ちであえてこの批判に甘んじておるわけであります」（早野透『田中角栄と「戦後」の精神』朝日文庫、一九九五年）。

「土方代議士」としてアイデンティティーを堂々と主張して憚らぬ田中は、イデオロギー重視型のハイポリティックスに対して、生活密着型の国土開発の政治が存在することを、ここで高らかに宣言したのであった

5

それにしてもやがては「コンピューター付きブルドーザー」との異名をとるまでになる田中の政治への動機づけは、いったい何だったのであろうか。昭和四六年、通産大臣田中の秘書官になったばかりの岡山生まれの小長啓一に対して、田中は開口一番「岡山というのは雪というのはロマンの対象なんだろうな」と先制攻撃をかけた。そして川端康成の『雪国』に言及したのち、「君なんかにとっては雪はロマンの対象なんだ。ところが、おれたち裏日本に住んでいる連中にとっては、雪というのは生活との戦いなのだよ、それがおれの国土開発の原点なんだよ」と強烈な言葉を口にしている（NIRA研究報告書『戦後国土政策の検証』総合研究開発機構、一九九六年）。

裏日本のルサンチマン——煎じ詰めていえば田中の場合もこれに尽きる。確かにすでに述べたように、政治家田中角栄は出世の階梯を一段上がるたびにフローの情報を増やし、同心円を一つまた一つと増やしていった。量を量で凌駕する田中の政治には、頑なまでに質への転化を拒絶する姿勢があった。しかしその田中にして、迸《ほとばし》るような激情がつきあげるのは、ふと政治で生きることを思いたったその動機に思いがいたり、幼少時の思い出にまで記憶が戻る時だ。人は誰でも自らの幼少時の思い出だけは、フローではなくストックの形で情報を残している。そして幼少時の思い出の坩堝から、その人の成長の段階に応じて、すぎさりし過去のこととしてではなく、まさに今ある自分の確認行為として情報が引き出され、語られる。

田中の場合、まとまった自己表現としてこれらが語られたのは、長い政治生活の中でたったの一回きりであった。すなわち天下盗りを射程におさめ始めた昭和四一年、自民党幹事長時代に、田中にとって一瞬なぎのような時間が訪れた。今日でいう人間ドック、検査入院である。その時を利用して『私の履歴書』（日本経済新聞社）が書かれた。連載途中に小林秀雄がほめたという勲章つきのものである（早坂茂三『オヤジとわたし』集英社、一九八七年）。

これは確かに田中にとって唯一のまとまって昔をふり返るよすがであった。事実、政治そのものではなく政治への思いを語って、これほど切なる自己表現はなかった。常に情報におけるフローの旗手だった田中が、一瞬たりとは言え、ストックの旗手としての姿を垣間見せたと言えるのかもしれない。

関東大震災で東京から新潟へ人々が逃げ帰ってきたところで、田中はこう述べる。「私の叔父、叔母たちも焼け出されて帰ってきた。祖父が山の木やたんぼを売って金を作ってやろうと奔走した。東京の連中は、米やみそも、よくもまああんなに持てるものと思うくらいたくさんかついで帰って行った。私は子供心に「東京の人たちはいやな人たちだ」と思った。私の母は朝、真っ暗なうちから起きて、たんぼにはいって働いている。牛や馬の世話もある。毎日、仕事の連続だ。そんな努力の集積を、東京の人たちは何食わぬ顔して持っていく。母親に対する愛情からか、私は無性に悲しくなった」。

これはもう裏日本（新潟）の表日本（東京）に対するルサンチマン以外の何ものでもない。子供心に抱いた収奪する東京、収奪される新潟という構図こそが、格差是正という田中の政治への思いにつながったことはまちがいない。田中は、はしなくもこれとまったく同じ構図を、昭和五八年ロッキード裁判で一審有罪となった直後の総選挙で空前絶後の二二万票を獲得した時、興奮さめやらぬ中で口にしている。「東京に出した弟や妹が里に戻っては、コメだ、野菜だと持っていく。長男とその嫁は実家を守って、ほお囲いして、土方仕事に出る。そのつらい思いが爆発したんだ。二二万票は百姓一揆だ」（早野透『田中角栄と「戦後」の精神』朝日文庫、一九九五年）。

田中にとって、フローだったのは情報に限られない。カネ（政治資金）もまたそうであった。したがって椎名悦三郎や後藤田正晴は、田中のロッキードのカネを受け取っていないとの主張を忖度《そんたく》して、少なくとも田中の場合、カネはいつもフローで自分の前を通りすぎていくだけだから、入りも出も本当にわからないのではないかとの見解を示した（新潟日報報道部『宰相田中角栄の真実』講談社、一九九五年）。

そして実は田中の幼少時を語る『私の履歴書』に、田中自身のそうした金銭感覚を彷彿とさせる話が出てくるのだ。母から祖父のサイフから金を盗らなかったかと、少年田中が詰問される場面でのこと。「私はとらない。しかし茶だんすの上に五十銭玉が二つあった。むき出しに出ていたから、だれが使ってもよいおかねだと思った。だからミカンを一箱買ってきて、近所の子供たちにふるまった。「財布からとったわけではないが、使ったのはたしかに私である」と答えたら、母親は複雑な顔をしていた。祖父はにこにこ笑って、「お前ならよいよ」といった」。

松本健一は慧眼にも、最初にこの話の暗喩を読み取り、「少年時代のエピソードをつづった文章が、図らずもロッキード事件の構造とかれの執拗な抵抗の根拠を物語っているような気がする」（『戦後政治家の文章』第三文明社、一九八八年）と記したのであった。いずれにせよ、裏日本のルサンチマンとフローとしての金銭感覚、幼少時のこの二つの体験が田中における政治の動因となったことは疑いえないであろう。

6

ところで、戦後日本の内閣は、田中内閣まで歴代ハイポリティックスのレベルで大きな課題を処理してきた。今それを図式的にならべてみると、吉田内閣―講和独立、鳩山内閣―日ソ国交回復、岸内閣―安保改定、佐藤内閣―沖縄返還となり、池田内閣だけが大きな課題を持たなかった。戦後政治史の流れの中では、メインストリームであるこのハイポリティックスの系譜に対して、もう一つ公共事業・社会資本・国土開発の政治の系譜がしだいに浮上してくる。

すでに述べたように後者の系譜は、田中をパイオニアとするものであった。もっとも吉田内閣の時は未だ明確なテーマの形をとるには至らず、議員立法の形で各種法制度の整備が進められたにすぎない。このような中で、吉田と田中の関係はいかなるものであったか。もちろん吉田と田中は生まれも育ちもまるっきり正反対であった。しかも吉田は政策面で計画政治に否定的であったのみならず、国土開発の政治にも消極的であった。なぜなら下河辺淳が指摘するように（『戦後国土計画への証言』日本経済評論社、一九九四年）、吉田は政治論として地域格差の是正など認めなかったからである。しかし同時に吉田と田中はともに官僚的発想や現行法制度の枠に捕らわれずに、それらをこえて工夫する点に政治の意味を見出していた。しかも吉田からみると田中は池田・佐藤よりも若く孫の世代だから、気軽につきあえる面があったことは否めない。それだからこそ、性格的にも政策的にもまったく合わなかったにもかかわらず、田中は吉田にかわいがられ吉田内閣の末期には、吉田一三人衆の末席に列する存在になっていたのであろう。

では池田・佐藤と田中の関係はどうであったか。病気で倒れる一年前（八四年三月）、最晩年の回顧（「田中角栄独白録・わが戦後秘史」『現代』一九九四年二月号）の中で、田中は二人との関係についてかなりあけすけに語り、池田とは人事面（大蔵大臣就任）での助力、佐藤とは資金面（長岡鉄道顧問料）での助力がポイントだったと述べている。しかし単にそれのみならず、「個人的にも事業的にもいろんなつき合いがあったのが、佐藤と池田とぼくとの関係です」とサラリと述べている点が、むしろ重要である。

つまり池田・佐藤と田中は、吉田内閣の下で政策面での共闘もしくは競闘関係にあったこと、言い換えれば田中の開発政治で共に議論した共通体験があることを示唆している。確かに田中は大蔵大臣の池田と公営住宅法で、建設大臣の佐藤と道路三法で、委員会の席上にて議論を交えている（早坂茂三『政治家田中角栄』中央公論社、一九八七年）。そこでの田中は、ことさらに開発政治の正統性を主張して、池田も佐藤もまきこもうとしている節がある。たとえば田中は道路について佐藤に次のように畳みかける。「特に表日本重点主義がとられたために、表日本出身の議員の方々も特にそういう発言をせられるのでありますが、明治初年からの長い官僚政治で特に都市集中、表日本集中の政治が行われましたので、裏日本、北海道等は国費の恩典に浴さないことは私が言うまでもない事であります。（中略）表日本中心の舗装に重点を置かれるのであっては、多少異論がありますので、特に一言、発言を求めて注意を促しておきます」。

裏日本のルサンチマンをこのように真正面からぶつけられては、佐藤としても「ただいまの御発言しごくもっともでございます。別に表日本偏重の道路政策をとる考え方は毛頭ございません。（中略）万遍のない方策を一般道路といたしましてはぜひともとりたいものだと思います」と答えざるをえなかった。そうしてこうしたやりとりの中で田中は、池田の経済主義と脱イデオロギー志向と佐藤のハイポリティックス重視志向とを早くも読み切っていた。

五五年体制の成立を含む鳩山・岸両内閣は、ハイポリティックスが前面に押し出されてはいたものの、開発政治も吉田時代の創生期を脱し、個別のテーマが明確化し始めた点に特徴がある（下河辺淳『戦後国土計画への証言』日本経済評論社、一九九四年）。まず鳩山内閣は、戦後初めて住宅政策をテーマとして確立した。そして住宅を社会政策ではなく社会資本として捉えるコンセプト作りに成功する。吉田時代から田中がこの方向を示唆していたのはすでに述べた通りだ。さらに社会資本整備の見地から、住宅公団・愛知用水公団・道路公団の三公団をスタートさせる。

続く岸内閣は、鳩山内閣の延長線上に各省からプロジェクト型のテーマが出され、それを追求していく形をとった。特定多目的ダム法、東北開発促進法、道路整備緊急措置法、工業用水道事業法、首都高速道路公団法、治山治水緊急措置法などなど。田中は第一次岸改造内閣（昭和三二年七月）の下で、最年少で郵政大臣としての初入閣を果たす。もっとも岸と田中の関係は微妙だった。秘書の佐藤昭子は、田中から「第一回目は運動するもんだよ」との感想をえている（『私の田中角栄日記』新潮社、一九九四年）。他方岸は後年、「私は三十代の田中君を郵政大臣に抜擢したことを間違ったことをやったとは思っていない。またその後の田中は党の幹事長や大蔵大臣といった重要な職について、てきぱきとやるし才能もあると思うんだ。人間的にもなかなか面白い人物ですよ」（『岸信介の回想』文藝春秋、一九八一年）と回顧している。

岸は田中に対して、明らかにｙｅｓ、ｂｕｔの心境にあった。果たして田中は、郵政大臣として全国四三に及ぶテレビ局の大量予備免許を許可して勇名をはせる。岸内閣のプロジェクト大臣としてまずはｙｅｓに相違なかった。

ハイポリティックスの極限を迎えた安保改定の岸内閣の後、田中自身も助力した池田内閣の出現は、田中と開発政治の双方にとって何よりの僥倖だった。元来、脱イデオロギー的体質であった池田は、大平正芳・黒金泰美・宮沢喜一・伊藤昌哉ら秘書官グループの演出によって「寛容と忍耐」をキャッチフレーズに、所得倍増計画を政策課題の中心にすえた。ハイポリティックスを後退させ、これまでは考えられなかったむき出しの経済主義路線を登場させたことは、田中にとってはそれの裏付けとなる開発政治を前面に押し出す恰好のチャンスの到来を意味した。

水資源特別委員長（三五年）、政調会長（三六年）、大蔵大臣（三七年）という未曾有の出世は、トランジスターラジオで毎日株価の動向を聞くという池田の存在なくしてはありえなかった。たとえ池田が「車夫馬丁のたぐい」とそしったことがあったとしても（新潟日報社編『角栄の風土』一九八三年）、池田政治もまた田中ぬきには考えられない。しかも所得倍増計画の中核をなす太平洋ベルト地帯構想に対して、裏日本のルサンチマンが噴出した結果、田中が関与した国土総合開発法の制定以来実に一二年、ここに「全国総合開発計画」が策定されるに至る。新産業都市の指定を含めて、開発の全国的ネットワークが成立したのである。田中が自らの将来と開発政治の将来とを重ね合わせて、日本全体の改造計画を一つの体系にまで高めるとの構想を、後に早坂とともども秘書となる麓邦明に洩らしたのもこの頃のことだ（新潟日報社編『ザ・越山会』一九八三年）。

池田の後をうけた佐藤内閣は、沖縄返還・日韓問題・台湾問題などハイポリティックスの復活をはかった。そのうえで開発政治も愛知揆一の助力を得て、社会開発といったある種のイデオロギー的了解の下に秩序化することを佐藤はねらっていたのである。これらを通して佐藤は、田中の力を利用しつつ田中の力を削ぐことを考えていた。他方田中はといえば、八年近くの佐藤内閣のうちに無役に甘んじた一年半と初期の蔵相（一年）、および末期の通産相（一年）を除けば、前後あわせて四年間を幹事長としてすごした。

実は田中は幹事長として佐藤内閣を支えている間に、しだいに佐藤とのフェイス・トゥ・フェイスコミュニケーションを避けるようになった。その徹底ぶりは、田中の側近・二階堂進が、佐藤から「田中君はなにしているかね」といわれたほどだった（『発掘田中角栄』〈59〉『新潟日報』一九九四年）。いったいそれはなぜか。まず脇道にそれての説明から始めよう。大平正芳は、池田内閣で田中とそれぞれ外相と蔵相のポストを獲得して以来、田中との盟友関係を強化していた。もっとも田中とは大平が昭和二〇年代、経済安定本部の公共事業課長をつとめていた時からのつき合いではあるが。その大平が事を決める時には田中と会わずに決めないと、会えば田中の言いなりになるとの恐れを抱いていた。なぜか。すでに述べたように、田中は問われればたちどころに具体的解決案を出すので、それとは異なる決定をしにくくなるからだ。したがって会えば政敵にでも解決案を与えてしまう田中のこの態度が逆に田中周辺の人間を、ある段階から近づきにくくさせた。佐藤もそのことを熟知しており、そのため側近には「田中に会ってはダメだ。会うとだまされる」と言っていた。

では佐藤は田中にどのように接したのか。再び石原慎太郎の言葉を借りよう。「表現にならない表現力を持った」佐藤は、「絢爛として空疎な饒舌」を振りまく田中に対して、頭ごなしに一発かませて機先を制する行為に出る。要するにどなりつけて黙らせるのだ。後に田中は、「しかし、一発かまされたところで、わたしはそんなもの何とも思っちゃいないからね。ぜんぜん効きめがない」と強弁しているものの、田中の雄弁が通じない相手はやはり嫌だったろう（『早坂茂三の「田中角栄」回想録』小学館、一九八七年）。その証拠に、田中は終始官房長官への要請を拒み通した。官房長官ともなれば毎日佐藤と顔を会わせねばならないからである。田中がよく冗談めかして「官房長官なんかになったら、殺されるよ」と話した所以である（山田栄三『正伝佐藤栄作』下、新潮社、一九八八年）。

田中は、こうして佐藤の存在そのものから発せられる圧力をかわしつつ、開発政治の主導権を確保するため、いよいよ体系的な国土政策構想の樹立を考えた（御厨貴「国土計画と開発政治」『年報政治学一九九五年・現代日本の政官関係』岩波書店、一九九五年。本書第3章に「「国土計画」をつくる」として所収）。昭和四二年、田中は党都市政策調査会長に就任し、官僚主導の縦割り行政の弊害を取り除き、党主導の政策立案を実現するため、衆参両院議員のほか下河辺淳ら関係官庁の若手官僚と有識者を結集し、一年間で『都市政策大綱』を作り上げた。後の『日本列島改造論』と同じく、田中の長時間のモノローグを土台にして肉づけしたものだ。最終的には田中の秘書となった麓邦明が主となり早坂茂三が助ける形で仕上げたのである。

かくして出来上がった『都市政策大綱』は、朝日新聞をはじめとするマスコミで高い評価を受けた。

同時に田中も革新的なセンスをもつ新しい感覚の政治家として認知され、首相への距離を縮めることになった。一方で「開発法体系の整備」や「開発体制の一元化」の提言によって、憲法の条文の読み直しを迫った。なるほど「公益優先の基本理念をうちたてる。土地の私権は公共の福祉のために道をゆずらなければならない」との表現に妙な説得力がある。

結局『都市政策大綱』は自民党の出版物としては異例にもベストセラーになり、増刷をくり返し、ロングセラー化していった。折から佐藤内閣の下で「新全国総合開発計画」の策定作業が進められていたので、両者相俟って国土計画・開発政治を戦略的かつイデオロギー的に広く国民に印象づける効果をもたらした。そして佐藤内閣末期になると、この両者に加えて公害問題や土地利用問題が現実に深刻化し始めたこともあり、開発政治は次第にハイポリティックスのレベルに上昇しつつあった。

ちょうど内政も、中国・ドルの二つのいわゆるニクソン・ショックに見舞われた外交も、いずれの面でも上昇カーブを切った時点で、ポスト佐藤の争いが現実化することになった。四六年、佐藤からより困難な課題である日米繊維交渉を任された通産相の田中は、すでに述べたような形で解決し、福田後継を迫る佐藤の力を逆に削ぐことに成功する。機を見るに敏な田中は、外交・内政ともに明確な政策課題を示す。周知のように外交はハイポリティックスの系譜で日中国交回復。内政は開発政治の系譜で『日本列島改造論』。

だがそもそも田中はマスコミ受けする『都市政策大綱』を持っていながら、なぜ新たに『日本列島改造論』を必要としたのか（御厨貴「国土計画と開発政治」『年報政治学一九九五年・現代日本の政官関係』岩波書店、一九九五年。本書第3章に「「国土計画」をつくる」として所収）。実は田中は『都市政策大綱』

に違和感を覚えていた。そのことを田中は、『都市政策大綱』は党の著作であって自分の著作ではないとか、専門家の話としてはわかるが庶民にはわかりにくいといった形で、秘書たちに述べている。田中はどこに不満を持っていたのか。どうやら田中は『都市政策大綱』のポイントたる私権制限と公益優先のイデオロギーそのものをも、必ずしも積極的に受け入れたわけではなかった。文章一つとっても大学紛争当時の世相を反映してしてかある種のイデオロギー臭をもっている。「われわれがこれからなそうとしている仕事は千里の道の一里塚である」とか、「新しい日本の創造はここに始まる」といった文章は、やはりどう見ても田中の臭いではあるまい。すでに述べた『私の履歴書』の文章とあまりにも違いすぎるのではないか。

つまり国土政策体系を作りたいという動機は同じであるにもかかわらず、中身と表現の双方において、『都市政策大綱』は、田中と麓ら側近グループとが、同床異夢であったことを結果として明らかにしてしまったのである。何よりも田中にとって開発政治は、イデオロギー的なハイポリティックスではありえないのであった。抽象的な政策論ではなく、具体的な解決策でなくてはおかしいのだ。かくて『日本列島改造論』は、できるだけ具体的な解決案を書きこむという方針の下に、今度は早坂茂三と小長啓一ら通産省グループとの合作によって、自民党総裁選に間にあわせるため一挙に作成された。いくら田中得意のフローの情報の集積とはいえ、わずか半年というかなり荒ごなしの作業であったことは否めない。

しかし「序にかえて」と「むすび」には『私の履歴書』以来久しぶりに田中のストック情報がにじみ出ることになった。それは『都市政策大綱』には決して見られなかった田中の政治への思いを語る裏日本のルサンチマンにほかならない。田中はこう書いている。「人口と産業の大都市集中は、繁栄する今日の日本をつくりあげる原動力であった。しかし、この巨大な流れは、同時に、大都会の二間のアパートだけを郷里とする人びとを輩出させ、地方から若者の姿を消し、いなかに年寄りと重労働に苦しむ主婦を取り残す結果となった」。そして「過密と過疎の弊害の同時解消」という、日本列島改造の具体的なフレーズからは、「人とカネとものの流れを巨大都市から地方に逆流させる」こと、つまり、表日本から裏日本へ還流させることが、イメージされる。

『日本列島改造論』は、ハイポリティックスとは別の文脈で文字通り二人三脚のように進んできた田中と開発政治とにおける一つの到達点であった。そのことを反映して「むすび」は次のようにむすばれる。「私は政治家として二十五年、均衡がとれた住みよい日本の実現をめざして微力をつくしてきた。私は残る自分の人生を、この仕事の総仕あげに捧げたい。そして、日本じゅうの家庭に団らんの笑い声があふれ、年寄りがやすらぎの余生を送り、青年の目に希望の光りが輝やく社会をつくりあげたいと思う」。

7

昭和四七年七月の総裁選で福田を破った田中は、「決断と実行」をスローガンに首相の座につく。だがこのスローガンに忠実であるためには、田中内閣自体の人事構造そのものに絶対的な矛盾があった。第一に総裁選を争った三木武夫・中曽根康弘・大平正芳そして後には最大のライバル福田赳夫と、すきあらば次の首相をうかがう四人が全員入閣したことである。佐藤のように一強五弱の中で一頭地を抜いた存在には、田中は到底なりえなかった。したがって首相のリーダーシップの確立は困難をきわめたと言ってよい。やがて田中の力が衰えていく中で、なお「狂乱物価」と言い放った福田も「企業ぐるみ選挙」と批判した三木をも、彼等が自ら辞職するまでは抱えこまざるをえなかったのだから。

第二に田中内閣には、池田・佐藤両内閣における田中の役割を果たす人材が見あたらなかった。そこで田中は事実上、首相でありながら幹事長的な仕事もやらねばならず、それはただでさえ忙しい田中を絶望的なまでに多忙にしてしまった。常に人に囲まれている田中の様子を、秘書の佐藤昭子は、「総理になってから、田中の顔つきはだいぶ変わったように思う。以前ほどにこやかな感じがなくなり、総理らしく毅然たる表情になった。時にはピリピリした厳しささえ伝わってくる」と描写している（『私の田中角栄日記』新潮社、一九九四年）。

そもそも首相とは何か、何をなすべき存在なのか。それをしも田中にはゆっくり考えるゆとりがなかったのではないか。Presidency makes President という有名な言葉がある。田中の場合は首相になってなお、量を量で凌駕する政治を続けその質的転換をはかることができなかったため、首相らしくなれなかった。「田中は幹事長もしくは党総裁としては第一人者かもしれない。ｙｅｓ、ｂｕｔの岸は田中を次のように看破する。しかし総理として、つまり日本の顔として世界に押し出すとなれば、あの行動を含めて、やはり教養が足りない。柄が悪いね。……総理ということになると、人間的な教養というものが必要だ」（原彬久『岸信介』岩波新書、一九九五年）。

田中が掲げた政策課題で成功したのは、短期決戦で臨んだ日中国交回復だけである。田中の四半世紀に及ぶ記念すべき政治生活の結晶たる『日本列島改造論』は、手法・環境ともに時と所を得ず失敗に終わる。そもそも爆発的な田中ブームの中で、『日本列島改造論』がミリオンセラーになってしまったことが誤算であった。それが具体的解決案の積み上げだったばかりに、開発政治の実用書として売れてしまい、結果としてすさまじい土地高騰を招く誘因となった。

列島改造懇談会で基本構想を表明する田中角栄（1972年12月19日、毎日新聞社提供）

田中はあくまでも直接会った特定の個人に即座に具体的解決案を提示するのを得意中の得意としていた。事前に手の内を全部見せる形での万人を相手とする万人のための具体的解決案は、田中といえどもとてもよくなしうるところではなかった。自らの著作にこだわった田中は、結局自らの著作に足をすくわれてしまったのである。

昭和四八年一一月、オイルショック後急死した愛知揆一蔵相の後任となった福田赳夫は「日本列島改造論は田中総理の個人的見解にすぎない」と言い切って、同じく列島改造計画破綻ということで攻勢をかける野党ともども『日本列島改造論』をついに棚上げにしてしまった。

ところで金脈問題を追及されて後、昭和四九年一二月田中は政権をおりる。内閣総辞職の表明後、記者団に「今日は珍しく仏壇に参った。田舎の母親に電話した」「（母親は）ご苦労さんと言っていた。やはり母は母だ」と田中はしんみり語った。（新潟日報社編『角栄残像』一九八八年）。この感慨に対して田中が自ら筆をとった『日本列島改造論』の次の一節を、重ね合わせることで小論のしめくくりとしたい。

「明治、大正生まれの人びとには自分の郷里にたいする深い愛着と誇りがあった。故郷はたとえ貧しくとも、そこには、きびしい父とやさしい母がおり、幼な友達と、山、川、海、緑の大地があった。志を立てて郷関をでた人びとは、離れた土地で学び、働き、家庭をもち、変転の人生を送ったであろう。室生犀星は「故里は遠くに在りて思うもの」と歌った。成功した人も、失敗した人も、折にふれて思い出し、心の支えとしたのは、つねに変わらない郷土の人びとと、その風物であった」。

第5章　2000年

「機振法」をつくる——戦後日本産業政策の原型

占領期が過ぎた頃、産業界をめぐる空気はどんなものであったのか。今の時点からふり返って見れば、高度成長の助走に入らんとする時期として理解されるものの、当時はまだまだそんな雰囲気ではなかった。戦後統制から自由にならんとするこの時期に、いわば、統制と自由との間で官がやれることは何かを追及したのが、本章で取り上げた「機振法」である。

本章で紹介するように、機振法制定をめぐる議論からは、「統制主義的志向」と「自由主義的志向」がないまぜになって存在したことが見えてくる。戦後70年を過ぎた今も、時折顔を出す論点である。そうした点も含め、機振法には戦後日本の産業育成のプロトタイプが含まれていると言えよう。

ところで、本章作成のきっかけとなったのは「機振法研究会」という共同研究への参加であった。尾高煌之助・松島茂の両氏を中心に1986年から89年の3年間にわたって当時の通産省で行われた、官と学の共同作業である。官と学との共同作業と言えば、今やもう一般化され、誰もが不思議に思わない。しかし1980年代後半、つまり、今を去ること30年前は、そうそうあたりまえのことではなかった。官と学との間には常に緊張感が漂い双方のかけ引きにもスリリングなものがあった。そもそも、機振法を産業政策のケーススタディとして取り上げるという試みそのものが、官と学とのせめぎ合いの中で生まれたものだったから。

研究会で行ったフィールドワークやオーラルヒストリーはもちろん、メンバーとの侃々諤々の議論が本章のもととなっている。なお、本研究会の議論がつい先ごろ、『幻の産業政策　機振法』として公刊され、本章の原型も収録されている。合わせてご覧いただきたい。

（初出：「機振法イメージの政治史的意味――新しい産業政策の実像と虚像」北岡伸一・御厨貴編『戦争・復興・発展』東京大学出版会、2000年。その後、尾高煌之助・松島茂編『幻の産業政策　機振法――実証分析とオーラルヒストリーによる解明』日本経済新聞出版社、2013年にも同題名で所収）

1　イメージの連鎖と比較

まず、機振法とは何か。この機械工業振興臨時措置法（機振法）は、中堅どころの機械の製造業者に、設備投資資金を非常に低利（一九五六年から六〇年までの第一次機振法の時代は年利六・五％）で融資をする目的で一九五六年に制定された。五年の時限立法だったが、その後二回ほど更新されている。第一次は設備近代化を、第二次、第三次は国際競争力の強化を目的にしていた。

機振法の特徴のひとつは、通産大臣が機械工業審議会の意見を聴いて、対象とする機械ごとに生産費の引き下げ幅や設備投資額などに関する基本計画を定める、と決めたことである。融資の実施にあたっては、基本計画に照らして、申請してきた企業の設備投資計画を検討して審査し、審査に合格したものだけを対象にする、という趣旨で、これがこの法律の主たる構成部分になる。

さらに言えば、この機振法は三次まで延長されたが、ある程度成功したと評価されたことの反映として、その後いくつか類似の立法が続いている。機械工業振興臨時措置法自身は三次まで、一九七一（昭和四六）年三月限りで終わるわけであるが、これと似た法律として、一九五七（昭和三二）年六月に早くも電子工業振興臨時措置法（電振法）が成立した。これは一九七一（昭和四六）年三月に同じく終わるが、この両者がいわば合体して変身を遂げて、同年四月には「特定電子工業および特定機械工業振興臨時措置法（機電法）」が成立し、一九七八（昭和五三）年三月まで続く。さらに同年七月から「特定機械情報産業振興臨時措置法（機情法）」が一九八五（昭和六〇）年六月まで続いている。そこでこのような機械情報関連産業の振興法としては、実質的に三〇年間の長きにわたって運用の妙が発揮されたということになる。

この点こそが機振法研究会［一九八六年から八九年にかけて通商産業省において行われたもの。本章扉裏の記述も参照されたい］がもたれた理由であった。実は一九八〇年代後半の日米関係がこれに色濃く反映していたからである。すなわち、当時日本の産業政策に対するアメリカのバッシングが激しくなっていた。その際、「機情法から、順次その前へと歴史をたどっていくと、機械工業振興臨時措置法という一九五六（昭和三一）年にできた法律が、そもそも今日悪名高い通産省の産業政策のツールの原型であり、実はあの時代から日本は非常にいかがわしい行政指導を行い、さらに護送船団方式といわれる横ならびのやり方で産業を育ててきたに違いなく、そういう点では日本の産業政策というのは非常に根が深い」といういかにもアメリカ的な解釈をされたのである。

そのときの通産省の対応は、「これは研究してみないと何とも言えない」というものであった。なぜなら周知のように通産省には、組織情報としてそのような記憶が残っているわけはなく、「機振法とはいったい何だ？」という驚きと共に自らの組織の歴史への無知を受け止める状況だったからである。そこで昔の政策のほりおこしのためには、シュリーマンならずとも、いやでも学者の手を借りるほかないということで、私達が動員された。主たるメンバーは経済学者だったが、政治学からは私だけであった。そういう経緯で、研究会が始められた動機は政治的と言ってよかった。むしろ通産省としては、「調べてみたら大した法律ではなく、もともと大したことはしていなかったという結論になればよい」という期待を持っていたやに窺える。

もっとも、いくら通産省のお墨付きで始まった研究会とはいえ、当時の通産省が全体としてこうした過去の政策の事例研究に理解があったわけではない。今から思うと隔世の感があるが、過去の政策事例をとりあげるということに対する抵抗は、とても強かったように思う。

だからであろう、研究の基本中の基本ともいうべき聞き取り調査、今で言うオーラルヒストリーの実施自体についても通産省の中では色々の議論があったようだ。曰く、「静かに余生を送っておられる先輩を呼びつけて、お気持ちを騒がせるのは失礼である」。曰く、「とにかく面倒くさいことを言われたら大変である」。曰く、「これを機会にＯＢがどんどんやって来るのはたまらない」。そういった警戒的な議論があった。事実一部では説明に伺ったときに、最初はびっくりしたり、遠慮したり、冗談まじりに「私を査問する気か」と言われたり、さまざまなドラマが展開したらしい。

私達は後に、さまざまなオーラルヒストリー（たとえば『戦後国土政策の検証――政策担当者からの証言を中心に』上・下、総合研究開発機構、一九九六年）でやったように十指に及ぶ人に話を聞いたが、その速記録が完璧なまでに非公開扱いであった。つまりオーラルヒストリーを実施してはみたものの、半永久的なタイムカプセル保存状態になってしまったのである。したがって、実際に出された三分冊の調査研究報告書（『機械工業振興臨時措置法が及ぼした経済的・社会的影響に関する調査研究』（財）産業研究所、一九八七、八八、八九年）にはまったく彼等のオーラルヒストリーが掲載されていない。だからこれらの報告書は、オーラルの実際を知っている私達が使うのには役立つが、まったくの部外者が読むときわめて理解しにくいというはなはだ残念な状態になっている。

最近尾高煌之助先生が、オーラルヒストリーの一般化にともない、タイムカプセルからの取り出しを決意され、当時のオーラルの対象者たちを口説いて、いくつかそのままになっていた速記録に手を入れて印刷して、一橋大学経済研究所のディスカッションペーパー（『機振法と私』一九九七年、『機振法と自動車部品』一九九九年）にしてくださった［さらに、本論文も入った『幻の産業政策　機振法』（日本経済新聞出版社、二〇一三年）の中で、この折の速記録のほぼすべてが公開されている］。これは情報公開という面で一歩を進めた感があり、今後のためにもよいことと信じている。

さて、機械工業振興臨時措置法は、これをひとつの法律としてみたときに、法技術的にはきわめて異例の法律だったと言われている。それはいったいどういうことか。実は、一読しただけではこれは何の法律であるかがよくわからないのである。法律制定の根拠はカルテル（共同行為）と独禁法の適用除外に関する定めの二点しかなく、しかもこれがほとんど法律制定の根拠なのだ。ありていに言って、これすらなければそもそも法律にはならない。ところが現実には、この法律制定の根拠たるカルテルと独禁法適用除外の部分は実際にはほとんど作動しなかったのである。

実はこの法律の最も重要でかつ有効な機能は、それ自体としては法律にする必要がなかった財政投融資の部分だけだったのである。つまり、日本開発銀行からの融資をどれだけ受けられるのかの基準の問題である。これは別に法律で決めなくともやれることではないか。法の意図と実際のくい違いがここにははっきりと示されている。このことが実は本稿における議論の出発点になる。

つまりここでの議論のポイントは、機振法成立の非常にミクロな政策過程の分析それ自体にはない。

もちろんミクロな政策過程に立ち入ることはあるが、それよりもむしろ、政府、議会、ジャーナリズムそれぞれのポジションにいた当事者が、機振法を自らのコンテクストの中でどのように位置づけたのか、また機振法を通して、日本の産業の将来、あるいは日本社会そのものの将来イメージをどのように描こうとしたのか、これらを議論の焦点としたいのである。いわばイメージの万華鏡を通して、逆にこの時代を照射し、政治史的意味を探ろうとする試みである。

機振法は、それ自体がかなりモザイク状の出来方をしている。それを時系列的に包括的に、いわゆる政治史風の叙述をするのではなく、ひとつのイメージが次のイメージに連鎖しながら、それら相互のイメージに相当なギャップが現れるところを捉えて、そのイメージ相互の比較をすることによって、当時の政治の動態を明らかにしていきたい。

それは一九五五年という、今から四五年前の遠い彼方にほの暗く見える時代にどのようにアプローチするのかという作業にもなる。一九五五年は、気分的には「昔、戦後という時代があった」（関川夏央の言）という回顧の真只中にあり、一九四五年前後からの戦争の時代の呪縛がまだまだ続いている時期である。それと同時に、周知のように、翌一九五六年には「もはや戦後ではない」と「経済白書」が高らかに宣言するエポックメイキングな時期でもあるのだ。これらのことから言うならば、戦後復興が終わって、これから新しい日本をどのように作っていくのかが最大の課題であった。結果論としては、そこには高度成長の路線が待っていて、この時期から高度成長の助走期に入り、一九六〇年以降文字通り高速度の成長をとげていくわけである。本稿はちょうどその中間点で、それを扶る作業に他ならない。

はたして、新しい産業政策がここで生まれたのかどうか。あらかじめ結論を言えば、ここで言う新しい産業政策は、仮に新しいとしても、どこまでが実像でどこまでが虚像であるかが非常に曖昧な政策であった。それはどうしてか。機振法をマクロ的に見た場合の効果については、とっくに答えが出ている。すなわちマクロ的に見れば、機振法による融資額は僅かなものにすぎなかった。たとえば機械工業の設備投資総額に占める割合は、一九六五年からの統計によれば、六五年から七〇年の平均で、たかだか一・四%にすぎない。したがって量的に言えば一・四%にすぎないものが、質的に見てそのように大きな意味のある産業政策だったのかどうか疑わしいという見方も成り立つのである。それはごくありふれた産業政策のあり方の一つと見る、三輪芳朗の『政府の能力』（有斐閣、一九九八年）の指摘を待つまでもない。そもそもこの法律自体、専門家以外はよく知らないし、たとえ熟知していたとしても、融資額がこのように僅かだったら効果は疑わしく、あるいは効果があったとしても他のものとの合併効果だったと言われてしまう恐れなしとしない。

しかし、すでに述べたように、イメージの万華鏡で一九五五年を切りとることを試み、また一九五五年前後の状況を政治史的にふり返ってみる時、機振法は虚実をとりまぜた古くて新しい産業政策としての相貌を露わにするのである。

2　ジャーナリズム

一九五五年当時の知的世界の一隅を占めるジャーナリズムが、通産省あるいは通産省が行った機振法をどう見ていたかということをまずは分析してみたい。ここに見られる機振法のイメージというのは、まさに戦前型の古いイメージである。戦前の商工省はよく事業法を作ったが、これはいずれ事業法的な統制に至る一段階であると見なしていた。それはなぜか。手法が非常に似ているからだ。機振法もカルテルの一種だから、これを契機にまた財閥が復活して、「いつか来た道」という議論につながっていく。結局これは戦後の経済憲法に抵触する周知のような逆コースの一環であると捉えられた。こうした見方がジャーナリズムにおいては圧倒的であった。

当時の記録の中に、ちょうど一九五六年一二月に出た、通産省の記者クラブが編集した『通産省』という本がある。これは当時の各省記者クラブで編纂した一連の各省解剖読本、たとえば『文部省』、『防衛庁』、『法務省』などシリーズ物のひとつである。「通産省を解剖する」というキャッチフレーズからわかる通り、通産省のあり方に対して非常に批判的である。その批判は、せんじつめて言えば、すべてが逆コースということに帰結する。つまり戦争経済はとっくに終わったにもかかわらず、戦後も統制の手法だけがずっと続いているのはなぜかと問うのだ。本来、独立をして経済が正常化してくれば、産業に介入する通産省などはほとんど用がなくなるはずだ。しかし、用済みになっては困るものだからまたあれこれ介入をする、というコンテクストになっているのである。

そこでこの本によりながら、ポイントの整理を試みたい。物価統制とか配給統制はドッジラインをひとつの起点にしてだんだん撤廃されていく。一九五一（昭和二六）年四月までに、戦後できた物資統制関係の公団、石油配給公団、食糧貿易公団などは全部廃止される。したがって、通産省はそういう手段を通じて産業をコントロールすることができなくなってしまった。そうなった時に通産省がやったのは、「日本経済の自立」というテーマのもとに、産業の合理化と再編成の時期を設定することであった……。

たしかにこの時期、産業合理化ということが戦前にもまして言われていることは間違いない。だから合理化と再編成とが、昭和二〇年代後半の通産省の合言葉になるわけである。しかもそこに財政投融資を使おうということになれば、かつては汚職の温床であった復興金融公庫が日本開発銀行に生まれ変わったばかりで、満を持して待っている。それがいかなる融資をするかという問題になるわけではないか。『通産省』は、その事情について次のように非常にはっきりと書いている。

「金利が比較的低かったし、貸付期間も長期であるばかりでなく、開銀融資を得られるということは、その企業の設備投資計画について通産省の〝お墨附〟が得られるということを意味した。「開銀さんが融資をするんでしたら、私の銀行でも金を貸します」というのが市中銀行の出方だったからである。だから通産省の開銀融資推薦に割込めるかどうかは、企業の死命を制するほどの一大事であったと言ってよい。そこで通産省は〝産業政策的観点〟からする企業の選定を行ない、伸ばす必要の企業は伸ばし、望ましくない設備投資は抑える、という強力な力を揮うことができたわけである」。

これは後述するように、まさにある意味で機振法の政策意図とぴたり一致する。その限りでは、ジャーナリズムのコメントに間違いはなかったとも言えよう。

問題は、そのあとである。結局、行政指導だけでは限界があるから、その行政指導を立法化せねばならないということになる。すでに一九五四（昭和二九）年八月段階で、いわゆる肥料関係の二つの法律、臨時肥料需給安定法と硫安工業合理化法によって、硫安の統制を始めている。これは農林省と通産省が一体になって行ったものであった。『通産省』は、「硫安二法は、統制が撤廃された後の通産行政に一転機をつくった。これをきっかけに法律によって業界を統制するという方式が大きく復活し始めたからである」と述べている。

はたしてこれからどうなったか。一九五四年のデフレの中で、まず石炭業界を救おうという声が起きる。ついでに機械業界も育成対策を考えなければ老朽化するばかりだから、「ここから石炭合理化法、繊維工業設備調整法、機械工業振興法という三つの法律が三十年から三十一年にかけて制定された」というコンテクストが成立することになる。その読みのむかう所、「いずれも通産省の、これら業界に対する発言権を確立し、産業の統制に一歩前進したものである。そこでは業界の〝合理化〟とか〝長期的な安定〟、〝育成〟といったスローガンが錦の御旗となっている」と強調されるのである。経済が正常化してきているにもかかわらず、なお手をかえ品をかえ、色々なツールを考えて、通産省は戦前型統制へ戻そうとしているというのが、ここでの議論の筋と言わなければならない。

さらに、ここから新しい産業育成の法案を考えているという予測を述べて、それを事業法と称する。すなわち、機振法ができた、石炭鉱業については統制法ができた、繊維工業についても同じくできた。そこで統制法規と同じツールで、今度は事業法をつくり、戦前型の事業統制に戻るのだということが、ここでは強烈にイメージされている。その結果、この時点ではまだ明確にしてはいないが、通産官僚がこの先考えているのは、産業合理化法とか産業組織化法というものであり、それはまさに戦前の重要産業統制法を思い出させる法規である、というコンテクストが当然のように浮かび上がってくるのである。

しかもこれがかなり本気で考えられた所以は、鳩山内閣の政策の看板のひとつが中小企業対策であったということにある。この時期に、鮎川義介が乗り出して日本中小企業政治連盟を作り、さらに中小企業のトップが政治家と連携して中小企業組織法案を出そうとした。結局、中小企業をどういうかたちで政治的に捉えるかが、この時期の鳩山内閣の政治的課題であったことを考えれば、たしかにジャーナリズムの先述のような議論もあながち荒唐無稽とは言えない。

だがここで今一つ考慮に入れなければならないのは、より大きな図式的理解の問題である。実は、中小企業は内情が複雑で、中小企業という名前では到底ひとくくりにできないほど中はさまざまである。そこにどういう図式をあてはめるかというと、一方で内閣や通産省は大資本の味方である、と大くくりにする。これは今日でもよくある発想である。そこに、大資本ではなくて中小企業というカテゴリーが登場する。だが、中小企業問題というのはあまりに統一性がなく複雑なため、産業行政という枠の中では実は何もできないという本質的な制約を持っている。

あえて結論を先取りすると、機振法の実態は、実はその本質的な制約を踏み越えたのではないかというのが私の判断である。つまり、先のやや硬直化したジャーナリズムのイメージでは、重要産業統制法を想起させる逆コースというコンテクストになるが、どうやら機振法の実態は、何もできないという本質的な制約のところに、試行錯誤の果てに、新しいタイプの産業行政如何という意気込みをもって入っていったのではないかというのが私の解釈である。

これは非常な難問である。後に触れるが、通産省の側では、国会で社会党や共産党に、戦前型統制と決めつけられたり、あるいは戦後変わることなくやってきた社会政策的な中小企業政策からの逸脱であるというイデオロギーをぶつけられたり、なかなか難渋する。いくら攻められても、はっきりした形で自らの政策を定立できないということにもなる。最終的には、国会での議論の中でめずらしく一歩踏み込み、イデオロギーを持った新しい政策の様相を呈してくるのではあるが。

ところで、ジャーナリズムのこうした傾向は、経済学の反映でもあった。当時の経済学でも、大資本と中小企業というくくり方、すべて通産省の政策意図は統制の復活にあるという決めつけ方は容認されていた。しかも政治的には、それを髣髴とさせる状況があった。つまり吉田内閣は基本的に計画嫌いだったが、鳩山内閣では鳩山も重光も政策の中心に計画を考えており、現実に経済自立五カ年計画を策定するのである。しかも、保守合同後の自由民主党の幹事長は戦前型統制のイメージそのままの岸信介であった。この岸がただちに政権をとるかどうかはいざ知らず、少なくとも政権に近い距離にいるということ、しかも本人がかつての商工大臣だったということをあわせ考えるならば、やがては統制復活という逆コースのイメージにぴたりとあてはまるではないか。だからこの当時のジャーナリズムが戦前型統制のコンテクストで機振法を、そして通産省の産業行政を捉えたとしても、無理からぬことであった。一九五五年前後というのはすなわち、国民の側にも逆コースの恐れを受け止めるだけの状況があったということができるのである。

3　金型工業

ジャーナリズムがイメージした機振法を、次にもっとも具体的なレベルまでおりて見直してみよう。

現実に機振法の適用を受けた企業がどう見ていたのかという問題を、そこで議論したい。

機械工業振興臨時措置法が適用された企業のひとつに、（株）明輝製作所がある。この明輝製作所は、十数年前にフィールドワークを行った折でもそう大きな企業ではなかった。その後の変化は、本筋からはずれるのであえて追ってはいない。一九八七年現在で、本社は東京だが、工場は厚木など主として神奈川。資本金四九五〇万円で、営業種目はプラスティック成型用の金型の設計を行う企業である。したがって精密機械の中でももっとも機械化しにくく、職人本位で合理化のしにくい部分があり、ある意味では最後の最後まで職人が居残る世界である。そこで私達のヒアリングを整理しておこう。いずれも一九八七年の数値であることに注意されたい。

金型の工業界は、全体で約一万二〇〇〇社あり、そのうち九五％は、一社あたりの人間が二〇人以下である。二〇〇人を超える会社は数えるほどしかない。もっとも金型企業は日本以外のアメリカ、ドイツ、スイス、イタリアなど、世界的に見ても人数は少ないのが普通である。

この明輝製作所は、従業員が二五〇—二六〇人程度の規模である。しかもここは、金型の中でも、金属ではなくてプラスティック成型用の金型をやっているということで、出荷額は年間五〇億円であり、中堅規模と言えよう。

機振法は一九五六（昭和三一）年に成立したが、明輝製作所は直ちに機振法の適用を受けたわけではない。それから四年後の一九六〇（昭和三五）年、つまり第一次機振法が終わる段階で、明輝製作所は開銀からの融資を八〇〇〇万円受けている。一九六一（昭和三六）年からはさらに開銀からの融資を一五〇〇万円受け、同時にワシントンの輸出入銀行からの融資を四〇〇〇万円受けている。翌一九六二年には、今度は開銀からの融資の額の枠設定が変わったために、中小企業金融公庫の融資を一四〇〇万円受けている。結局、明輝製作所は第二次機振法の期間もずっと融資を受け続けることになる。

ところで、一般に通産省が行政指導をする業界では、まず最初に必ず工業会をつくる。戦前に統制会があった業界は、戦前の統制会がそのまま工業会になったケースが多い。最初に工業会ありきで、その工業会の事務所に通産省の人間が行って、事実上指導をしていくのが通産省の産業政策における行政指導のスタイルである。

ところが、金型工業界の面白さは、実は全国レベルの工業会がないところから始まる点にある。金型は二〇人、あるいは二、三人という工場が多いので、そもそも工業会などというシャレた組織がないのだ。したがって、工業会よりも先に機振法の業種指定が決まってしまう。いざ「金型」といった時に受け皿がなくて困ってしまった。そこで、日本金型工業会は機振法制定から一年後、一九五七年一一月に芝浦機械と黒田製鋼というこの業界では一番大きな二つの企業が中心になって作られたのである。

金型工業会に集まったのはかなり大きな企業であった。当時の業界紙によると、会員のクラスをAからEまでに分けている。資本金と従業員数によって、A会員は資本金五〇〇万円以上または従業員六一名以上、その会費が四〇〇〇円。明輝がこの当時該当するのがC会員であり、C会員は資本金五〇万円以上、従業員四〇人以下で会費が二〇〇〇円。いちばん小さいE会員は、従業員が一〇人以下で、資本金については書かれておらず、会費が五〇〇円という規模である。

この金型工業会の発会式で、芝浦機械の会長が挨拶をしているが、その挨拶の冒頭で、「私は金型

については あまり知識がない」と述べている。それから商工中金の理事が来て祝辞を述べているが、その理事も「私どもは金型工業についてまったくの素人でなんら知識の持ち合わせがない」と言っている。何とも驚くべき発言であるが、それから推しても、金型の規模がわかる。

もっとも、金型工業会が発足したとはいえ、すべてが入会はできず、もっと小さい工場がまだまだあった。その規模の小さい工場の利益はこの金型工業会では反映されないということで、同時に「関東プラスティックス金型工業組合」を作るということになった。これは明輝製作所が創立事務所になり、翌一九五八（昭和三三）年一月発会する。「関東プラスティックス金型工業組合」は、当時の業界紙に「プラスティックス金型工業組合設立について」という広告を出している。その一九五七年一二月一一日付の広告には、「最近政府においては金型を重要産業に指定し、種々の恩典を与えましたが、その政府の動きも大資本の実態をもとにしたものであり、私ども小企業の実態の把握はなされていないかに考えられます」とあり、だから組合を作るという話になる。非常に印象的なのは、その広告の最後に非常に大きな文字で、「同業者の方は至急御住所をお知らせください」と書いてあることである。つまり呼びかけでもしない限りは、実態把握がまったくできないということがわかる。逆にいえば、金型の組合の基礎母体をつくらなければ、行政も手のつけようがないという事態が戦後ずっと続いていた。

そこで発足した関東プラスティックス金型工業組合の設立趣意書には、「大部分は零細企業が多く、ほとんど手工業に依存し、技術の優秀を誇り、昔ながらの名人気質を捨てることができず」と述べられ、だから金型工業が非常に遅れていることが強調される。しかし「昨年、機械工業振興臨時措置法を制定、金型工業の指導育成に政府が力を注がれてきました」という事実を確認し、それ故に政府指導の下で関東プラスティックス金型工業組合は団結していよいよ頑張る、という話になるのである。

　ここでの議論のポイントは、機械の中でも小さな金型の、その中でもほんとうに小さい企業に融資をしたという点にある。我々のインタヴュー当時の明輝の会長が言っていたのは、とにかく機振法の融資対象になるために企業努力を惜しまず、そのために「金型屋から金型企業になること」を目標にしたことである。機振法は、ここでは明確に遅れている機械工業の、さらに遅れている金型の近代化の目標を非常にはっきりさせたというコンテクストで捉えられる。ちなみに機振法の融資対象企業は、資本金が二〇〇〇万円なければという噂が立って、資本金をこの時代に二〇〇〇万円まで引き上げる努力をした企業もあった。個々の企業がすべて努力をして、どうすれば通産省、その後の開発銀行の審査をパスして融資をしてもらえるかということに、全力を注ぐのである。

　結局明輝はどうしたのであろうか。まず、資本金を二〇〇〇万円に上げる。従業員もこの頃九〇名に拡大し、高卒や大卒の採用を始める。また、設計部門を独立させるということを考え始める。まさに企業として、機振法によって何をやるべきかが明確にされたと言えよう。

　それから先はどう展開したであろうか。先述したように、開銀からの融資は七〇〇万や八〇〇万のオーダーだが、この融資が決まることによってさらに三井銀行等の協調融資が同額以上ついてくる。つまり開銀が融資したということが保証になって、民間の市中銀行が融資してくれる。当然それに税金についての優遇措置がなされるので、雪だるま式に企業の会計状態がよくなってくる。だから機振法は、たしかに法の実体を持たず、ただ開銀融資だけの法律と評価されるのであるが、その開銀融資が当時は企業というにも足りないほどの最も小さな工場に活かされたということをはっきりと確認しておかなければならないだろう。

では機振法の審査の実態はどうであったか。これは書類審査がきわめて厳しかったと言われる。そもそも、そういう小さな工場では帳簿がしっかりしていない。したがって、トラック一台分ぐらい資料を持っていかないと許可されないという噂が飛んだりもしたらしい。通産省でも開銀でも、ヒアリングを四、五回やって、できたばかりの工業会、工業組合からの情報を入れて、個別企業に対応していくという形になっていたようである。あまりにも書類が煩雑なので、あきらめた企業も中にはあったらしい。だが、だからこそ逆に機振法に指定された企業はさまざまな面で名誉であると考えられた。そもそも帳簿がしっかりしていることが認定されて非常によかった、という初歩的なレベルのわけだから。通産省の政策が、このようなシンボリックな効果をきわめて小さな工場に与え、その近代化を、さながら明治の近代化のように進めたことになる。その証拠に、明輝製作所では、いまだに会社の概要に、機振法の融資を受けた事実を書いている。

「通産省の推薦により、日本開発銀行から機械工業振興法の融資を受ける」。これがいかに名誉なことであったか。会社の歴史として非常に誇るべきものとして書かれているのは印象的である。

さて開銀から融資を受けた企業は、その融資で工作機械、フライス盤、研磨機などを外国から輸入して、それで生産を開始することになる。よく中小企業には、横流しをしてしまうというスキャンダルが生じるが、彼等の場合はほとんどそういうケースはなかったと言われている。

ただ前にも触れた、機振法が古い中小企業政策なのか、それとも新しい産業政策なのかという問題は依然として残る。明輝のような専業メーカーだけではなくて、たとえば東芝機械のような非常に大きな兼業メーカーでも金型をやっていれば、審査さえ通ると融資を受けられた。それは専業メーカーからすると非常な脅威になる。通産省は、専業メーカーを育てると言いながら、結果的に業種別に審査を行った。だからその業種さえやっていれば大きな兼業メーカーでも融資を受けられるという事態に対して、中小企業はかなりの脅威を持ったようだ。しかし、中小企業に対する社会政策ではないという立場を通産省が貫く限りは、資格があるものには融資するという形になって当然であった。いずれにしても、金型工業のようにきわめて従業員の少ない近代化以前とも言うべき工場で、実際に融資を受けた企業は限られていた。また、全体からすれば数も少ない。しかし、それにやる気を起こさせ、日本の金型企業、ひいては日本の機械工業全体に対してある種前むきの良い意味でのインパクトを与えたことだけは間違いないのではないだろうか。

＊当時、通産省で機振法を担当していたある官僚は次のように回顧している。

「私が何よりもほめてもらわなければいかんのは、機振法の中で金型工業を対象業種に選んだことであります。当時金型工業はほとんど零細業種であったわけです。今でこそ、金型工業といえばなるほどこれは重要なものだと理解していただいておりますけれども、当時は金型工業というのは、通産省の中にもほとんど知っている人はありませんでした。重要性についても認識している人はほとんどありませんでした。その後十年経って金型の会議にたまたま出たら、そのうちの金型の経営者の一人が立ちまして、機振法で指定していただいてありがとうございました。私どもはあれから十年経ってやっと息子に譲れるという企業に成長しましたと礼を言われたときは、ほんとうに嬉しかったです」。(「機振法研究会速記録」一九八八年一〇月五日付)

4 機械工業界

金型工業界という政府サイドからすれば天眼鏡でのぞきこむような小さな業界のイメージは、ジャーナリズムのそれとはまったく対照的であった。それでは金型を含めた機械工業界全体は機振法をどういうイメージで見ていたのだろうか。当時、機械工業振興臨時措置法の立案過程で、産業合理化審議会機械部会が開かれているので、そこでの議論の検討を通して、実態を把握することにしたい。一九五五(昭和三〇)年に開かれた産業合理化審議会機械部会の議事録を中心に見ていこう。

実は、当初における通産省の機振法制定作業では、機振法の立法目的は、いわゆる開銀融資に止まるものではなかったのである。ありていに言えば機械工業の振興のために、通産省自ら事業団をつくって、その強力な指導の下に事業団を中心に運営していこうというのが彼等の基本的な考え方に他ならなかった。先述したように、一九五五年前後は、いったん一九五一(昭和二六)年で途絶えた戦後処理のための公団・公社が別の形で復活してくる時期にあたっている。すでに建設サイドでは、社会資本をどうプロジェクト化していくかという議論が始まっており、住宅・道路・河川が各々その運営主体をめぐって暗中模索の最中にあった。

そしてそれらはいずれも、やがてアメリカのポートオーソリティにヒントを得た新たなる公団構想として結実していく。一九五五年に住宅公団、愛知用水公団、翌五六年に道路公団、さらに農林サイドでは五五年に農地開発機械公団、翌五六年に森林開発公団と、昭和三〇年代前半に堰を切ったように公団が設立されるのだ。また、地域振興でいえば、一九五七年には東北、北海道のためのいわゆる地域開発立法や北海道東北公庫法など三法が成立する。今日問題化した特殊法人が、この時期に目白押しでできている。

ただ、注意すべきは、公団創設のコンテクストである。すなわち公団はいずれも臨時の組織であり、すべてそれは用が終われば消滅するとの認識を、官民ともに持っていたことである。それは公社公団の歴史的流れをながめてみるとすぐわかるはずだ。まず戦時中の公社公団にあたる営団、たとえば住宅営団などはすべて敗戦を契機に解体された。次いで戦後の経済統制を有効に継続していくために新しい公社公団ができるが、それも一九五一（昭和二六）年をもって役割を終えたとの認識の下に廃止された。つまり、過去一五年程度の公社公団の歴史をふり返って見れば、いずれも役割さえ終えれば自然消滅するというのが常識だったのである。今日のように、組織維持のためだけに膨大な人件費がかかるとは少しも思われていなかったという点に注意しておかなければならない。

したがって、話を元に戻すと、とにかく何にせよ運営の主体としての公社公団方式をよしとする風潮が、この時期に澎湃としてまきおこっていたのである。

当時の通産省もまた、こうした雰囲気の真只中にあった。そのことは、機振法制定直後に重工業局がまとめた「機械工業振興の方途」（一九五六年）と題する説明書に明らかである。これは副題の通り

「機械工業振興臨時措置法の解説および運用」についての解説書であるが、実は挫折した機械工業振興事業団という本来の構想の影が見え隠れし、現実には、いかに彼らがこれに賭けていたかがわかる。その要素は、はしがきにすでににじみ出ている。当時の重工業課長は、はしがきに次のように書いているからだ。

「機械工業振興臨時措置法は六月十五日に公布施行せられる。この法律は、昨年夏以来通商産業省が打ち出した「機械工業振興事業団の構想」を受け継いで、特に機械工業のうちでも劣弱な部門である基礎機械や部品部門を中心として、機械工業についての合理化施策を総合的に推進しようとするものであるが、法律内容は全文二十四条で比較的簡単なものである。しかしそれだけにまた法律の背景である機械工業の実態を充分把握し、検討し、今後の施策に運用の妙を得なければならないと考えられる」。

ここでは「運用の妙」という表現に注目したい。要するにこの言葉の裏には、本来の機械工業振興事業団という確たるハードの組織を作る構想が挫折した結果、今や法の規定というソフトの政策だけになってしまったから、実は大変なのだという意味がこめられている。ハードなきソフトのみでいかに機振法を運営していくかが、この当時の最大の課題となったのである。それ故、失われたハードの組織への未練もあり、この説明書の中では、一節を設けて事業団構想の得失について縷々述べることにもなった。

他方、審議会機械部会でも、当初はずっと機械工業振興事業団の構想を中心に議論が進められていた。では、事業団構想の議論はどのように展開されていたであろうか。端的に言って、議論の中心は設備近代化のために中小企業の優良工場をより伸ばすという優良工場ピックアップ論である。

では機械部会にはどのような人物が参加していたのか。部会長は日本機械工業連合会会長倉田主税（日立製作所社長）、委員に電気工業会会長高杉晋一（三菱電機社長）、日本開発銀行理事松田太郎、経済団体連合会副会長植村甲午郎、東京商工会議所副会頭大塚肇ら錚々たる顔ぶれと言ってよい。こうした経済界、工業界の重鎮たちが専ら関心をよせたのは、優勝劣敗論である。それと同時に、呼び水効果論である。ただ、彼等の頭を離れないのは、こうした場合に取り残される中小企業の問題である。つまり優勝劣敗を是認したあとに必ず出てくる、取り残された中小企業をどうするのか、言い換えれば、脱落者対策をどうするのかなのだ。たとえば一九五五（昭和三〇）年一二月一四日の第三回部会ではこのような意見が交わされている。

「**倉田** 設備の更新と技術の向上ということを出すだけで脱落はおそらく考えないでいいということになりませんか。

大塚 当然この問題は特に機械工業だけに限らないと思います。その矛盾（つまり脱落者）をどうするかということは、むしろ政治の問題じゃないかという気がするんです。

倉田 これを放っておいたらどうなりますか。

大塚 やはり脱落しますね。

倉田 だからそれは自然の姿だということなんだ。

大塚 さっき言われたように、犠牲よりも得るところのほうが大きい、それは確かだと思います。しかし片方にこういう問題があるのに、誰も発言しないで良いのかという問題になるわけです。」

要するに、これは優勝劣敗論（優良工場ピックアップ論）と脱落者対策論とをいかに両立させるかというコンテクストの現れに他ならない。ここで議論している大企業の幹部達は、たとえ中小企業が脱落したとしても、それは仕方のないことであり、元来資本主義の論理に従えば、何らの不思議はなく、そんな彼等までいちいち面倒を見る必要はないとホンネでは思っている。

けれども、そのような中で、もし中小企業でもリーディングヒッターがいれば、飴を与えて頑張らせようという発想だったのである。その上で脱落者を政治の問題にあずけるというのは、補助金などで救っていけばいいという話になるだろう。

実はこの第三回から、国民経済研究協会理事長稲葉修三が登場する。稲葉は、この程度の事業団では小さく、どうせやるならもっと積極的な構想でやらなければならぬとはなはだ景気のよい主張をしている。そうした上で、稲葉は次のように当局に問いかけるのである。

「僕はこの法律化されたものが国会へ出れば通ると思うんです。いいことばかり書いてあるんだから……。しかし国会に出る前に、大体のフェーバーを与えるということについて……こういう事業団をつくるということについての理由がここにあるということを主張するならいいけれども、それについて、充分、通過するという確信があってこの案を出されたんだと了解していいわけですか」。

ここでは明らかに大蔵省の了解がとれない可能性を示唆している。そうなれば縮小案で妥協するのではなく、次年度に、より大きな構想で新たに出せというのが稲葉の主旨であった。

では稲葉は、事業団方式による政府丸がかかえの構想――それはとりも直さず戦前・戦後を貫く統制主義イデオロギーを脱しきれないものになるわけであるが――を強く支持していたのかといえば、必ずしもそうではない。第四回部会（一二月一九日）において、次のように疑問を呈しているからだ。

「見方によりますと、現在四百六十万円の資本金で一年で一億六千万円とある。しかもそれを放っておくとだんだん機械が駄目になって老朽化してしまうわけですね。そこへその資本金の相当大きな四千万円くらいの金を貸すわけですが、貸してそれを十年間で償却させていく。その資本はあとへ残してやるということになれば、あまりにフェーバーを与えすぎることになると思うのですよ」。

そして、「現在駄目なところに新たな機械を貸して十年間の売り上げでやって行くというのは」「これは僕はちょっとおかしいと思うのですがね」と述べるのである。

実のところ、通産省当局もそれは認識していた。リスク負担を企業にかけないという点で、「非常にフェーバーではないかという問題は確かにあります」「たしかにフェーバーだといえばフェーバーだ」と、担当の重工業課長もあっさり認めているのだから。だが、機械工業事業団の構想による限り、優良工場ピックアップ論を前提にしても、この点を抜本的に解決するのは無理だったのである。

もっとも、ちょうど一二月下旬から二月中旬にかけて、事業団構想は、道路公団、森林開発公団ら、いくつもの公団構想と差し違える形で断念を余儀なくされることになる。その結果、最終的にこの年度はやはり、建設、農林両者が強味を発揮したためか、道路公団および森林開発公団のみが復活、実現することになったのである。

5　通産省

いよいよ主役の登場である。まさに機振法を推進した通産省当局がどういう立場にあり、どのようなイメージを持っていたかがここでの議論の中心となる。当時の資料や、機振法研究会における当時の担当者へのオーラルの速記録など手がかりは豊富にある。しかし、通産省当局の見方は無論一様ではなく、かなり複層的であると断っておかなければならない。

まず一般的に言って、当時の通産省が機械工業をどう見たかを検討せねばならない。あたりまえの話だが、通産省の中でも機械を担当している役人は当然機械工業のことばかり考えている。しかも、通産省の中も、当時は典型的な現局・現課主義で、今のように政策局があるわけではない。現局・現課の役人は、自分が担当しているものについてどうしたらいいかということを当然考えるから、一般的抽象的レベルでは、機械工業が日本の将来を担うという認識を持っていたに相違ない。

しかし機械工業はすでに述べたように全体像が非常に把握しにくい産業であるから、どの分野にどういう施策を持っていったらいいのかということが非常にイメージしにくい。しかも多くの機械工業は、戦前航空機産業や軍需産業に協力した結果、戦後はその工場がすべて崩壊してしまったと言われる。これをいかに民需に転じて、さらに生産力をあげていくかということが最大の課題であった。しかも、いくつかのリーディング企業があって、それらに話をつけさえすれば万事解決という状況ではないので、全体としてどこから手をつけるのかという問題が残らざるをえない。その点で、鉄鋼とはまさに対照的だ。傾斜生産方式でなぜ鉄鋼かというと、実は鉄鋼はやりやすかったからである。ところが、たとえ同じことでも機械でやる場合には、どこに重点的に配分していくかが当初段階では非常に見きわめにくかったと言わざるをえない。

では、一九五五年当時の機械工業の現状を当時の担当でない通産省の現課の人たちがどう見たかというと、まず間違いなく、政策として無論いずれはやらなければならないが、いま着手するのはややタイミングが早いのではないか、という感じであったと思われる。一〇人中九人は、いまやっても物にはならず、時期尚早という判断に落ち着いたことは間違いないだろう。いや、だからこそ事業団構想を担当の現局・現課は持ち出したのである。事業団システムは、基本的には機械を貸与する仕組みである。企業に機械を貸与し、償却してもらうわけだから、ここでは明らかに事業団の方がリスクを負うのである。貸与された企業の方は、先述したように、償却期間も長いから、まずリスクを負うことはない。最初の事業団という発想はまさにそこにあった。したがって官の側がほんとうに企業を信用していれば、融資という行為だけでよかったはずだ。しかし機械の貸与であれば、仮に企業がつぶれてもその機械を撤収できるではないか。おっかなびっくりと言うか、たたいても石橋をわたらないと言うか、かなり臆病な発想でやっていたことはまず間違いなかろう。

したがって当初事業団構想を進め、倉田を中心とする機械部会に応援してもらい、当時できたばかりの自民党商工部会でも賛成を得るところまでいった。だが建設・農林サイドのさまざまな公団構想とぶつかってしまった。そこでは建設・農林とのサバイバルゲームになって商工は後退を余儀なくされた。でもすぐさま彼らに通産が負けたという形にはできないので、政府は一般に公団・事業団の新設を原則として抑制するという方針を出すが、先述したように最終場面で、道路公団・森林開発公団がそれを突破してしまったのである。

機械工業をひとつにまとめるためにせっかく事業団構想を出したのに、敗退してしまっては困るわけである。そこで次のアイディアとしてハードとソフトを引き離す考え方が有力になる。すなわち、事業団方式を完全に換骨奪胎し、融資システムをソフト面から精緻化する。しかもターゲットは開銀に絞り込む。

当時の開銀の担当者たちの議論によれば、同じく開銀の中でも総務部と営業部では意見が違ったと言われている。一方で営業部は、持ち込み担保方式を当然危ないと思う。ありていに言えば、もともと担保がなくても、機械を買ったらその機械をそのまま担保にするというやり方では、ほとんど無担保と同じと言わざるをえない。機械を持って工場主が夜逃げでもしようものならどうにもならない。こうした営業の感覚で、反対にまわるわけである。他方で総務部は、これは引き受けた方がいいという判断であった。結局、総務部が営業部を押し切るという形で開銀融資は決定したらしい。その意味ではこれは一種の政策融資なのである。したがってこれは、初期の開銀の〝先見的政治性〟ともいうべき判断が効果をもたらしたケースに相違ない。

あとは法律らしくする作業だけが残った。しかし法律にするといっても、ハードの事業団構想がなくなってしまうとソフト面だけではなかなか法律事項を掲げにくいのである。そこで、独禁法の原則に穴を開けるということで、カルテルと独禁法例外事項を挙げることによって法律に仕立てていくということを考えた。それでもなおこれは当時の通産省の担当者が言っているように、通産省としてはやはり持ち込み融資には最終的には自信はもてなかったらしい。たとえそれが自動車や工作機械ぐらい大きな規模だったとしても、通産省としては確信をもてなかったようである。

ここでとりあえず議論を整理してみよう。まず政策当事者である通産省は、現状で何らかの手を打つのは時期尚早と考えている。とはいえ、このまま手をこまねいていると、来たるべき自由化に到底対抗できないという恐怖感があるのだ。そこで、いやいやながら、少しは手出しをせざるをえない。その場合には事業団方式で、リスクは政府が負うという形にしたらよいのではないか。しかも、審議会の議論でも、優勝劣敗論と、脱落者対策論との両立を考えている。そうであれば試行錯誤をくり返しながら結果としておずおずと参入といった形になったのであろう。

だから先に述べた金型が選ばれるのは実は大変なことであったと言えよう。機械工業特有の、何かひとつで代表されることのない細かい世界を網羅する中で、品目を一七も挙げたために、その一つに入ることになったわけだから。とにかく開銀は、無担保で融資をする。審査も非常に柔軟であったと言われている。普通であれば途方もなく書類を要求するが、たとえやや先行きの不安がある場合でも、全体計画を出させ、その計画でトータルに保証ができるという感覚を得たならば、そこで調整して融資を行うことにしたということらしい。

くり返しになるが、なぜ開銀だったのであろうか。当然のことながら中小企業金融公庫でやればよいという議論もずいぶんあったという。だがもし中小企業金融公庫で扱ったら、それこそほんとうにバランスシートだけを見て判断したろうし、しかも全体の融資額が少ない上に、平等に融資することになるのは火を見るよりも明らかであった。それに平等主義の精神でいけば、優良企業ピックアップ論は成り立たなくなってしまう。これに対して開銀は、平等主義をとらず、基本的に優等生をピックアップして、そこに弾力的に融資を行い頑張るチャンスを与える、ということだったのだから。

同時に、金型は工業会をつくり、工業組合も作った。そのことのメリットのひとつに、相互の工場見学が可能になったということがある。つまりこれまでの狭い職人の世界では、職人気質からくる気むずかしさ故に、お互いに職場を見せることはなかった。ところが工業化が進むと、いつまでも自分の企業を見せないというわけにはいかなくなる。リーディングヒッターが出てくれば、当然よその企業に対して、模範企業、モデル企業として自分の工場を見せざるをえない企業も出てくるからだ。そういった〝近代化〟がもたらす諸現象は機振法がなければ絶対に金型の世界には出てこなかったであろうことは想像に難くない。

では機振法に対する、通産省自身の評価をどう捉えたらよいのか。これまたなかなかの難問である。いまの時点で振り返ると、みな異口同音に一九五五年における機振法の制定を良かったと回顧する。当時の担当者の中には、絶好の時期をのがさずに絶妙の構想でやったと自分たちの先見性を誇る人も多い。しかしストレートにそうは言い切れないのではないか。そもそも事業団方式こそが彼等の本音であったのだから。実は彼等も非常に不安だった。しかし、政策のツールとして何もしないわけにはいかない。だからおそるおそる参入し、とにかくやってみる。しかも開業まもない開発銀行をまきこんで二人三脚で歩いていったというのが実状ではないのだろうか。通産官僚がこの時期に明快に将来イメージまでも見通してやったという官僚神話は、もはや通用しないであろう。それはある種の偶然に相違ない。

ところで、機振法を強力に推した政治家はいない。中小企業といっても、すでに述べた如く、機械工業はあまりにも見えにくい世界なので、政治家がここに利権を見出し、持ちつ持たれつでいくということはなかった。機械工業振興事業団構想にしても、官僚の方から説明にいって、できたばかりの自民党の商工部会に理解を得ようとしているという段階である。その意味では、機振法成立過程はあくまでも官僚主導型であって、決して政治主導型ではない。

ここで通産省のイメージをよりよく理解するために、今一つ「機械工業振興臨時措置法案についての想定問答集」（一九五六年三月）を考察しておきたい。

まずは、「本法の中小企業対策としての意義いかん」という質問に対する答えは、「この場合に本法の目指す方向は、独立した専門的な中堅企業の育成である」とある。実はここで初めて通産省が、大企業、中小企業のあいだに中堅企業という新たなカテゴリーを作り出してくる点が重要である。続いて、「もちろん大企業や需要者との関係に基く系列関係を全く無視して独立性を云々することはできないが、独立専門メーカーの育成とその量産化が大きな狙いとなっている」と言う。この答えは非常に面白い。何故か。現実には巨大な兼業メーカーも、業種によっては融資を受けられるのだが、基本的にこの法律の狙いは、部品部門や基礎部門に属する小さな専業メーカーの優等生をピックアップして、それを大きく育てようという発想であることが、ここで強調されているからである。

その続きには、「生産量の上から、伝統の技術の上から、また労働条件の上からも、大企業よりすぐれた特徴を持った中堅優秀企業をわが国機械工業の中で幅広く、奥深く培うことが真に日本機械工業の基盤の強化に資するのである」とあり、中堅優秀企業育成を高らかに宣言している。

次に「本法による振興措置の対象から外れた企業が脱落し、問題ではないか」という当然予想される質問に対して、次のように答えている。

「本法の合理化計画においては、当該業種の全体について生産分野の画定、投資の重点化によって企業体制ないしは業種全体の合理的体制を確立していきたいと考えているところに特色があるが、同計画においては、特に特定の企業を規制するという措置は全く考えておらず、整理淘汰という考え方も持っていない。個別企業としては、それぞれの企業努力によって、何時でもその業種に係る合理化計画のなかの積極的役割を果たすべき企業になりうる可能性をもっているのである」。

つまりここでは、カルテルを結んで弱小企業がつぶれたらそれを大企業が買収し吸収する恐れはないか、という危惧に対して、そういうことはなく、業界全体のレベルを向上させていくことにポイントを置いていることを強調している。

第三に「合理化計画は統制経済の色彩が強くなりはしないか」と、これまたまっとうな質問である。答えは次の通り。

「合理化計画は、国民経済的な立場からみた機械工業の在り方に照らして、その業種ごとに達成すべき目標と、達成のための措置を示すものである。従って、個別企業の統制を行なうためのものではなく、本法の基本的性格から見て明らかなとおり、企業を統制する規定はひとつも存在しない」。

ここまではよい。その次が傑作である。「本法は、一定の計画性とそれに基く指導行政が民主的に行なわれるためのルートをつけたものに過ぎないのである」。「民主的に」と言う枕詞の重さをかみしめたい。しかも「指導行政が民主的に行なわれる」と言うのだ。計画と指導行政と民主主義とが密接不可分に関係する説明になっているのが何とも面白い。これこそがおそらくはこの時期に特有の言いまわしだろう。

第四に、「本法およびこれに伴う日本開発銀行の特別融資により、「機械工業振興事業団」の目的は達成できるか」を問う。直球勝負をねらった質問だ。つまりハードの事業団がなくなり、ソフトのこの法律だけで充分な開銀融資が可能なのかをきいている。

「通産省としては、この「機械工業振興事業団」の構想の実現を強く希望したが、諸般の事情により残念ながらその設立は不可能となり、之に代る物として関係方面と折衝の結果、日本開発銀行の特別融資により、金利、期間、担保等大巾な貸出条件の緩和をはかって機械工業の設備近代化を行なうこととなった。日本開発銀行による融資は、条件が大幅に緩和されたとはいえ、融資の性質上、設備近代化は、金融ベースによる判断に制約されるとともに、あくまでも企業者の全責任において行なうということとなる」。

ここでいう企業者がリスクを負ういわゆる本人責任の議論は、機械工業振興事業団の政府責任の議論に比べて、決してプラスの評価になってはいないことに注意したい。せいぜいニュートラルというところであろうか。

「したがって、機械貸与の形式をとることにより、これらの困難を克服して、積極的かつ画期的な設備近代化を図ろうとした事業団に比して、その設備近代化の程度、テンポにおいて劣ることも、また一面において否定できない事実である」。

これまでの分析を通じて、たとえ想定問答集とはいえ、やはり通産省がホンネでは撤回させられた事業団構想にノスタルジアを感じている様子がよくわかるのではないか。

6 法制局

今度は法制局のイメージを探ろう。法制局には、当時吉国一郎が通産省出身の参事官として法案の審議にあたっていた。後に法制局長官になる吉国は、通産省の中でも記録やメモを保管していることで有名である。時にそれは「吉国文庫」と称されている。ここでは吉国のヒアリングメモと、書類を中心に議論を組み立てることにしたい。

特に当初の事業団構想が急遽撤回を余儀なくされて、その法律内容を変えたときに、ずいぶん吉国が知恵を貸したことは事実のようである。

吉国ははっきりと、「機械工業振興臨時措置法なんていうものは法律らしくない法律ですけれども、ちゃんと通ったようなことでございます」と言っているのだから、これはやはり法律らしい法律にするのが大変だという事実を、実によく裏書きする発言である。そして彼はこういう言い方をしている。

「この機械工業振興臨時措置法というのは、昭和三十一年の二月頃に初めに草案みたいなものを持ってきたわけです。初めは現在の公団、事業団にあたるようなものを作って、まあ、全額政府出資の事業団をつくって、その事業団で機械工業の振興のためのいろいろな機械をリースしようという案があったわけです。事業団法じゃなかったかと思いますが、法律によって事業団を設立して、というようなことを初めは考えていたようですけれども、それはおそらくアドバルーンとしてやったんだろうと思いますが、当然のことながら、大蔵省でそんなものはとても国の出資なんてできないということでつぶれまして、今度は新しく機械工業振興法案というもので、出てまいったわけです」。

たとえアドバルーンであったとしても、やはり当時の通産省には魅力たっぷりのものであった。なぜなら、事業団という運営の主体があれば、政府の意図を反映した政策の実現が可能になり、その分ずっと効果があがるという評価をしていたからである。今日諸悪の根源のように言われる特殊法人に対して、少なくとも当時は、このような積極的評価があったことを忘れてはなるまい。

法律らしい法律ではないにもかかわらず、なぜ法律にしたのであろうか。あくまでも結果論にすぎないが、法制局からみるとそれはおそらく計画に従って産業政策を進めるというスタイルが流行になる際の原型に他ならない。その後の、たとえば住宅基本法や農業基本法や道路整備緊急措置法などはすべてこのスタイルを真似しているのだから。機振法こそは基本計画を前提に、年次計画をつくって進めていくやり方の嚆矢というわけだ。

さらにもう一つの理由が考えられる。およそ法律で書く必要のないことを法律で書いてはいけないというのが立法の大原則であり、これにはずれるものはすべて閣議決定で行えばいいのである。ただ、法律化することによって、政策が非常に権威付けられるという効果は確かにある。だから単なる閣議決定ではなく、立法化したいということになろう。しかも予算をともなう場合、法律ができていると、立法化故にいわば自動的に予算が通りやすくなるという面があるのだ。したがって、ある特定の政策を権威付けるための立法化という意味でも機振法は原型と言えるのである。

ところで、吉国メモにはきわめて興味深い書き込みがあるので、一つ二つ紹介しておこう。たとえば、重工業局が事業団をあきらめて、一九五六（昭和三一）年二月一四日に「機械工業の振興に関する臨時措置に関する法律案要綱」を作成したときのことだ。そのメモには、「設備更新についでは（大部分が中機械なので）金融方策では足りず現物がなければならんというので、事業団の構想を考えたが、結局特殊法人は認められず、開銀融資を五年間で八十五億、本年十五億、いい条件でみることになった」と書き込んでいる。

また、この法案の目的のところの書き込みも面白い。第一条で、「この法律は計画的に機械工業の生産設備の近代化その他の機械工業の合理化のための措置を講ずることにより」云々、という原案を書き換えている。そこでは、「計画的に機械工業の生産設備の近代化その他の」というところを消し、「近代化の語は適当でない」と書き入れている。そして、「機械工業の合理化のための措置を計画的に実施する」という表現にかえる。端的に言えば計画経済に見えないようにするのである。そうしたことを法律化していくときの、法制局のプロとしての言葉の使い方はやはり注目に値するだろう。

ともあれ、二重の意味で法律らしくない法律の原型となったのが法制局における機振法イメージであった。

7　社会党・共産党

最後に国会審議を通じて主として社会党、共産党のイメージを捉えてみよう。一九五六（昭和三一）年の衆参の商工委員会の会議録を精査すると、主に発言するのは社会党の議員であり、参議院では共産党の議員もよく発言していることがわかる。もちろんこの法案を通すことはわかっているけれども、審議の過程で政府を相手にいろいろとイデオロギー的な駆け引きをするわけである。そこで彼等の議論に映じたイメージをほりおこす作業が面白いことになる。

最初に整理しておくと、社会党の議員は基本的に機振法をこれまでの延長線上に位置づけられる中小企業政策として理解する。だからこれを社会政策のイメージで捉えるのだ。したがって、どんな弱小企業といえども、一つたりともつぶしてはならぬと断言することになる。かつてあまりにも有名な「中小企業の一つや二つ」との発言で、ついに通産大臣辞職に追い込まれた池田勇人の例をひくまでもなく、たとえ一つでも企業をつぶすことは政府の責任問題に発展するという強固な考え方なのである。要するに全部を救済しなくてはいけないという発想がその根底に流れていると言えよう。

だからそこでの問題は、脱落者対策をどうするかにかかっている。政府は中堅企業ピックアップ論でいくというが、たとえ全体をレベルアップしても、小企業で脱落したものをそのまま放置するのかと迫るわけである。それから事業団構想より縮小されて、これでほんとうに効果の上がる政策になるのかという質問がよくなされている。

社会党の阿具根登という参議院議員は、ほぼ統制主義的イデオロギーにそまっており、およそ自助努力ということをまったく考えないまま、すべてを二重構造論で片付けようとする。だから、機振法では大企業が優先になり、弱小企業をこの法律ではなく、他の法律で面倒を見るということになれば、むしろその間にある中企業がつぶれる恐れがあるという、今日の目からすると議論のための議論としか思えぬ発言をくり返すのである。もっとも本人はいたって大真面目なのだ。結局、社会党の海野三朗という参議院議員は最後に言うことがなくなって、「やむを得ない法律として賛成する」と結ぶのであるが、まことに痛々しい印象を受ける。

ただ、答える政府の側も、今ひとつ元気がない。それはなぜか。やはり事業団構想が棚上げされたからであろう。ほんとうに事業団というハードを失って大丈夫かとせめられると、答弁としてはどうしても苦しいところがでてきてしまう。たとえば零細企業をどうするかという質問に対して、政府委員である重工業局長鈴木義雄は、「この法案で狙っております近代化は、やはりある程度、従来の規模に比してそうとう大幅の規模を投資する、そういうような観点に立ってできておるわけでございます」と曖昧な言い方で逃げざるをえない。

では次に具体的な質疑応答を検討してみよう。まず先述の阿具根登から始めよう。

「今でさえも圧迫されておるこの下の工業、これはいよいよその伸びによって圧迫を受けて、おそらく私は操業できないようになるところがたくさんできてくるであろうと思う。それに対する対策がなくて、一方だけを助けていくということは非常に不合理ではないか。こういうことなんです」。

それに対して政府委員である重工業局長鈴木義雄は、「新しいところに伸びを見ておるわけであります」「全体としては伸びていく、そういうような感じであります」と受けて、こう答えている。

「この法案で対象としておりますものは、前々から申しあげております通り、中堅企業でございます。これらが、もしこういう方策ができませんと、結局なんと申しますか、国内でできない場合には輸入しなければならない、あるいは場合によっては大きな大企業が自分で自家用に部品部門を担当する、こういうような傾向になるわけであります。こういうふうなものを阻止して、むしろ中堅的な工場を適正な規模によって専門的に大いに育成しよう、こういう趣旨でありまして、むしろこの考え方は、大企業に対して中小企業の中堅を中心として全部をレベルアップしていく、こういうふうな感じのものであります」。

だが阿具根登は中堅企業レベルアップ論にまた反論を試みる。

「中企業の五千万以上も持っているようなところは自分でもやっていけるところなんです。それだけ国が補助して、これを引き立ててやって行こうというならば、やって行けないその下のところを上まで引き上げるならば私はわかる。ところが自分でもやって行けるところをさらに国が援助してやって、大企業に匹敵するような大企業にして、大企業と小企業をなにして、中企業がなくなっていく、こういうようなことになるおそれがある」。

その上で、「その下のやつは政府がこういう法律で守ってあげましょう、というのならわかる」と迫るのである。

鈴木義雄は答えて、「機械工業全体が伸びていけばやはりそれに相応して背伸びを見るわけでございます」とくり返す。かくて議場ではこのようなのれんに腕押し的な議論の応酬が続くことになる。

弱小企業救済という社会政策的観点からの質問は、これまた何度も登場する。海野三朗という議員はこう述べる。

「優勝劣敗、これが行なわれて行くのは資本主義経済における成り行きとしてはやむを得ないことでありましょうけれども、あくまでもこの公正な競争を通してのみ行なわれるべきで、政策的に国家権力の介入によってそれが助長されていくようでは面白くない結果になる、とこう思うのです」。

似たような質疑が続いたあと、ついに業を煮やしたのか、鈴木義雄は、次のように答弁している。

「逆に問題を申し上げますと、もしこの法案を通さなかったらどういうことになるかと申しますと、結局その場合にはむしろ日本の機械工業としては伸びないで新しい輸出市場に開拓にも成功せず、コストの安い、いいものができないという結果になり、新しいマーケットも開けず、現在の範囲内において中小企業はそのまま乱立して非常なみじめな姿になる、こういうことではないかと考えるわけでございます」。

開き直りに近いが、すれ違いの議論を収拾するためには、この程度の答弁を必要としたのであった。

そこで今度は衆議院の検討に移ろう。ここでは田中武夫という議員の発言がめだっている。彼は最初に次のように問いかける。

「最初の事業団の考え方とこの法案とでは根本的に非常な差異がある。この場合は金を貸してやり、経営者の責任において更新していくということになるので、政府が機械を買い取っておいて貸してやろうという行き方とは相当考え方が変わると思うのです」。

これは政府側においても、明確な答弁ができにくいという点で、鋭いところを突いた質問である。田中はさらに、機振法ならば「あくまでも企業者といいますか、経営者の責任において更新していく」という格好になるが、「最初の事業団の考え方でいくならば、そういう責任というか危険は政府が負って、機械を貸していくということになるので、その根本的な考え方が違ってきておる」と追いうちをかけている。

これに対する政務次官レベルの政府委員の答弁はまことに具合が悪かった。「ところが事業団をむやみにつくるのはどうであろうかという意見も出まして」とか、「しかし政府部内のいろいろの関係等もございまして」とか、いかにも事業団に未練たっぷりの答弁をくり返したため、政府側に確固たる意思がないことが明らかになってしまったからである。そうであれば当然、「そんなことで大丈夫か」という空気になり、この状況が延々と続いてしまう。

そこに通産大臣石橋湛山が登場する。石橋に対しても田中武夫という社会党議員は、「最初の構想からは相当変わってきたために、目的が果たして達せられるかどうかということをわれわれは心配しておるわけです」と問いかける。

それに対して石橋は、かなり明確に、これまでの政府委員よりは一歩踏み込んで、こう答えている。

「ただ、この事業団の場合は、実は大蔵省だけではないのでありまして、部内においても、ああいうふうに手を拡げて果して考え通りに振り回しができるかということにもかなり問題があって、この機械の法案を作るまでには部内においてずいぶん長い時間をかけて練りましたし、また案も幾度も変わったのであります。必ずしも大蔵省だけの関係でこういうふうに変わったわけではありません。

むしろ私としては、この案でスタートして、今の部品その他で、割合に小ぢんまりとはっきりした目標をつけてやっていくということの方が、機械産業全体の将来のためにはいいんじゃないか。やってみました結果、なお大規模にやるべき必要があれば、そのときにこれを考慮したい、かように考えております」。

実は石橋のこの答弁で、議論の収束の方向が見えてくる。最終的に通産省が一丸となって事業団構想でいく状況にはなく、これに対する消極的意見もあったということで、単に大蔵省に押し切られたからというのではなく、ソフトでいく構想にもそれなりの意味があるということを、ここで石橋ははっきりとさせたのであった。言い換えれば、ハードの事業団が棚上げにされたから、ソフトの機振法にのりかえたのではなく、機振法それ自体に固有の立法的意味があることを石橋は通産官僚よりも明らかに一歩踏み込んで答弁したのである。

そこで最後に社会党の多賀谷真稔が登壇する。多賀谷真稔は、「結局この法案の適用を受ける者と適用から漏れる者との間には競争という状態は起こらないですか」と問う。すなわち、今日ならば競争歓迎が前提になるが、多賀谷は競争否定をよしとして質問を発しているのだ。だからこそ、続けて彼は、「私はこの以下のもの〔敗れたもの〕に対して、何らかの保護措置を講じておかなければならぬ」と断言する。そして業界によっては企業全部を保護する必要性を彼は訴えるのである。社会党議員として多賀谷はそれに固執せざるをえなかったのだろう。そして最終場面では、多賀谷と石橋の一騎打ちを迎えることになる。

「事業団構想がなくなったけれども、その精神は貫いておる、こうおっしゃっておるけれども、私たちは、事業団構想の最も大きな点は、投資のリスクを政府によってカバーしてやるという点にあったと思うのです」「今度の場合の資金の融資でありますと、その企業がリスクを負わなきゃならぬ、こういうことになるわけです。この点を一体どういうようにお考えであるのか」。政府がリスクを負うのか、それとも企業が負うのか、企業が負うのはあまりにも危険ではないかというのが多賀谷の主旨だ。

それに対する石橋の答えは次の通りである。

「事業団構想につきましては、省内においても非常に研究してなかなか議論があった。いろいろ議論の末、大蔵省当局の意見も聞きました末に、とにかく出発においては今回の法案のようなところから出発するのが最も妥当であろうということで、思い切って、今の事業団でもって全然リスクを負うという方式でなく、とにかく事業者に一応のリスクを負ってもらうという方式でいく方が、かえって健全じゃないか。とにかくこれで出発して、実行して、その上でなお検討しよう。こういうことで法案をつくったわけでございます」。

この答弁は明らかに通産官僚の防御領域を一歩超えている。リスクは企業者が負うのが健全である、と言い切ったのだから。すなわち、多賀谷に代表される統制主義・社会政策が濃厚な考え方に対し、これまで通産官僚も有効な反撃ができないでいた。そもそも通産省自体が、事業団と機振法との間でイデオロギー的にもゆれており、しかも機振法に新しい意味付与すらできなかったのであるから。まことにヒョウタンから駒のように、石橋は自由主義の意味をまさに新しい産業政策たる機振法にこめて、さらりと言ってのけたのである。これが契機となって、統制主義的発想から自由主義的発想への転換のシンボリックな政策として機振法は位置づけられることになった。言い換えれば、暗中模索の結果あくまでもイデオロギー的意味づけは、機振法成立の最終段階でなされたのである。

8　第二次機振法（一九六一年）と特振法（一九六二年）

以上で機振法のイメージの連鎖とその比較の検討を終わる。ただ補足的に述べておかねばならぬこととして、一九六一（昭和三六）年の機振法の延伸および機振法の別の形としての、有名な佐橋滋が推進した特振法がある。機振法は無事に五年間延長されるが、特振法は見事に廃案になったという経緯がある。そこで、これまでの議論との関連でそこのことに少し触れておきたい。

第二次機振法は、第一次が比較的うまくいったことの反射効果でできたと言えよう。すなわち、つぶれた企業もなければ、夜逃げした工場主もいないということで、継続することになったのである。第二次機振法は、第一次よりももっと内容を強化し、政府主導のスタイルをさらに強く訴えている面がある。しかもこの時の重工業局長が佐橋滋であったことから、佐橋の国会審議における答弁が非常に強い印象を与える点に特色がある。

それを検討すると、基本的には通産省は基本法を作りたかったことがわかる。この時期は基本法の時代と言われ、有名な農業基本法ができているのだから。衆議院の委員会で、佐橋自身は次のように述べている。

「私の方が初め基本法のことを考えておりましたのは、機械工業の今後の重要性に鑑みまして、機械関係の憲法と申しますか、基礎法みたいなものを作りたい、こういうふうに考えておったのでありますが」。しかも現時点での最大の問題は貿易自由化であることを彼ははっきり言う。

「所得倍増計画と同じように、貿易の自由化を私の方は重視いたしておるわけであります。貿易の自由化で最も影響を受けるのは、私たちは機械工業ではないかと思います。と申しますのは、機械工業が先進諸国に比べて、技術的にもあるいは製品の面におきましてもまだまだ著しい立ちおくれがありまして、自由化でおそらく日本に殺到してくるのは機械製品であろう」と。これは一種の脅しである。こうした認識を前提にして、なお、機械工業振興臨時措置法はサンプル法としていい法律だから、これを改正して続けたいということを縷々述べることになる。

参議院では共産党の議員の質問に対し、佐橋が全部切り返していく場面が印象的である。実は最終場面での、中田吉雄という社会党の議員の発言が注目に値する。

「もとの法案を見ましても、結局一二〇億円の政府関係の融資をしたというのがたったの骨子ですよ。それはいろいろな規制措置とかはありますがね。そうすれば、たったそれだけがてこになったかということになるかと私は思って質問したわけですけれども、これはもう、それなしだって伸びているかもしれない。その代わりは、むしろわずらわしかったかもしれない。それはもうそういう伸びを機械産業自体が持っておったかもしれない」。

つまり機振法の効果ありりで、機械工業は伸びた、伸びたと自画自賛するけれど、実は機振法がなくてもその程度はやれたのではないか、と言うのである。あたかも「王様は裸である」と指摘しているに等しいが、これはかなり重要な論点を含んでいる。おそらくは民間の融資が、開銀融資に付随して増えているという状態をどう見るか、によるであろう。しかしこれは証明がきわめて困難な課題である。機振法の実像と虚像をめぐる一種のアポリアかもしれない。

最後に、特振法の問題についてごく簡単に触れておく。端的に言って、この特振法の問題は思想的には揺り戻しではなかったかと思う。ではなぜ揺れ戻しだったと言えるのか。実は、「特定産業振興臨時措置法案」の原案を見ると、「特定産業振興臨時措置法」ではなくて、「産業秩序整備臨時措置法」となっている。「産業秩序」のところを消して、「産業体制」とする書き込みもある。括弧書きで、「別案としては、経済力集中促進臨時措置法」とも書かれているのである。「産業秩序」あるいは「産業体制」という言いまわし、それに「経済力集中促進法」とくれば、これは明らかに経済憲法である「過度経済力集中排除法」を念頭に置いて、その逆を言っているとわかる。もちろんこれは原案にすぎなかったわけだが、そもそもそういう表現があったという事実を重くみたい。「産業体制」や「産業秩序」という言葉は、むろん当時流行の言い方ではあるものの、やはり言葉のコンセプトから見ると非常に古い。したがって、1で述べた、まさにジャーナリズムが危惧していた重要産業統制法のような事業法的な統制主義の気分に、少なくともこの時点では戻ってしまったのではないだろうか。

それは、やはり通産官僚の政策思想の中にずっとないまぜになって存在する統制主義的志向と、それを少し緩めて、ある程度マーケットに任せようという自由主義的志向の議論がせめぎ合いをしていたことを意味するのではないか。

ふり返ってみれば、機振法の立案過程でも、そもそも事業団構想でいくのか否かがまずあり、それから事業団構想の棚上げのあと、事業団なしでもソフトだけでいけると思った人と、やはりハードの事業団がなければと思った人との微妙な相違があった。両者混在の故にこそ、時と場合と人とのからみ合いの中で、政策がある形をとって現れることになるのであろう。

そう考えてくると、はたして機振法はほんとうに新しい産業政策であったのかどうか、なかなか結論が出ない。しかし、少なくとも石橋湛山は明らかに一歩踏み出そうとしていた。石橋が機振法にこめた政策思想は、企業にリスク負担を負わせるのは当然で、それでこそ企業は伸びるのだという主旨であった。もっともこの石橋の先見の明を、当時の通産官僚がその時点でどこまで理解できたかはわからない。だからこそ揺れ戻しがあったのだろうから。

かくて機振法を万華鏡を覗き込むように見ていくと、その後につながるいろいろなイメージが次から次へと現れることがわかる。だからこそ本稿では、機振法の成立過程を細かく追うのではなく、これをひとつの時代のリトマス試験紙として見たときに、何が見えてくるかというテーマ設定を試みたのであった。

〔機振法関連論文一覧〕

橋本寿朗「機械・電子工業の育成」通商産業省編『通商産業政策史6』（通商産業調査会、一九九〇年）五四九〜一六一七頁。

橋本寿朗「機械工業振興臨時措置法に関する民間企業の評価」『グノーシス』二号（法政大学産業情報センター、一九九三年）四六〜五九頁。

橋本寿朗「高度経済成長期における日本政府・業界全体・企業――機械工業振興臨時措置法を事例として」『社会科学研究』四五巻四号（一九九四年）一二三五～五六頁。

松島茂「産業政策と産業合理化運動」『ビジネス・レビュー』四四巻一号（一九九六年八月）。

尾高煌之助「自動車部品工業の発展と停滞――日本と東南アジア諸国の経験をめぐって」『経済研究』三四巻四号（一九八三年一〇月）三三七～五九頁（三四五～三四七頁に叙述）。

尾高煌之助「成長の軌跡」安場保吉・猪木武徳編『高度成長』〈日本経済史8〉（岩波書店、一九八九年、一五九～一六〇、一七二頁で言及）。

尾高煌之助「機振法と自動車部品――高度成長期直前における産業政策の経済的効果について」『経済研究』四七巻四号（一九九六年一〇月）三四〇～一五六頁。

米倉誠一郎「政府と企業のダイナミックス――産業政策のソフトな面」一橋大学研究年報『商学研究』三三号（一九九三年）。

ただし、機振法研究会メンバーによるものに限る。

第6章

1990年

「栄典体系」をつくる——勲章の政治人類学

本章の執筆は1990年、昭和から平成に代替わりした時期であった。当時、昭和をふり返るさまざまな企画が論壇を賑わせたことを思い出す。『中央公論』に寄せたこの文章も「昭和と日本人」という特集のひとつであった。昭和にとって、日本人にとって勲章とはいかなる意味をもつものであったのか。末尾の補遺で述べるように、21世紀初頭には栄典制度が大きく見直され、私自身もそれに深くかかわることになった。したがって本章は、現在の勲章制度への改革を後押しした歴史的文献としてお読みいただけると幸いである。

なお、本章末尾（217頁～）には、『中央公論』で同時に掲載された、青木保、坂本孝治郎両氏との鼎談も再掲している。当時40～50代だった3人のエキサイティングな議論は今なお充分に説得的で意味をもつ。三者の相性の良さが存分に発揮されたせいではないかと、ひそかに思っているのだが、果たして如何。

（初出：本文、鼎談ともに『中央公論』1990年3月号）

1　延命を許された文化勲章

国家と個人との関係を直接的に規律するものの一つとして、栄典の体系がある。この栄典制度は、基本法もなく役所も総理府賞勲局があるだけで、明示的な体系としてはあまり知られていない。しかし春秋二回、新聞をにぎわす恒例行事として意外に人々の脳裏に残っているのではあるまいか。そこで小論では、国家と個人の出会いの場たるこの栄典体系を手がかりに昭和史を考えてみることにしよう。

明治国家は、天皇の栄誉大権のもとにじつに多様な栄典制度を持っていた。第一は養老令、大宝令以来の歴史と伝統をもち、律令制度における官人の序列を示す等級だった「位階」である。これは明治二年の位制をへて二〇年の叙位条例で正一位から従八位までの一六階とされ、大正一五年の位階令によって官職に相応する制度としての確立をみる。これに対して、明治八年勲等賞牌の制として西洋諸国をモデルとした「勲等」が定められる。最初の受章者が征台の役の功労者たる西郷従道であったことからわかるように、専ら武官に対して授与されたが、文官とのバランスを考慮して一六年に叙勲条例、さらに二一年には文武官叙勲内則が定められた。むろん「位階」も「勲等」も文武の官吏以外への授与は考慮外であった。明治二五年の文武官叙勲内則の改正で、ようやく民間人授与への道を開いたにすぎない。ともあれ、古来の伝統に拠った「位階」と西洋モデルを踏襲した「勲等」との和洋折衷的組合せに、日本近代化の道程が象徴されているとは言えまいか。

第三に、維新の功労者を対象とする栄誉体系として、明治一七年の「爵位」に基づく華族制度の創設があげられる。第四に武功抜群の軍人を対象とする「金鵄勲章」が明治二三年に定められる。周知の通り、功に応じて年金が付けられていた点に特徴がある。

さてこうしてできあがった様々の栄典には、「金鵄勲章」に限らず、いずれも特権や礼遇が与えられていた。これらの栄典に全体的な秩序を与えたのが、明治一七年に改められた「宮中席次」であり、これは大正四年の宮中席次令をへて一五年の皇室儀制令において制度として確定している。すなわち「宮中席次」は位階勲等と官職や爵位を組み合わせ、第一階から第一〇階まで厳然かつ緻密な序列となっていた。たとえば第一階はさらに一八に区分され、第一大勲位、第二首相、第一六公爵、第一七従一位の如くであった。

ところでこれらの栄典制度については、あたかも江戸時代に武士の株が金で売買されたのと同じように、明治以来、常に売勲売爵ということが巷でささやかれたのである。この売勲売爵を地でいって摘発をうけたのが、昭和三年昭和天皇の即位大礼を機とする叙勲に際しての天岡直嘉賞勲局総裁による収賄事件であった。

かくて昭和は、明治国家の多様な栄典体系がほぼ制度的に完成すると共に栄典をめぐる汚職事件が明るみにでることで始まったといえよう。続く二・二六事件以後の準戦時体制の中で、昭和一二年に新たな栄典として文化勲章が制定されたことは特筆に値する。これは確かに一面で、科学技術振興という当時の時代風潮を反映していた。しかし他面で芸術まで対象に入れた点において、国家統制強化という時代の趨勢にもかかわらず、文化創造の担い手としての個人の価値を認知するという明らかに反時代的要素を含んでいたからである。

したがって戦後、新憲法の公布を契機として金鵄勲章・爵位が廃止され位階勲等が停止されたにもかかわらず、文化勲章だけは延命を許されることになる。言い換えれば、占領体制の下で戦争責任追及と民主化促進のインパクトを明治国家の栄典体系は真正面からうけて、文化勲章を例外としてことごとく解体もしくは名存実亡の憂き目にあったのである。

2　二〇年間の空白

しかし新憲法は栄典制度の存在と必要性とを否定するどころか、はっきり認めていた。しかも議会答弁を通じて、吉田内閣は象徴天皇にもっともふさわしい行為として、国民にもありがたみを感じさせる栄典の授与をあげたのであった。さらにこの時点で吉田内閣は、戦前の多様な栄典体系にかわる一元化された新しい「勲章制度」制定の可能性を示唆している。そして現実に新憲法制定と並行する形で新しい栄典制度の検討が政府内部で開始される。以後池田内閣に至るまでの二〇年近く、歴代内閣は必ず新栄典法の制定を検討課題としたにもかかわらず、ついにそれに成功しなかった。いったいそれは何故であろうか。

端的に言って理由は二つに大別される。第一に戦争責任論や民主主義論など常に与野党間のイデオロギー上の争点と化したことである。しかもそれは時の内閣の政治姿勢（吉田内閣の逆コース、鳩山内閣の小選挙区制、岸内閣の警職法改正など）と密接な関係にあった。それゆえ場合によっては、与党内の一致さえ難しかった。第二に戦前派と戦後派との価値観の相剋を常にもたらしたことである。しかもそれは、いつの時期の何をもって功労とするのかという現実の利害と不可分の関係にあった。したがって内閣が新栄典法という形で栄誉についての新しい秩序を定める積極的姿勢を示した場合、与野党を通じて幅広い賛成をうるのは至難のことだったと言ってよい。

吉田内閣からバトンタッチされた片山・芦田内閣は新憲法の予定した付属立法の一つとして栄典法案を位置づけた。そこでは当時の世相を反映して、民主的栄典という立場から、等級制を廃止し、「平和勲章」という名称に一本化した上で、その中を五クラスにわけるものの、差異を明示することになる数字は用いないという、最も簡素化かつ平準化された提案がなされている。しかし何といってもこの中道政権は力量不足の上に、先を急ぐ課題をたくさんかかえ、とても栄典法どころではなかった。さらにこれをついだ吉田内閣は、占領後の講和独立を期して国の骨格を決めるという観点から、昭和二七年栄典法案を提案した。ただしここでは「菊花勲章」「旭日勲章」という普通勲章の他、文化勲章とならぶ特別勲章として「産業勲章」を新設した点に特色がみられる。「産業勲章」の構想自体は、敗戦直後から考慮されていたが、現実に戦後復興が進む中で、農業・商業・工業など各産業分野の復興努力に対する功労を意図して提案されたものであろう。またそれとのからみで言えば、吉田内閣は一般に占領中の功労への授与については否定的であった。むろんそれにはお手盛りを避けるという意味があるが、それ以上に戦前派と戦後派の双方を抱えこんだ独立後の吉田内閣の微妙な政治的立場を反映していたと言わねばなるまい。

やがて議会に招かれた参考人の大半は、吉田内閣の意図に反して、栄典法に反対か無関心であることが判明する。組合幹部など社会党系の参考人が、逆コースがらみで反対するのは当然としても、財界・経済界もせいぜい消極的賛成にすぎなかった。とりわけ産業勲章に対しては、普通勲章を今まで通り官公吏が独占することの代償かつダミーの可能性があるとして、意外にも評判が悪かったのである。また関西財界などは、今の時点では無用かつ不要不急であるとして栄典法自体に無関心のありさまであった。以上からわかるように、昭和二〇年代においては、一般に栄典への関心はうすく、逆に戦前への逆コースという文脈で捉えられ批判される結果を招くに至ったのである。

保守合同の後、鳩山内閣は昭和三一年、産業勲章のみをとり下げて、ほぼ吉田内閣と同様の栄典法案を提出する。しかし議会ではほとんど見るべき議論もなされぬまま、小選挙区制がらみで社会党の反対にあい流産のやむなきに至った。

そこで新たな観点から、栄典法にとりくんだのは、次の岸内閣である。岸内閣は、国連加盟により国際社会への復帰がかなった現在、戦後復興への功労者を対象とする栄典の必要性があるとの明快な立場をとった。ただし戦後復興に対する栄典を唱える首相その人が元戦犯であるという点に、一般的にはやはり割りきれなさが残ったことは言うまでもない。しかも岸内閣の昭和三四年の栄典法案は、ほぼ旧栄典制度の下の「勲章制度」をそのまま踏襲した内容になっていた。したがってこれに反対した社会党は自民党をまきこむ形で吉田—鳩山内閣案に近い共同提案を提出し岸原案に対抗したのであった。結局、自民・社会両党ともに内部に異論をかかえて意見の一致をみることなく、やがて安保問題の全面化により栄典法は棚上げせざるをえない破目に陥った。

3 国家のイニシエーションとして

生存者叙勲については、ついに社会党の賛成をえられぬまま、昭和三八年七月池田内閣は新規立法を断念し閣議決定によってその復活を決める。二一年の閣議決定によって停止したものであるから、閣議決定によって復活は可能という考え方は、三四年岸内閣当時にすでに芽生えていた。しかし栄典は国家の基本制度であるから、法律化すべしという原則論が強く、便法の採用には踏み切れなかった。

ではなぜ池田内閣は、こうした従来の議論から一挙に便法にのりかえたのであろうか。じつはこの点にこそ、池田内閣の政治手法が如実に現れていた。すなわち第一にこの措置は、憲法改正の棚上げと同じ文脈に置かれるべきものであった。新憲法のなしくずし的な容認をめざす姿勢は、外国人や死没者に限って続けられていた旧栄典制度の容認に道を開く。しかも第二に、社会党との決定的対立を避ける政治方針を貫くならば、国会をバイパスして閣議による行政的決定にもちこむのが最も無難な方法だったのである。

むろんこの決定に対して、社会党は態度を硬化させたのであるが、戦前への反動の恐れとか逆コースとかいうお決まりの社会党のスローガン的批判は、この時点ではもはやまったく一般受けしなかったと言ってよい。池田内閣自体も、長期間停止していたものを解除するにすぎないとの低姿勢の説明に終始し、ハイポリティックスの次元におけるイデオロギー的論争を避ける戦略をとったのである。

時あたかも一年後に戦後復興を象徴するイベントとしての東京オリンピックを控えていたため、それとのかねあいで戦後再建の功労者への叙勲を実現したいという実利的考慮が、池田内閣に強く働いていたのである。

その意味では、この池田内閣の決定は、まさに「寛容と忍耐」の政治戦略の所産であった。しかし他面で池田内閣は、イデオロギー論争を回避し行政のレベルに自ら下げて生存者叙勲を決定したことの代償を支払わねばならぬ破目に陥った。すなわち対象者を絞りこむ準備作業に意外に手まどった上、世論からはほぼ無視される結果を招いたからである。

結局昭和三九年四月、吉田茂元首相の大勲位を筆頭に、戦後二〇年間の日本社会の発展に寄与するでに引退した七〇歳以上の人々二〇一人に勲章が授与されたのであった。引き続き同年一一月の第二回叙勲では、現役をも対象に含めることとしたため、早くも叙勲者は五三四人と前回の二倍半にふくれあがったのである。ともあれ戦後日本の功労者への栄典の授与までに約二〇年を要したということは、明治国家建設の功労者に対する栄典として、明治政府が明治一七年に華族制度を制定したことと、まったくパラレルに捉えられる。つまり明治日本も戦後日本も、一つの国家としての成長過程において、創業の変動期から制度化の時期に入るためには、イニシエーションとして栄典の導入を必要とするし、またそうした国家的余裕が生ずるのにやはり二〇年はかかるということになろう。

4　佐藤内閣で定着

こうして池田内閣末期に始まった生存者叙勲制度は、当初における世論の冷たい態度にもかかわらず、やがて佐藤内閣の下で次第に栄典制度として定着していく。そもそも栄典制度運用の根本方針としては、少数厳選主義と多数均霑主義の二つの考え方が存在する。そして栄典の価値を高からしめるためには、当然前者でいくべきなのであるが、世論を意識した佐藤内閣は実に多彩なやり方を駆使することによって多数均霑主義を徹底させていった。第一に人目につかず報われることのない分野に焦点をあて、いわゆる「この道一筋」という人々に叙勲枠を拡大する。昭和四〇年春にはこうした分野の対象年齢を六〇歳に引き下げ四一年春には五五歳にまで引き下げた上に、この分野のために勲七等を新設している。さらに昭和四六年秋には勲五等および勲六等を四〇〇人増加してこの分野にあてたのである。このようないわば叙勲の下方拡大を通じて、一回の叙勲者の数は急速に増加し、佐藤内閣初期の昭和四一年春にはすでに二〇〇〇人を突破し、末期の四六年秋には三〇〇〇人台を記録するに至っている。

第二は高級勲章（勲三等以上）を中心とする経済界受章者の拡大である。がんらい官吏偏重との世論の批判をかわすために、勲一等瑞宝章を松永安左衛門元東邦電力社長らに授与したことからわかるように、高級勲章の民間人該当者として財界人・経済人は最有力候補であった。しかし勲二等および勲三等を中心に、目立って経済人受章者が増加し始めるのは、昭和四三年秋からである。しかも四四年春から、七五歳以上を対象に再叙勲制度が導入されると、加速度的に財界人・経済人の受章者は増えていく。

そこで第三に再叙勲制度について触れておかねばならない。再叙勲制度は、日本人の平均寿命の上昇に伴い、やがてきたるべき高齢化社会に適応すべく工夫されたものであった。しかし一回叙勲されてもさらに功労があった者にはもう一度叙勲されるというこの制度は、制定当事者の意図をはるかにこえて制度のひとり歩きを始めることになる。多くの人々にとって勲章は人生の卒業メダルとして理解され、したがって叙勲＝引退のイメージがこれまでは一般的であった。だからこそ現職の国会議員はその多くが引退ムードの流布を恐れ、現職中は辞退するという行動に出たのである。

ところが再叙勲制度は、叙勲＝引退というイメージをある面で払拭することになった。特に経済界の場合、もう一働きして再叙勲という大義名分を生み出し、叙勲が現役引退を遅くする効果を発揮し始めたのである。やがて昭和四〇年代から五〇年代にかけて、財界の老害現象が指摘されるようになったのは、このことと無縁ではない。こうして経済界受章者の増加と再叙勲制度の導入とが相俟って、先に述べた人目につかない分野への叙勲の下方拡大と同時に、叙勲の上方拡大がもたらされることになった。第四に叙勲対象の横への拡大が進んだことを指摘しうる。昭和四〇年秋から在外邦人・日系人が叙勲の対象となった。

第五に佐藤内閣の政治課題と合致する対象への叙勲の拡大をあげることができる。すなわち「沖縄返還」を最大の課題とした佐藤内閣において、返還がタイムスケジュール化した昭和四二年秋以来、実際に返還される四七年春まで、沖縄関係者への大量叙勲が意図的になされている。また再叙勲とのからみもあるが、万博の功労ということで昭和四五年春、足立正元日商会頭と石坂泰三元経団連会長に勲一等旭日大綬章が授与されているのも印象的である。

しかし第六に、このような各方面への叙勲の拡大現象は、逆に叙勲規律の強化を生み出すことにもなった。大学紛争の社会問題化を反映して昭和四五年春には、紛争指定大学の教授は叙勲対象から除外され、公害問題の深刻化を背景に四五年秋には、公害関連企業の関係者がやはり除外されたのは好例である。その後も一般的には、「世間をお騒がせした」企業の関係者は除外されることが恒例化していった。

以上に見てきたように、佐藤内閣の八年間で春秋二回の叙勲制度は国家による恒例行事としてほぼ日本社会に定着したといってよい。叙勲総数も昭和四七年春には四万人をこえ、叙勲辞退を内規化していた社会党の中からでさえ元議員の拒否は少なくなり、四五年春には現職の加藤シヅエ議員が初めて受章に踏み切っている。そしてこれを皮切りに、以後いわばなしくずし的に社会党議員の受章者は増えていくことになる。

5　叙勲インフレ

続く三角大福鈴の一〇年間は、叙勲制度が質量ともに拡大すると共に、制度としての精緻化が進んでいく時期にあたった。第一に人目につかない分野の功労者への叙勲が増加し続け、大平内閣の昭和五四年四月にはこれは一四〇〇人を数えるに至った。第二に女性の受章者も女性の社会進出を背景に増え始め、大平内閣の昭和五五年春には二〇〇人を初めて上まわった。第三に国際化を反映して鈴木内閣の昭和五六年秋には、年間八〇人をメドに別枠として外国人叙勲制度が設けられている。第四に現役国会議員の受章辞退はさらに徹底する。すなわち首相辞任直後の昭和四七年秋には大勲位を受章した佐藤元首相を例外として、首相経験者でも派閥の長をおりなくなった五〇年代の政治状況をストレートに反映して、三木・福田・鈴木の三元首相（それに中曽根元首相も）は、影響力誇示のため受章辞退をくり返した。

現役の政治家が受章辞退のポーズをとり続けることによって、なお現役たることを内外に再認識させる効果をもつのに対して、経済人・財界人は叙勲適齢期になると少しでも上位の勲章を受章し、さらに一ランク上の勲章をねらうことで、現役たることを誇示することが一般化する。受章か辞退か、その方向は逆でも引退の花道を遠ざけていることに変わりはない。この点で戦後日本の栄典制度は、戦前のそれとはまったく異なる効果を生んだ。すなわち栄典授与によって引退して悠々自適の道を歩むという、予想された高齢化現象をみごとに裏切り、文字通りその道一筋の精進をさらに続けるため現役に踏み止まることになったからである。

これは一面で、戦後日本における価値の一元化現象を明確に反映している。戦後の民主化によって多様性が失われ、逆に微細な差異化を含む価値の一元化が進んだ顕著な例は、教育体系にみられる。

教育体系と同様、栄典体系も、先に述べたように戦前は多様かつ複雑な組み合わせの上に成立していた。しかし戦後の栄典体系は叙勲制度に一本化されたため、教育体系の場合と同じく、がんらい同じレベルで比較不可能なものまで、ランクづけすることがかえって進んでいったのである。

ことに著しいのは、戦後復興から高度成長を支えた企業・会社間の序列化が、三角大福鈴時代に決定的になったことである。そもそも叙勲復活当初は、対象を絞っていたせいもあり、佐藤喜一郎や杉道助など一企業、一業界をこえた存在感のある財界人個人への授与という色彩が強かった。しかし佐藤内閣後半から田中内閣にかけて、叙勲インフレとも言うべき拡大が進むと、社長・会長個人というより企業それ自体への評価という観点が前面に出てくるようになった。そのためこれまでは暗黙のうちに存在した業界内部や業界相互のランキングが栄典体系の中に位置づけられることになり、白日の下にさらけ出されてしまった。

では、具体的にどのような差異化が見られるであろうか。まず当然のことながら鉄鋼を筆頭とする重厚長大の大型企業が叙勲の上位をしめ、スーパーやエレクトロニクスなど軽薄短小の新興企業の評価は低い。かつての功労者ということで花形産業であった造船、繊維、鉱業への評価はまだ高い。また同じ金融と言っても、銀行は証券をしのぎ、銀行の中でも勲一等は都銀六行が指定席とされている。さらに電力・ガスは公共事業故に評価が高く、建設は逆に低い……。このように各業界別に実に精緻な序列化・差異化が進められた結果、上位の勲章を受章することで企業のひいては業界の社会的認知が増すと考えられるようになった。それは他面で、戦後日本において企業・会社の成熟化・制度化が著しく進んだことの証明でもあった。その意味で、福田内閣の昭和五三年春、土光敏夫経団連会長と永野重雄日商会頭が横ならびで、いずれも現職財界人として勲一等旭日大綬章を受章したことは象徴的である。さらに昭和五三年に芦原義重関経連会長、五四年秋に井上五郎中経連会長が相次いで勲一等旭日大綬章を受章したのは、一方で東京一極集中による関西・中京地域の地盤沈下に対する危機感の表明であると共に、他方で逆に一元的価値の世界に横ならびで位置づけられたいとする均霑主義の現れであった。すでに述べたように、吉田内閣当時、一般に財界が勲章に消極的であり、とりわけ関西財界は無関心で、勲章を無用視したことをふり返るならば、まことに隔世の感があると言わねばならない。

6　国民栄誉賞の急増

よくも悪くも目鼻立ちのはっきりした政治を行った中曽根内閣の下で、栄典制度はさらにパフォーマンス的なものへと変貌をとげていく。まず第一に昭和天皇自身の長命に象徴される高齢化に合わせる形で、人目につきにくい分野の受章者を昭和五八年秋から連続四回にわたり一〇〇人ずつ増やしていった。そのため各回の受章者は四五〇〇人に達し、そのうち四割がこの分野の受章ということでほぼ固定した。また女性受章者も昭和六〇年春には三五〇人を上まわり、全体の八％が一つの目安となった。結局この面での叙勲の制度化は極限に達し、竹下内閣にもそのままひきつがれている。

第二に中曽根内閣は行政改革を最大の政治使命としていたため、行革関連に意図的に高い勲章を出した。昭和五九年春、瀬島龍三に、六一年春、亀井正夫に各々勲一等瑞宝章を授与したほか、同じく六一年春にはこれまで立法・司法・行政の三権の長経験者以外に出したことのない勲一等旭日桐花大綬章を九〇歳の土光敏夫に授与したのであった。行革以外でも、翌年春には九二歳の松下幸之助に同じく桐花大綬章を授与している。これらはいずれも、やはり九〇歳近い昭和天皇の長命祝賀に合わせるかのような措置だったと言ってよい。

第三に中曽根内閣は、福田内閣以後休眠状態にあった国民栄誉賞を折に触れて授与するようにしたほか、芸能人・文化人の叙勲ランキングを少しずつ上方拡大している。経済人のみならず芸能人の序列化・差異化が進行している点に、戦後日本の大衆文化の成熟化の一端をみることができるであろう。

しかもこうした中曽根内閣による演出効果の高い叙勲政策を可能にした要因として、社会的流動性が乏しくなり、基本的に豊かになった日本社会の現状をあげることができる。多様な価値観を追求するといいながら、現実には一元的価値における微細な序列化に熱中し、のぞき趣味と横ならび意識に嫉妬心が複合した精神構造が、今日の栄典制度―叙勲政策を基本的に支えていると思われる。しかし同時にこれまでの栄典制度がその中核部分における昭和天皇という稀有な存在の重みによって国民の支持を調達してきたことも事実である。言い換えれば、叙勲は昭和天皇と密接不可分の関係にあった。したがって、天皇の代替わりが叙勲にどのようなインパクトをあたえるのか。すべての制度は化石化の宿命を免れ難いという一般論からするならば、すでにあらゆる面で制度的完成に近づきつつある栄典体系に、抜本的改正が必要であるのか否か。そこには将来の日本の精神構造を考える上で、じつに興味深い問題が横たわっている。

【座談会】

×

青木保（一九三八年生。当時＝大阪大学教授）
坂本孝治郎（一九四八年生。学習院大学教授）

着用されない個人の印

坂本　平成もすでに二年目に入りましたが、〔報告〕〔本書二〇三頁からの第6章のこと。以下同〕を読んでまず感じたことは、天皇の代替わりによって、勲章のもつ意味、あるいは勲章をもらうことの意義づけが、今後どう変わっていくかということですね。一九九〇年代から二一世紀の初めに、授章対象者はいわゆる昭和一ケタ世代になる。現天皇と同世代が叙勲の対象になる時代が進行していくわけです。彼らは天皇に同世代として親しみを感じる一方で、国家自身が国際社会の中で地位上昇をしていったことも感じている。そういうことを振り返って、功労を自らに課すというような気持ちになれるのかどうか。あるいは軽さのほうを感じてしまうのかということもあるわけです。

もう一つ先に進んでやがて二〇一〇年代になってきますと、私も含めて団塊の世代が叙勲の対象になってきます（笑）。現在の明仁天皇が喜寿に達する時期ですね。この世代は、青春期にどういう政治的なソーシャリゼーション（社会化）を経たか。そのことの影響をどうとらえたらいいか。というようなことを考えていくと、叙勲を望む世代が政治文化として継続していくのかどうか、たいへん興味深い。いろんな感想はありますが、最初にそんなことを感じました。

青木　そのことは後でまた議論になるでしょうが、そのまえに僕は、いまの日本社会で勲章が個人の印としてどれだけ活用できるかという問題があると思うんです。それは二つの意味があって、まず一つは、勲章それ自体の物理的な重み、というか意味ですね。たとえば、文化勲章、勲一等旭日大綬章、何でもいいのですが、そういうものをいただいても、それをどういう場でつけて社会的に行動することができるかを考えてみると、現在ではあまり活用の場が与えられていないような感じがするんですね。せっかくもらっても、勲章そのものは家宝みたいにしてしまっておく。着用して外へ出たりパーティに出ることは、滅多にない。しかも高齢者受章ですから、場所も限られている。その点で、社会的に勲章そのものの物理的意味は、現在ではほとんど消滅している。フランスなどはレジョン・ドヌールをもらうと、着用して外に出かける人がいて、バスや地下鉄に乗ったりすると、尊敬してみな席を譲ってくれたり、一目置かれたりということがあるといいます。日本ではそういうことはない。勲章をつけて歩いたりしたら、物笑いの種になる。へんな老人って。（笑）

もう一つは、現代社会では個人の存在感が非常に希薄になってきているのは否めないことで、その中で個人の重みをつける機会が何かあるのかということですね。もちろんお金を儲けたり、社会的地位が上がったりということはあるのですが、勲章もそのための一つだということがあります。自己充足とか、一種の達成感といいますか、国家が栄誉をくださることによって自分自身のランクづけがなされるという意味がある。

ただ、勲章の物理的な意味と、個人の重みと両方合わせても、勲章があまり日本で社会的認知として高く評価されないのは、軍隊がないからだと思うんですね。

御厨　戦前の叙勲制度は文官と軍人の両方がありましたからね。

青木　やはり勲章が本当に内容的な意味をもつのは、国家のために戦って勲功を挙げたということが一番大きい。その点では、軍隊は勲章をもらうのに一番適した制度です。それがなくなったことで、勲章の社会的位置づけが希薄になったことは事実でしょう。勲章は軍服にこそふさわしいアクセサリーですよ。

坂本 なるほど、そういうことがあるでしょうね。

青木 ただ、今後どうなるのかといえば、勲章への評価は高まると僕は思う。どうしてかというと、現代社会では中流階層の差異化、とりわけ個人の威信の体系としての差異化がなかなかうまく達成できない。だいたい、裁判官とか大学教授、首相だってそうですが、そういうものの社会的地位の低下は著しいわけですよ（笑）。大学教授になるよりガソリンスタンドのオーナーになる方が実質的に意味をもつという時代にもなってきた。そこで、何か新しい威信の体系が欲しいというのが一つある。

それからもう一つは、たいていのモノは与えられているようだけれども、本当にすばらしいものは与えられていない。金はあってもヨーロッパのブルジョワやアメリカの大金持ちのようなステータスは望めない。となると、中流社会における人間の差異化をマークづけるものとして、なにか一点豪華主義みたいな形で勲章が今後意味をもってくる可能性が大いにある。

九〇年代というのは、社会のいろいろなレベルで一種の大虚礼主義の横行というか、大虚礼社会の到来がみえてるような感じがします。若者向けの雑誌にも、礼装をどうするかという特集が組まれていたりして、今や普通のおしゃれだけでなく、タキシードをどう着こなすかというファッションの傾向が打ち出されている。一種のエセ・フォーマリズムが日本社会全体を支配する時代になってきた。勲章をつけて出かけるチャンスも増えてくる。実際いま、無数にパーティが開かれている。大パーティ時代でもあるわけです。その時に、自分が何か他人と違う服装をして、差異を際立たせたいという欲望が非常に強くなってきている。

御厨 たしかにパーティばやりですね。これまでも勲章をもらって、それを着けて出る場がなかったわけではないけれども、着けて出るのは気恥ずかしいということがあったんでしょう。しかしそれが一度とっぱらわれると、あとはキンキラキンでいこうということになるかもしれない。

青木　何といっても戦後は民主主義と一種の合理主義で、虚礼を廃止するという流れがあった。しかし、冠婚葬祭から全てが今や大復活して、中流的にやれる範囲内でのだいたいのことは全部やっちゃった。あと何があるかというと、勲章とか、そういうレベルのことになってきている。

坂本　パーティを考えれば、正装して際立たせる場合と、仮装して際立たせるのとの二つがあって、正装して際立たせるほうの付属的なシンボルとして勲章は有効に機能する場合がある。だから、大衆的なパーティとかゴチャゴチャしたパーティではなくて、むしろエリートを参集させるようなパーティが、逆につくり出されていくような気がします。

青木　日本のパーティは大体がインフォーマルなパーティで、本当のフォーマルなパーティはなかなかないんです。数年前に赤坂のサントリーホールができた時にベルリン・フィルのコンサートがあって、このとき初めて礼装着用のこと、というので大きな話題となった。そんなことは欧米では当たり前で、あらためてそのことを謳うこと自体、底が浅い。ともあれ、一九八六年のあのあたりから、そういう気運が徐々に増えてきて、若者の間にもかなり浸透してきている。東京のホテルでは、夕方にはブラックタイの礼装した若者がけっこういるんですね。そういう時代になってくると、意外に勲章というのはもてはやされるのじゃないか。日本の社会は徐々にフォーマリティーに移行しつつあるのじゃないか。ほんとうのフォーマリティーかどうかは知らないけれども、そういう傾向はある。

御厨　エセ・フォーマリティーを際立たせるのに勲章は一番いいかもしれない。

青木　着飾った仮装舞踏会みたいな形のパーティもずいぶん増えている。それだけに、光と闇、あるいは昼と夜みたいに、日常生活の均質性に対比させるフォーマルなほうも欲しい感じが強く出てきました。

過渡期のバランス

坂本　以前、新聞で読んだことですが、自衛隊が、各国の武官の勲章と見劣りがするので新しい勲章をつくってほしいという要望を出したことがあるんですね。国によっては質量とも凄いものをつけてきますので、貧弱に感じられることもあるんでしょうが、では向こうのレベルに対してこちらがどうとり揃えるのかというと、なかなか難しい。

青木　各国の大使館にいる駐在武官たちのパーティなどがあると、日本が一番見劣りするのは事実なんですね。

ただ、勲章をたくさんつけて出てくる人たちは、おおむね第三世界の人ばかりですよ。一番多いのは中南米諸国の将軍ですね。これは、すごい勲章をいっぱい飾り立ててくる。しかし勲章をいっぱい飾り立てたイメージそのものが、第三世界の汚職とか腐敗とかの象徴になっている側面もある。そこがちょっと難しいところだと思うんです。見てみると、ソ連とか東欧諸国もすごい勲章があるわけでしょう。社会主義圏では国家栄誉をかなり重要視しますからね。

御厨　ですから、日本の戦後の栄典制度の制定過程のなかで、共産党は一貫して「自民党内閣における秩序づけに反対」ということで反対しますけど、しかし叙勲制度そのものを彼らは否定していない。国家が栄誉を授けるのは必要なことなんですね。

青木　社会主義政権では一番重要なことです。

坂本　勲章が豊饒であるというのは、ある意味で政治的な後進性を表示することかもしれませんね。同時に、見ようによっては政治的な道化性をおびてくるというところがある。だから、日本の場合も、他の国と対応する場合、キンキラじゃなくて、質素だけれども精巧にできているとか、そうした意匠を競う時代の中で着目されてくるといいんですがね。

青木　今のところわれわれ一般の人間には、どういう勲章が偉いのかといったって、実際分からないわけですね。たとえば青い色が入っているのは一番上とか、そういう分かりやすい表示をつくることはできるかもしれませんね。デザイナー・ブランドみたいな勲章が出てくるようなことは考えられるかもしれない。

御厨　まだ勲章は、頭の中で考えた体系としてしか入ってなくて、ビジブルなものとしては分からない。しかしいよいよ着用が始まるようなことになれば、みんなが細かいところまで目がいくようになる。そうなれば面白い。

青木　今の日本社会で叙勲された方が、実際に着けて臨まなくてはいけない会は、あるんでしょうか。

御厨　宮中晩餐会は着けないといけない。しかも、着けて序列をどうするかがまた大変で、一説では、昔の宮中席次みたいなものも念頭に置きながら座っていただくそうです。

坂本　宮中晩餐会じゃなくてローカルな宴会に場を移してみれば、仮に「着けて出席して下さい」となった場合、果たしてみんな着けてくるかどうか。勲章の下のほうの人たちは出にくい。

御厨　青木さんのおっしゃったことを裏返して言うと、いまは物理的には重みはないけれど個人がそれによって充足していることで、辛うじてバランスが保たれている。ところが目に見える形となった場合、たとえばクラス会をやるときに、「みんな着けて来い」となったら、ない人はそもそも行きたくないし、ある人でも「なんであいつが俺より上なんだ」ということになるわけですよ。今のところ、そういうことはないわけで、おそらく着けて出る唯一のチャンスは、自前でやるお祝いの会。

坂本　叙勲の発表があると記念品メーカーからお祝いの会の引出物用にいろいろなカタログが送られてくるようですね。地方などでは、勲五等とか勲六等とかの祝賀会を行うときは、ホテルでということが多いらしい。そうすると、「なんだ、それくらいのクラスの叙勲のお祝いをわざわざこういうところでやるのか」という、逆認識が起こっているような可能性があるんですね。（笑）

青木　まさにおっしゃる通りだと思うんです。現在はある種の過渡期で、戦前のはっきりした栄誉の制度がいったん破壊されたあと、徐々に昔の体系が復活してきている。国民栄誉賞のパーティなどにそれを着けてくるとか、結婚式などで親戚に叙勲者がいると着けてくるように頼むとか、そういうあまりいかめしいところではないところから徐々に、勲章に対するアレルギーがなくなってくる可能性がある。

坂本　結局、叙勲は、社会的に恒例化している行事だから、ビジュアル・ソーシャリゼーションが意外に進んでいる。

御厨　生存者叙勲を復活させた時は、大量に溜まっていた叙勲対象者を処理するというのが当初の目標で、その後、世代が変わっていけば欲しがらなくなるだろうという認識があった。復活時、どのぐらいまで溜まっていたかというと、六万人だったという。そのうち四万人ほどを五、六年で処理してしまった。さあ、その後どうなったかというと、その辺から急に欲しがる人が増えたわけです。そこで、次の世代になっても続くというのが大体明らかになってしまった。

青木　いろんなことを言っている人が、けっこう欲しがっていて、待ってたりするんです。どうも、そういう欲望と社会的な行動とがうまくつながらない。それから、一般的な社会の期待と評価が必ずしも一致しなかった。それが一致するような方向へ動いてきている。

坂本　叙勲は年間に一万人ですから、七十何年間生きているとして、人口比でいえば同年齢の〇・

七パーセントぐらいの人がもらう確率があるわけです。その中に入りたいか、入りたくないかということですね。

団塊の世代はどうするか

御厨　坂本さんの最初のコメントに返りますが、二〇一〇年あたり、団塊の世代が叙勲対象年齢になったとき、どう行動するでしょう。青木さんの言い方でいうと、世の中はどんどん大虚礼社会になっている。そのとき、青年期にあの紛争のイニシエーションをうけ、ポスト高度成長の時代には、それぞれ一所懸命、会社主義になって働いた連中が、最後のところで勲章に回帰するか、それとも否定するか。坂本さんはどう思われます。

坂本　勲章から自由であるというスタンスと、勲章には反対であるというスタンスと、中間に「欲しくないけれど、しかし欲しい」（笑）というアンビバレントな人とあるでしょうが、二〇年でどう変わるかわかりませんけれども、「反対である」というウエイトが相対的に強いのが団塊の世代かもしれませんね。ビジュアル・ソーシャリゼーションより以前の記憶がまだ残っている。

青木　時代的には、その辺が分かれ目でしょうね。その後になると、どうもみんなもらいたがるんじゃないのか（笑）。褒められたりするのがすごく好きでしょう。何とか他人と差をつけたいとかいうのが非常に好きな世代が多くなってきてますね。そうすると勲章もタイプがかなり変わってきませんか。

御厨　叙勲は七〇歳以上からですが、対象年齢をもっと下げようという話が出てくるかどうか。つまり大虚礼社会になって、パーティも増えれば、七〇歳からでは着けて出るには遅すぎるから五五歳ぐらいまで下げろという動きが出てきますかね。現在、七〇歳でもらって七五歳でもう一度もらうという再叙勲制度がすでにある以上は、最初のところをもっと下げることにしたっていいわけで。

坂本　大学の偉い先生が早くもらって、講義の時に着けて出るとか。

青木　卒業式とか、企業の人であれば定年前とかね（笑）。ただ、私がうかがいたかったのは、そういうことよりむしろ、今の叙勲体系が、果たしてこれから変わっていくかどうかということなんです。御厨さんが書いていらっしゃるけれども、時代が重厚長大から軽薄短小になってきた。あるいはソフト化なんていう言葉でいわれる社会になってきている。そういうところでは体系の歪みとか、その辺はどうですか。

御厨　制度化が進んでくると、それ自身リジッドに固まるところがありますからね。それを打ち破る力は、どの辺から出てくるだろうかということですね。

坂本　時の政権がどういう内閣を構成するかということがある。勲一等は天皇から直接、文化勲章は天皇の前で首相からもらうわけですが、それ以外は誰がくれるかというと国ですからね。国自身に対する信頼、あるいは時の内閣や総理大臣に信頼がないと、もらってもあまりうれしくないということはどうしてもある。もらうときですらそうですから、制度をいじる場合はなおさらでしょう。

御厨　しかも、安定政権じゃないと難しい。従来の経緯をみても、必ず長い政権の下でその制度がつくられて安定してきたわけだから。

青木　政治学の先生にお聞きしたいけれども、目下、日本の政治は保革逆転みたいなことが起こりかけているでしょう。今後、自民党政権が安定して続いていく保証は必ずしもないわけですね。一種の連合政権になるかもしれないし、野党にまわるかもしれない。仮に社会党とか共産党の政権ができた場合は、栄典制度を別の体系で強めるだろう。これは社会主義国の例からいってもそう考えられる。けれども、これまた仮に自民党が引き続き政権を担当していった場合、勲章をどういう風に考えていくだろうか。今後の世界は、国際化とか国際社会とかいうレベルのことが非常に多くなって、国家自体がかなり希薄になっていくだろう。

しかも日本社会でも外国人労働者が増えてくるのは当然の成行きで、いわばいろんなタイプの人間が住むようになってくる。それによって日本社会もいっそう国際化するし、国際社会の中での日本ということも強調されていく。その中で叙勲体系はどういうふうになるのか。

御厨　今は外国人叙勲というのがあって、これは六〇歳以上からなわけですが、きわめて日本的な序列のつけ方をしている。たとえば日米関係に功績のあった人にあげる場合でも、その人がヒラの先生であるか、大学の学長までいったかということで、うんと差がついたりする。何か外国人に対してラベル貼りをしている感じですね。貼られているほうは、今のところは、くれるならもらおうというような感じですが、もっと国際化が進んできたときに、なにか日本人にいちいちかなりの差異化を伴うラベル貼りをされて、どういう感じになるのか。

青木　フランスは文化勲章的なものを外国に沢山出して栄誉を与えていますね。レジョン・ドヌールをもらった人は日本でもかなりの数になるでしょう。他の賞もいっぱいある。それに対して日本は一番与えない国なんじゃないでしょうか。これからは海外の日本研究とか、あるいは日本に様々の形で協力した人とか、企業内部でも文化レベルでもどんどん増えてくるでしょうから、そういう人たちにどこまで門戸を開いていくか。

坂本　そうなんです。変な序列付けをしないフラットな賞を出していったほうがいい。国民栄誉賞や文化勲章をそれに使えばいいと思うんですけれどもね。

青木　勲何等とつけることはない。日本の勲章というのでいいと思うんですね。

御厨　ただそのますぐにそういかないのは、文化勲章とか勲等の高いのは、天皇が出すわけですよ。戦前でいえば栄誉大権、戦後でいえば象徴としての行為。これは戦後のすぐのところで議論になった。憲法担当の金森国務大臣が質問に対して、

「天皇の象徴としての行為に一番相応しいのはこういう栄誉を出すことだ」という言い方をするんです。「いや、天皇じゃなくてもいい。国家の機関が与えるということにしたって同じだろう」というのに対して、「それは違う。やはり天皇からいただくということに、国民は伝統的に天皇に対する親しみがあるのだから、そこで全然違う意味内容をもつものになるんだ」という趣旨のことを繰り返しているんですね。最後には金森さんの説得で全体が収まる。したがって勲章の問題の結節点には天皇の問題がある。

坂本　たしかに天皇が親授するのは勲一等に限定されていて、勲二等は宮中で首相が伝達し、勲三等以下は、各省庁の大臣が伝達するという形式ですね。参考に、イギリスの大英帝国勲章などは、新年とか女王誕生日などにリストが公表されて、年間およそ四〇〇〇人くらいに贈与されるようです。そして年間一二、三回にわたって授与式が行われる。つまり、女王が月いっぺんぐらい直接渡しているという形です。

青木　サーとかロードとかの爵位との関係はどうなんですか。日本ですと、勲章をもらっても地位、階級には影響しませんね。

御厨　特権は伴わないことになっていますから。

青木　文化人類学者でもサーの称号をもらっている人が沢山いて、プロフェッサー・エドモンド・リーチがいつのまにかサー・エドモンドに変わっている（笑）。そうすると英国内だけではなく世界的にサーと呼ばれる。サーの場合は個人がもらうから、サー・エドモンドであって、サー・リーチじゃない。それが面白いところです。またロードの場合は地位の名前がもらえますよね。そういうことで、勲章だけじゃなくて、実際社会的に使えるわけです。それと今の一二回お渡しになるのと、どう関係があるのかなと思ったんです。

坂本　こちらのほうは一九一七年からはじまった一番新しいオーダー・オブ・メリットというやつでかなり大衆的なものです。有名なガータ勲章とかアザミ勲章、バース勲章、ロイヤル・ヴィクトリアン・オーダーとかは別にあるわけです。年一二、三回与えるのは、ヨットで単独横断したような人に出すというようなケースで、国家の功労賞という感じですね。

青木　日本の文化勲章にあたるようなものはあるんですか。

坂本　それはないのでは。

使命を終えた文化勲章

青木　世界の勲章体系の中で、日本の文化勲章というのは、非常に特殊なものじゃないかと僕は思っているんですが、どうですか。

御厨　できた当初にも批判論がありました。岸田國士がその当時書いていますが、「芸術に対して与えることに多少の違和感を覚える」。その違和感の一つは、「芸術というけれども、小説などはむしろ非道徳的な小説のほうが価値がある場合があるし、そういうものを書いた人に本当に文化勲章をくれるんだろうか」と正直に言っている。もう一つは、「国家はどこにスポットをあてて文化勲章を出すのだろうか」というわけです。すでに当時の林銑十郎内閣はかなり神懸かり的なことを言っていた内閣ですから、日本精神作興のために文化勲章を出すのではないかという、その二点を指摘している。これはおそらくずっと続いている問題かもしれない。

青木　戦前から続いている唯一の勲章だということですよね。

御厨　他の勲章は全部消えますが、文化勲章だけは残る。昭和二〇年代終わり頃から三〇年代に一時、廃止論が出ましたが、結局ずっと続いてきた。

坂本　余談になりますが、文化勲章は「文化ノ発達ニ関シ勲績卓絶ナル者ニ之ヲ賜フ」ということで昭和一二年二月一一日に制定され、四月二八日に発令されます。第二回は三年後の紀元二六〇〇年祝典の一一月一〇日、そして三年後の昭和一八年の天長節の四月二九日と続きます。敗戦の年は出ませんが、戦後昭和二一年に第五回ということで復活した。このときの発令の日取りが紀元節の二月一一日なんですね。その翌年は休んで、昭和二三年から制度化されて旧明治節の文化の日になる。今の国民の祝日体系というのは、昭和二三年七月二〇日から定まった——これは私の生まれた日なんです。（笑）

青木　それはあんまり関係がない。（笑）

坂本　昭和二一年になぜ二月一一日が授与の日となったかがよく分からない。占領軍は天長節を目の仇にするだろうと思うから、二月一一日にスライドしたのかもしれませんが、実際のところはよく分からない。

青木　文化勲章は、戦後の時代に日本の国家的威信とか、国民のアイデンティティを高める上では、けっこう意味があったとは思うんですね。

御厨　戦後はまさに文化国家として生きるんだという時に、この勲章はふさわしかったわけで、だから出さざるを得ない一面もあった。

青木　しかし、文化勲章というのは近代化途上にある国のものだという気がするんです。どう考えても、これは要らないと思うんですね。坂本さんもおっしゃったように、日本文化への貢献というのを広くとって、そして日本人も外国人も関係なく功労章を設定したほうがいいんじゃないかな。今の選び方って実際は非常にアンバランスでしょう。

御厨　たしかにアンバランス。

青木　内閣の好みもかなり反映しているし、必ずしも相応しい人が受章されているかどうかわかりませんよね。

御厨　いつぐらいからかな、もう役割が終わったというのは。沖縄返還ぐらいのあたりでやめておけばよかったという感じかな。どうですか。

坂本　一九六〇年代の高度成長期に政権が安定して、池田・佐藤内閣はそれを背景に保守的な秩序再編を行う。その一環として勲章体系も復活し、六九年の再叙勲制度まで行くわけですね。独立後一〇年が一九六二年ですし、六四年に東京オリンピック、六八年が明治一〇〇年というふうに、ドライブがかかったように再編のキャンペーンが行われる。この時期をみると、いろいろな動きがある。六三年の閣議決定を受けて六四年から叙勲が復活する。六三年には秋の園遊会が、六五年には春の園遊会が復活して春秋ともにそろう。これにはオリンピックが一つの契機になっている。独立後一〇年が契機になったのは、六三年に始まった戦没者追悼式。六〇年代は、そうした動きの中に勲章の復活もおいてみれば、維新後体制の復活という深読みもできると思うんです。明治一〇〇年キャンペーンは、戦後体制を維新後体制の中に包括していく運動だったわけですからね。

しかし、七〇年代にいろいろと展開した叙勲制度の拡大は、六〇年代とは相当意味が違うという気がします。まあ、六〇年代末に沖縄返還が認められ、また七一年に天皇のヨーロッパ訪問が実現したところで文化勲章をやめても、ちょうどよかったですね。

御厨　昨年ファッション・デザイナーの森英恵さんが文化功労者に選ばれましたが、これは文化功労者ひいては文化勲章が限りなく国民栄誉賞に近づいてきていて、その境界線がみえなくなってきているのじゃないかということもいえるわけですよね。

青木　これは大きいでしょう。日本の勲章史における、大変化のエポックといっていい。文化功労者の文化の意味が、だんだん広がって文化人類学で使うような意味になってきたともいえます。（笑）

墓石に刻む偏差値

青木　集団があるかぎり、集団に貢献した個人に対して栄誉を与える何らかの制度というのはある。逆に言えば、儀礼がある社会はみな何らかの栄誉があるわけです。そしてこれまでは、軍および政治が主たる叙勲対象だった。これはどこの社会でもだいたいそうだった。しかし問題は、今後の国際社会というのは、ある点で経済優遇社会だということですね。

御厨　ですから、戦後の叙勲の一番のポイントは経済人の序列化なんですよね。

青木　ところが経済人がたくさん受章するようになると、叙勲の名誉体系というのは、ある点で崩れるでしょうね。

　天皇は基本的に名誉体系だから、日本の社会では大きなものですよね。ですから、天皇が与える勲章と政府が与える勲章はちがう形で分離されて、つまり政府が与えるのは経済上の貢献度とかを評価するもので、天皇が与えるのは文化とか政治への貢献というように分かれていくのかどうか、これはこれで一つの面白い考え方だと思うんです。

坂本　いままでの天皇誕生日は春の叙勲の発令日になっていましたが、これが「みどりの日」に意味づけが変わっているわけで、そうなると環境部門の対象者への評価をあげてくる可能性もある。

御厨　四月二九日に続けて行うということは、昭和天皇をずっとひきずることになるでしょう。昔の天皇のイメージで、今の天皇からもらうという感じにおそらくなってくる。となると、昭和天皇のもっていた意味はすごく大きいんでしょうね。いま経済人叙勲の話が出ましたが、経済界の老人たちが勲章もらってを何が嬉しいかというと、あの昭和天皇からもらうからだったんです。

青木　ただ日本人は先祖代々、一種の先祖崇拝みたいなものがありますから、どの天皇であろうと天皇からもらうというのが大きいわけでしょう。昭和天皇が特別の意味をもったというのは事実ですが、今上天皇はそうでないかというと、そんなに差異はない。徐々にそうした意識はなくなるんじゃないでしょうか。

御厨　おっしゃることは分かります。しかし高度成長期をひっぱったおじいさん達は、心情的にあの昭和天皇からもらえたから嬉しいということがあるのですよ。

青木　戦争をともに生き抜き、戦後も一緒に苦労したということですね。昭和時代というのは、そういう点では独特のカラーがあります。

坂本　僕は、勲章というものの最終的な位置づけは、墓石に刻む偏差値だという気がするんです。墓石に勲何等をもらったというのを刻むのが、どの時期から減っていくのか、それが勲章に対する意識のバロメーターになると思っているんです。

青木　刻まなくなるより、墓石も作れなくなるんじゃないですか。（笑）

御厨　だから、パーティのときに着ける。そういう刹那的なものであってもいいわけでしょう。

青木　あまり死後のことは考えない。生きているその場限りの……そういう側面は強くなっていくでしょう。

問題は次に勲章の経済的な効用かな。

御厨　そうです。文化功労者には年金が出るわけですが、あとの勲章は戦後憲法の趣旨からいうと、一代限りで特権は与えないことになっていますから、出ません。文化功労者にお金を出すことだって戦後は議論してますからね。

青木　広中平祐さんがどこかで対談しているのを読んだら、「僕は文化功労者かなにかでもらうお金があるんで、だいぶ経済的に楽だ」と言っている発言があったんですが、あれくらいの年齢でもらえば、それは大きいですよ。

御厨　逆に、獅子文六さんなどは、もらって間もなく亡くなった。

青木　そういう実質的なものもなければ勲章なんてしようがない、と考えるかどうかですがね。戦前はどうだったんですか。

御厨　お金がつくのは金鵄勲章だけでしょう。金鵄勲章になぜあんなにみんなが固執したかというと、経済的保障がつくからで、しかも死んでも遺族につくんです。それが昭和一五年に一時金になる。戦線がさらに拡大してからは、国家的にそんなにお金が保障できなくなって、ストップ。だから、戦後たえず出てくる問題は、あの時に政府は約束したのに金だけは出ていない。遺族は戦後苦労しているんだから、遺族に対するいわば社会保償として出せという要求です。ところが、それは戦争に関係しているものだから一切だめということで否定されてきたわけです。

戦前は勲章をもらう人は、基本的に官吏と軍人ですからね。そして定時叙勲ですから、高等官がある職についていると、何年かたつとそれに見合う勲章がくる。それでまた上に上がる。つまり自動的にその地位に対して与えられていった。戦後はそれがない。次官をやって辞めても、その後の人生の努力をしないとより上の勲章はもらえない。

坂本　しかし、役人にしろ政治家にしろ、国家公共のために尽くすのはそもそもの前提なわけでしょう。それでハイアラーキーを自然に昇っていって、活躍したかもしれないけれども、その結果になぜ副産物をつけなければいけないのか、疑問がありますね。勲章の対象は別のカテゴリーでつくるべきでしょう。政治家だって、閣僚を経験したということが仮にあったところで、それは議会のレベルで表彰する制度をつくればいいわけで、国家に結びつけないほうがいい。

御厨　なぜいま衆議院議員などに高い勲章を出すのかというと、戦前の宮中席次では衆議院議員は非常に低かった。戦後は議会がたてまえの上では最高の地位ですから、上に上げざるをえない。そういう感じでどんどん上へ上へと進んでいく。ところが経済人にも桐花大綬章が出た。最高位の勲章が出てしまうということは、制度がそこでふんづまるんですね。その上の勲章はないわけですから。そうなると、あとはどんどんみんなが上にあがりたい。今の体系はいくところまでいきつつあって、どこかで変わらなくちゃいけない。

坂本　二一世紀勲章という別の勲章体系を考えていったほうがいいんじゃないですか。

御厨　そこで一つ関係してるのは、大勲位からはじまる叙勲体系には皇族も入るわけですね。皇族が一番上のほうで、以下その下にくるという、天皇制の体系みたいなものがそこには入ってますから新しい勲章の体系を考えようとすると、その問題に必ずぶつかる。

青木　だから、天皇制のどの側面を強くだすかということです。もし今後、皇室がだんだん変わってくれば、先ほど言ったようなことになるんだろうし、国家主義は非常に強くなれば、そうはいかなくなる。ただこれは両面だから、当分の間はともかくこれでいくよりしようがないでしょうね。それよりも、そういうことを言っているうちに社会の方の意識が変わってしまうということも大いにありえます。

坂本　章の解釈、つまり菊花と旭日で分かれると思うんです。そのほかに桐花というのもありますが、それはおいて、まずこの二つに近代の価値にもとづく栄誉の象徴的な意味を全部抱え込ませていったような感じがするんですね。菊花とか旭日がどういう意味をもつかというと、菊花は当然そういう意味ですが、旭日をいったいどう解釈するのかという問題がある。旭日だと、イメージが大日本帝国の遺産みたいな感じがするということはたしかにあると思うんです。

御厨　制定過程をみても、そういう議論は当然あるんです。「なぜこんなのを踏襲するのか」。それに対して、主に外交畑の人から「ナポレオン帝政時に制定された勲章を共和国になってもフランスは変えなかった。勲章とはそういうものなんだ。長くやるということに意味がある。新しく変えることはない」という反論が出て勝ちを占める。

青木　旭日とかいう名前のなかに歴史的なシンボルが込められているということ、それを有難いと思うか、逆に無意味に思うかですね。有難いと思う方向へ進んでいくとは思うんですがね。それを崩すという方向には行かないでしょう。

御厨　そうすると、さっきおっしゃったように、ヨーロッパで勲章をもらった人がそれを着けていれば席を譲ってもらえるというのと似た方向へ向かう。

青木　老人の社会的なマーカーにね。

御厨　シルバーシート効果ですか。(笑)

勲章が国境を越えるとき

青木　勲章には、勲章のニヒリズムという側面もあると思うんですね。勲章をもらうことによって、片方で仕事の達成感があり、他方でこれでもう終わってしまったというニヒリズムみたいなものが考えられる。栄誉に輝いたときにはもうすでに奈落に落ちているという気持ち。これは勲章の両面といっていいかもしれない。

御厨　だから、もらったとたんに老人性鬱病にかかって。

青木　社会もいちおう担ぐけど、それで終わりだとみなす。王貞治ももらったらなんとなく終わってしまった。(笑)

御厨　ああいうものをもらうと世間からやはり注目される。そうなると以前より自由に活動できなくなるということはある。

青木　かえって行動が狭められて、奔放なことができなくなるところがあるかもしれませんね。

坂本　国民栄誉賞は与えっぱなしでしょう。その時ちょっとスポットをあてて終わり。もう少し国民栄誉賞をもらった人が出てくる儀礼的な場面をつくってあげないとだめですね。

青木　それは必要だと思いますね。

坂本　文化勲章のほうも、後援会を組織して、年に一ぺんぐらいはどこかを巡回してもらうとかですね。

御厨　それは受章者に「早く死ね」って言っているようなもんですよ。巡回したら、くたびれて死んじゃうよ。(笑)

青木　しかし「勲章もらうまで生きる」ということもある。いろんな面で勲章は個人のレベルではまだまだ生きていて、実際ある程度国家的あるいは社会的に仕事をやったという感じの人はみんな期待している。ですから、生きがいにもなっているということだと思うんですね。

御厨　最近の現象をみていると、会社の役員の役職がかなり増えている。あんなに副社長とか副会長を増やしているのは、勲章とあながち関係がないわけではない。ある程度の大企業で副社長まで務めると、だいたい勲章をもらえるらしいですね。

青木　名目を一つ与えてやる。

御厨　「お前はもう社長にならない。しかし副社長だからいずれ勲章がくるよ」ということがある。経団連の副会長がなぜか一〇人になった。これも、普通の社長をやっているよりも一ランク上のをもらえるからですね。ですから役職インフレになってしまう。これは企業にとって決していいことではない。なかなか組織革新ができないところにつながってくる。そういう点でも叙勲制度はいきつくところまでいきついた感じがするんです。

坂本　叙勲基準の再編成をやるかどうかですね。

御厨　特許に似ていて、いま日本でも特許を出願する人がたくさんいて、審査がものすごく大変なわけですが、それと同じぐらい勲章の審査も膨大です。これをパソコンに入れて全部整理するというのがいま進んでいる。ＯＡ化が一番すすんでいるのは特許庁と、おそらく次には内閣の賞勲局になるでしょうね。

坂本　毎年毎年、点数をパソコンにインプットしていくといいますね。それを累積していくというのですから、なにかおかしな世界が描けますよ。

御厨　「自分はもうこの点数があるから、次の叙勲のときにはちゃんとよこせ」。

青木　計算できますからね。それは当然だと思うな。これだけもらう人もたくさんになってきますとね。

僕は勲章が威信の体系としてある威厳というものをもったのが昭和時代で終わったと思います。これからは、勲章の大衆化時代が始まってきて、これが大虚礼主義社会とからまり、一種のイベントのための勲章という感じになっていくんじゃないでしょうか、そして大衆化の方向でも、勲章は生き続けるだろうと思いますね。

坂本　今までの勲章というのは、近代国家を支えた、あるいは発展した証として意味づけられると思います。これからの二一世紀を視野に入れれば、一国繁栄型の勲章ではなくて、グローバルな意味をもつ勲章を考えなければいけない。その意味で、文化勲章の授与対象者をどう広げていくかということ、国民栄誉賞の対象を、芸能、スポーツの実績に対してばかりでなく、目に見えないところで頑張っている人々をクローズアップするようなものにしていくこと、などが必要だと思います。

そして国際的な評価に堪えられるような政権が勲章をもう少し整理して、等級を金、銀、銅ぐらいで出していくシステムを考え出す必要があるでしょう。それをいっぺんに挑発刺激する意味でも、与野党逆転状況下にある参議院で、野党側が新しい栄典法案を提出してみるぐらいの仕掛けがあっていいのじゃないかと思いますね。

青木　先ほど僕は昭和時代といいましたが、それはヨーロッパ型の国民国家というものを模範例として、不完全ではあっても、それを実現したのが昭和時代だと言いたかったんです。戦前はもちろん、そして戦後の民主主義でも、「挙国一致」でした。アジアで唯一、国民国家が成立したのは、昭和時代だったと思うんです。

平成になってくると、外国人労働者問題にみられるように、国民国家というような近代主義ではやっていけなくなる。だから、どういうふうに勲章が国境を越えるかという時期にきている。こっちがいくら出しても外国人がそれを受けて有り難いと思うかどうか（笑）。そこが一番大きな問題でしょう。それをどうするか。年金がつくような章を与えれば、今の円高下、外国人もこぞってもらいたいと思うでしょう。しかし、それはさらなる円のバラまきと受けとられて、金権勲章みたいになる（笑）。国際的に栄誉として感じられなくなったら、いくら日本の経済的な地位が国際社会の中で上がったといっても、栄誉ある文化国家としての日本の地位というのは非常に低いわけですよ。スウェーデンやフランスのあるいはイギリスの勲章をもらったら世界中で威張れますが、日本の勲章をもらって今どれだけ威張れるか。これは非常に問題なわけです。勲章の「国際化」という点に、ここでも突き当たるわけです。

御厨　今おっしゃったような話は、昭和二〇年代から栄典法案を議論している過程で散発的には議論されていることなんですね。それがもういっぺん改めて議論される時期にきている。〔報告〕に書きましたように、制定時の池田内閣は、この問題をハイポリティックスの問題にしないで、つまりその時に議論すべきことを議論しないで上手に逃げちゃった。憲法の問題、天皇制の問題、叙勲の問題とからめて考えるとしたら、ここで根本的な議論が必要です。勲章にお金をつける問題一つにしても、特権を伴うということで認められない憲法上の制約もあるわけです。ここでそういう問題提起がなされていくとすれば、昭和時代に対する締め括りにもなるし、逆に昭和時代の叙勲とはこういうものだったということにもなると思うんですね。平成時代の叙勲の課題とは、これまでの議論をどう再編成していくかということなんでしょうね。

【補遺】

本章論文の初出時の原題は「飽和点に達した栄典制度」であった。「飽和点に達した」という見立てが正しかったのかどうかはさておき、この論文執筆が契機となって、二一世紀初頭の栄典制度の見直し作業に、私自身もかかわることとなった。その点を少し記しておきたい。

二〇〇〇（平成一二）年一〇月、私は「栄典制度の在り方に関する懇談会」のメンバーになった。勲章を中心に栄典制度全体を見直すという目的で、宮内庁長官を務めた藤森昭一氏が影のけん引役となって進められたものである。

座長には元東大総長の吉川弘之氏、座長代理には元法制局長官の工藤敦夫氏がつき、今井延子（全国女性農業経営者会議副会長）、金平輝子（元東京都副知事）、小林陽太郎（富士ゼロックス（株）会長）、平山郁夫（日本画家）、柳谷謙介（元外務事務次官）、山口昇（全国老人保健施設協会会長）の各氏と前述の藤森氏、そして私の計一〇名の委員で構成された懇談会であった。この顔ぶれからわかるように、私以外の委員は六〇代から七〇代。勲章というものを身近に感じる人たちがほとんどなのである。なぜ、四〇代終わりの私が一人入っているのか、周囲も不思議に思ったに違いない。事実、私の所には、東大と京大の重鎮教授から「なぜ、あなたが選ばれたのか」という、答えようのない御下問があり、文字通り返答に窮した覚えがある。

おそらく、藤森氏、そして当時の官房副長官の古川貞二郎氏らの念頭には、誰か一人ぐらいには冷静な目でみてもらわないと困る、その上で制度を根本から変えなければいけないとの認識があったのだろう。

さて、問題はどこにあったか、どんなことが原因で「飽和状態」に達していたのか。次の三点に集約されよう。

一つは、「官重視、民軽視」という批判。いわゆる「官民格差」の問題である。年二回の叙勲受章者発表に合わせた新聞各紙の論評は、批判一筋のお決まりのパターン。藤森氏、そして宮内庁としてもこのことに頭を痛めていた。

もちろん、本章でも述べたように、財界人、経済人の受章者増加や、「この道一筋」という人々への叙勲枠の拡大など、池田内閣での復活以来、節目節目での運用の改善は認められるものの、根本的な精神において官重視は変わらなかったのである。

二つ目は、勲章と褒章の関係。両者の関係を整理し、勲章制度を変えるなら褒章制度も併せて検討し、より活性化したいということであった。

今では、オリンピックの金メダリストや人命救助に尽力した人が受賞するなど、褒章制度は社会に浸透しつつあるが、当時は、勲章をもらうまでの「つなぎ」的なものと考えられていた向きもあった。場合によっては、一旦もらうと勲章が遠ざかる、などとまことしやかに言われる始末。制度としての意味が明確でない嫌いがあった。

そして三つ目は、勲章の等級、順位付けについてである。すなわち、旭日、宝冠、瑞宝の三種類の勲章があり、それぞれに勲一等から勲八等までの等級区分があったわけだが、少なくとも、勲章の名称に、数字を用いることはやめようということ。無論、等級区分は必要であるが、露骨な番号付けはしない、という考えである。一、二、三というように垂直的なイメージを与えるものより、同心円状に広がるイメージの勲章制度にもっていきたい、という勲章の垂直化から水平化への発想が大事にされた。

このように、世間的にもわかりやすい論点であったためか、メディアにも注目されるなか一年間かけて検討され、上記の三点は委員全体のコンセンサスとなっていったと記憶する。

ちなみに、栄典の授与は憲法の第七条第七号において、天皇が内閣の助言と承認により行う国事行為の一つとされている。本章でも述べたように、栄典法の制定が論じられたこともたびたびあった。法制化するとなれば当然に国会が関与するわけであるが、懇談会の報告書では、今回の改正作業は「現行の枠組みで対応することが可能」としており、最終的には閣議決定の手法に落ち着いたことも付け加えておきたい。

さて、改正から十余年。新しい勲章制度は、次第に日本社会に根付いてきたと考えていいのではないか。

官偏重という批判も少なくなった。形ばかりという批判もあろうが、推薦制も導入された。そして、褒章はたちどころに活性化した。報告書においても、褒章については「社会の各分野における優れた事績、行いを顕彰するものとして、年齢にとらわれることなく事績の都度速やかに顕彰すること」とされたが、今では、スポーツ選手や芸能人などが紫綬褒章などを受章する例がマスコミをにぎわすようになっている。

ただ、報告書の最後の段階で、ハプニングがあったことを思い出す。すでに『知の格闘』（ちくま新書、二〇一四年）で言及したが、我々の懇談会の報告書を受け取った小泉純一郎首相は、勲章の数が減らなかったことにがっかりしたのである。定員削減が常に頭にあった小泉首相らしい反応であった。

私自身、この懇談会の委員の後、「栄典に関する有識者」に任期三年で三期関わって二〇一一年に引退したが、勲章制度を廃止せよ、といった声はまったく聞かなくなった。大枠としてこの新しい制度は定着し、社会の安定に寄与していると言えるのではないだろうか。

第7章 2000年

「ハイカルチャー」をつくる——五人の軽井沢人

馬場恒吾・鳩山一郎・朝吹登水子・白洲次郎・玉村豊男

今となっては死語であろうか。「ハイカルチャー」なる言葉に共通の理解があった時代が懐かしい。軽井沢こそはその代名詞であった。本章では、生きた時代も、バックグラウンドも異なる5人の人物に登場してもらいながら、軽井沢と20世紀の日本との関係を読み解きたい。

「ハイカルチャー」なる語が滅びても、軽井沢はますます盛ん。21世紀に入っても、「ハイカルチャー」などはお構いなしに人をひきつけてやまない。季節の移りかわりごとに、各テレビ局は、芸能人の旅番組の定番として“軽井沢”ものをとりあげる。“旧軽銀座”を中心に、レストラン、カフェ、アクセサリー、スイーツなどのお店を紹介して飽きない。このように全国大への独自の輝きを放ち、今も老若男女でにぎわい続ける秘密は何か。

明治以来の「ハイカルチャー」なるものに遡って、変化し続けながら人々を吸引し続ける軽井沢に思いを馳《は》せたい。

（初出：「軽井沢はハイカルチャーか」『近代日本文化論3　ハイカルチャー』岩波書店、2000年）

序　ハイカルチャーかバーチャルカルチャーか

軽井沢にはハイカルチャーのイメージがある。今日、老若男女、一億総中流化した様々な人が往来するようになって非常に大衆化したと言われながら、やはりそこは訪れる人がハイカルチャーの夢を託す場に他ならない。

明治一九（一八八六）年の夏、イギリスのスコットランド生まれのお雇い外国人教師、ジェームス・メイン・ディクソンと、カナダ生まれのキリスト教の宣教師、アレキサンダー・クロフト・ショーの二人が、長野経由で日本海に行く途中に軽井沢に立ち寄り、そこがスコットランドの気候と似ているということで、翌年から夏の避暑生活を始めたというのが、軽井沢の避暑地としての始まりの物語であると言われている。そしてディクソンが〝ホテル利用族〟、ショーが〝別荘地族〟のそれぞれ始祖となったらしい（桐山秀樹「避暑地軽井沢の百年」『軽井沢ものがたり』新潮社、一九九八年）。

〝近代〟軽井沢始まりの伝説はいくつかあるが、この明治一九年説に従ったとしても、すでに百年を超える年数が経っている。つい十数年前、「軽井沢百年」の催しがあり、それ以来さまざまな〝軽井沢もの〟が出始めている。なかでもノンフィクション作家宮原安春の『軽井沢物語』（講談社、一九九一年）は軽井沢の多面性を描き出しつつ歴史を掘りさげた、その意味での決定版であろう。そのほか、軽井沢の別荘地の側面に注目して、別荘史研究や別荘建築史研究、ひいては別荘地文化を中心に展開する生活文化論の研究が、盛んになりつつある。当然それに対応する形で、ホテル史もよく語られる。さらに堤康次郎などのリゾート開発史にも近年目がむけられている。最も新しくは、軽井沢に住み、東京との交流の中で、〝南原文化村〟を形づくっていった市村今朝蔵・きよじ夫妻の再評価が進んだ。また多くの人を魅了してやまぬのは、文化・美術といった芸術の観点からの軽井沢の作家たちの物語である。その一方で、軽井沢の自然が再発見されており、野鳥の声を聞くとか、高山植物を見るとか、ハイキングコースがあるとか、軽井沢の自然にポイントをあてた本も目白押しである。

こうした軽井沢についての百家争鳴の中で、あえて軽井沢を近代日本文化論の中で取り上げる意味は何か。それは口に出す出さぬは別として、日本人のあこがれの的だったハイカルチャーなるものが、軽井沢にどのような形で実在したのか、あるいは実体はなくて、ハイカルチャーは実はバーチャルカルチャーだったのか、といった側面から軽井沢にアプローチする点にある。実はハイカルチャーという名のバーチャルカルチャーであるが故に、軽井沢は今日まで常に話題にのぼるのかもしれない。

さて、ここでは五人の〝軽井沢人〟に登場してもらおう。

ジャーナリスト・馬場恒吾（一八七五―一九五六）

政治家・鳩山一郎（一八八三―一九五九）

翻訳家・朝吹登水子（一九一七― ［二〇〇五］）

カントリージェントルマン・白洲次郎（一九〇二―一九八五）

エッセイスト・玉村豊男（一九四五―）

一見相互に無関係に見えるこの五人を、軽井沢というフィルターを通してながめると、その底にある共通性に気づくであろう。いずれも精神的〝自由人〟ということだ。軽井沢の空気は、やはり人を自由にするのかもしれない。

もっとも、近代の軽井沢が避暑地としてスタートしたということは、軽井沢はそれ自身インディペンデントに存立する基盤を持っていないことを意味する。つまり東京があるから軽井沢が成り立つのである。東京といえば、明治維新のあと、政治・行政・経済の集中した近代的首都として発展し、多くの人間が住むようになった大都市である。そこにあって、外国人の宣教師や外交官は、常に休むことのない首都東京を夏の間だけでも離れて〝休都〟軽井沢に避暑にやってきたのだ、母国の習慣に従って。やがてそこに、日本人もまた合流することになる、英語が半ば公用語と化す社会をそのまま受け入れて。

しかし〝休都〟は、何も軽井沢ではなくてもよかったはずだ。当時はやりの旅行先といえば、日光でも、鎌倉でも、大磯でもあった。また当時の元勲たちの中には、今日も残っている那須の山県農場のようにファームをつくるという人たちもいた。ただそれらは、個人がそこに休息をしに行く場以上のものではありえず、発展性に乏しかった。逆に軽井沢だけが、多面的発展をとげる中に、ハイカルチャーを生み出してしくことになる。

これは東京から地理的に適当な距離だったからだと思われる。いまは新幹線で一時間で行けるようになったが、かつては半日以上かけて汽車――アプト式の鉄道――で行ったのだった。時間をかけてほかの空間への移動をする。そこは清楚な、キリスト教の宣教師たちが開いた場所である。英語圏として開かれ、その英語圏に対応できるような日本人が入って行って、同じように生活をする。だから軽井沢でよく言われるのは、ある時期まで非常にプレーンリビングだったということである。

明治の法制官僚たる尾崎三良は、明治三一（一八九八）年、実業家を中心とした経済研究同志会長となり、元勲伊藤博文が軽井沢に行くときに同行するという場面がある。これは明治三二（一八九九）年四月の日記である。

「四月九日（日）晴。午前七時三十分出門。洵若同伴。上野停車場ニ至ル。今日伊藤侯、長野行ノ途ニ上ルヲ以テ同行セントスルナリ。侯ハスデニ停車場ニアリ。（略）。八時四十五分上野発車。時ニ天気朗清、快気甚。午後三時五分軽井沢ニ着。雨宮敬次郎男迎トシテ来ル。腕車数輛ニ搭ジテ雨宮別荘ニ入ル。凡ソ二十丁計リ。別荘随分壮大。（略）。雨宮家此僻陬ニ於テ多数ノ泊リ客、食事、夜具等ノ用意随分骨折リナラン。細君モ中々敏腕家ト見ヘタリ。又東京喜楽亭女将モ今朝一番列車ニテ来リ、周旋大ニ勉ム。

夜寒気甚ク、四十度以下ナルベシ。

四月十日（月）快晴。寒冷甚ク庭前霜柱高ク立チ、殆ド厳冬ノ如シ。朝飯後庭前ニ於テ太陽記者某撮影アリ。初メハ伊藤侯、予及ビ大岡、雨宮夫妻等凡ソ五、六名ヲ取リ、随行者一同従者マデ凡ソ十五、六名ヲ取ル。

後、伊藤侯ト共ニ庭後ノ山上ニ登リ、雨宮開墾地ヲ瞰下ス。雨宮氏、此高原数千町歩ヲ官ヨリ請下ゲ、此ニ赤松ノ苗ヲ移殖スルコト已ニ数百万本、猶、孜々トシテ開墾ニ従事シテ怠ラズ。其妻亦頗ル器局アリ。夫ノ不在ニ際シテハ、自ラ工夫督促シテ業ヲ励マスト云フ。然シ地味甚ダ其功績ノ或ハ労ニ副ワザラン事ヲ恐ル。

午前十一時頃雨宮別荘ヨリ出デ、鉄道線路ヲ歩シテ停車場ニ至ル。

午後十二時三十分、停車場ニ入ル。此ヨリ汽車山ヲ下ル一瀉千里」（『尾崎三良日記』下巻、中央公論社、一九九二年）。

尾崎の目に映る百年前の軽井沢は、何とも荒涼たる不毛の原野に他ならない。尾崎はこの日記を基にまとめた『自叙略伝』（下巻、中公文庫、一九八〇年）の中で、その様子を次のように詳細に記している。

「一望茫然、所々落葉松を植ゆ。地味瘠鹵にして植物生長甚だ鈍し。穀物、疏菜に適せず。是れ天明度浅間嶽噴火迸発、焼石堆積、青草木悉く枯る。爾来百数十年数々開墾を試みたる者ありといへども、瘠地なるを以て未だ之を果さず」。

そもそも雨宮敬次郎とは誰か。雨宮は尾崎の主宰する経済研究同志会のメンバーであり、繭や生糸、蚕種などの仲買商からスタートして、多方面の事業に着手した実業家であった。とりわけ明治初年のアメリカ体験で、アメリカの不毛原野を開拓し、植林し、都市にかえることにヒントをえて、明治一六（一八八三）年に浅間山山麓の広大な土地の払下をうけ、様々な実験を試みる。荒野の開拓こそが明治を生きるこの企業家の夢であった。結局、尾崎が暗示しているように、開墾は失敗に帰すが、落葉樹や赤松の植林は成功し、やがて軽井沢に一大森林地帯をもたらすことになった。さらに先まわりしていえば、雨宮の払下地の一部が、後に白洲次郎が君臨する軽井沢ゴルフ倶楽部となるのである（前掲、桐山論文参照）。

しかし、こんな荒涼たる自然の地を訪ねる避暑客が、実は着々と増えていった。桐山論文によれば「最近発見された明治三四（一九〇一）年当時の絵地図には約六六〇軒の別荘やホテルが英語交りで書かれている」そうだから。

1　馬場恒吾　自然へのあこがれ

今から百年前の軽井沢には涼を求めて勉強する学生の姿があった。高等文官試験を受けるために勉強する帝大の学生はその典型である。後に政治評論家となる馬場恒吾は一九世紀末早稲田の学生だったときに、軽井沢に勉強に行っている。その当時の雰囲気を彼の記述を通して見てみよう。

馬場はある夏、大いに勉強したいと思った。そこで妙義山に行き宿屋に泊まったものの、あまりに寂しいので結局勉強できなかったという。

「あまりの淋しさがひしひしと身に迫って、頭がしめ付けられるように思われた。神経が興奮して熱が出る。こうして淋しさに圧迫されていると、畢竟するに頭を悪くするか、然らずんば身体を悪くするのみだ。実際身体も悪くなったような気がした。ひどく悪くなっては困ると思って、私は早速妙義を逃げ出すことに決めた。

熊さんに頼んで、松井田まで車で行った。車で行くときも、それからどこに行くと決めていなかった。東京の下宿に帰っても、友人は皆暑中休暇で郷里に帰っている。私が独り帰っても面白くない。同じ下宿をするならば田舎にいた方がよい。だからどこか避暑地に行こうと思った。涼しいところなら軽井沢、海水浴なら水戸地方と、こう大体は腹で決めた。さて軽井沢か水戸か。そのどちらを選ぶか決め兼ねた。ままよ、松井田の停車場に着いて、早く汽車の来た方向へ行こうと思った。それでその夏五十余日も軽井沢にいることになった」（馬場恒吾『回顧と希望』読売新聞社、一九八四年）。

あてもない旅で、まったく偶然に飛び乗った列車が軽井沢にむかったわけである。そこで、一九世紀末の軽井沢について、馬場は次のように書いている。

「そこはまた妙義とは反対に友達が多すぎるほど出来た。大学を卒業して官吏になる試験準備に来ているものもあった。只の避暑に来ている若い男もあった。西洋人の仲間に知り人もあった。それらの人と多くの時間を遊び暮らした。つまり賑やか過ぎてここでもろくに勉強はできなかった。

そして妙義に比べると、軽井沢は比較にならぬほど涼しかった。空気が澄んで、深く息を吸い込むだけで生きる楽しみをしみじみと覚えた。サッと冷たい風が肌に触れると思うと、碓氷峠を越して黒い雲が湧き出る。瞬く間に夕立が降ってくる。雨が止んだと思うと、たちまち高原の涼しい日が輝く。火山灰の往来は直ぐからからに乾く。そうした天気の変化が日に何度もある。その度ごとに空気が爽快になる。

浅間の噴火口から時々特別に濃厚な煙が出る。それが夕陽を受けて黄色く、赤く、或いは黒く、紫に、千変万化の色を見せた。西洋人は夕方から出発して山に登ると言って組をこしらえる。その中には馬に乗っていく女の群もあった。私は噴火口は見たいと思ったが、山登りの決心はつかなかった。五〇日も軽井沢にいて、ついに浅間山には登らなかった」(前掲書)。

馬場は軽井沢で、社交を楽しみ、天候の変化に身を委ね、気もち良く過ごした。馬場にしてみれば、プレーンリビングの中に、彼なりのハイカルチャーを見出したということになろうか。しかし、馬場はこの一文を次のように結ぶのだ。

「最後に宿屋の小僧にこの碓氷峠に追い上げられた時、天地自然は、根底に於て矢張り寂しいものだと思った。今でこそ地球の平地は人間の華やかな生活に依って彩られているが、地球が月のように冷え切ったとき、それは碓氷峠から見るような、荒涼凄惨の自然に帰るだろうと思った。併し荒涼凄惨な景色が厭な景色だという心持はおこらなかった。私共は気味の悪いほど淋しい自然の姿を何時迄も飽かず眺めたのである。それは天地の間を流れる魅力にひき付けられているようであった。その心持を何と説明してよいか判らぬ。只私共は偉大なる山塊の景色に威圧されて、無言の儘でいたのである。神は孤独である。神と親しむとき、孤独とも親しむことができる」(前掲書)。

軽井沢の荒涼たる自然と対峙した時の何とも言えぬ孤独感を、馬場は淡々と記している。何よりも彼は、軽井沢の自然に親しみを覚えたのである。

馬場のこうした感覚は、職業についてからも、ますます強まりはすれ、なくなることはなかった。やがて馬場は関東大震災を機に国民新聞社を辞めて浪人する。その頃、清沢洌が中心になって「二七会」という会を作る。この「二七会」は毎月一回食事をすると同時に、春秋にときおり旅に出る。旅に行くときには、信州軽井沢によく行ったようだ。昭和五(一九三〇)年前後に、もう一度彼は軽井沢を訪れている。

「中央公論の嶋中雄作氏が健在であった当時、二七会と称して、文士評論家十数人の会を作った。それが毎月集まり、春秋二季には旅行した。この会で一緒に旅行した連中は、いまは故人になったのが多いのは遺憾である。その中には清沢洌、上司小剣、徳田秋声、近松秋江、千葉亀雄、稲原勝治、水野広徳、杉山平助などが数えられる。しかし、長谷川如是閑、正宗白鳥、芦田均、小汀利得などがまだ健在であるのが意を強くする。

この会はある年の秋、川原湯に行った。また別の時の旅行で草津にも行った。帰郷の途は六里ヵ原を横切り、鬼押し出しを見て、軽井沢から汽車に乗るのであった。鬼押し出しに立ち寄ったときに、偶然軽井沢に来ていた近衛文麿公に会った。鬼押し出しは浅間から噴き出した岩塊が一里四方もあるかと思われる広さに積み重なっている。岩といっても小さな家ほどのとがった岩が一面に積み重なっているのだから、一度その中に迷い込むと生きては帰られぬという。これだけのものを噴き出す火山の脅威は大したものだと実感に訴えられる」（馬場恒吾『自傳點描』東西文明社、一九五二年）。

馬場は浅間山の自然を見て、人間や歴史を考える。悠久の自然の前に畏怖の念を覚えるとともに、そこでの人間の無力を感ぜずにはいられない。人類の歴史を客観化する尺度は、まさにこの軽井沢の自然そのものの中に存在するのではないか。

さて馬場は昭和二〇（一九四五）年になって信州に疎開をする。軽井沢に近い農家で妻子とともにくらすのである。実はそこで近衛文麿との交流があった。未亡人の竜の話によると、近衛からの軽井沢の別荘の提供は断ったが、疎開生活の援助は受けたという。またしばしば近衛に会い、近衛から預り物もしたらしい。戦後すぐ、馬場は『近衛内閣史論』を刊行しその中で近衛擁護論を書くが、それはこうした戦時の軽井沢における交流という伏線があったからに他ならない（御厨『馬場恒吾の面目』中央公論社、一九九七年）。もっとも戦前の軽井沢での交流もそう容易でなかったことについては3節で述べることにしたい。

ともあれ軽井沢は、馬場のような自由人がふらっと行ける場所であった。馬場をも魅了するだけの畏怖すべき自然があり、自然へのあこがれを充分に充たすだけの精神性が、浅間山や碓氷峠といった軽井沢の自然の中にあったのである。

2 鳩山一郎 自然をつくる、政治をながめる

自然へのあこがれはあくまでもありのままの自然と対峙することだ。しかし逆に自然の手入れをすることに喜びを感じる人もいる。鳩山一郎こそまさにその人である。鳩山家は、昭和二（一九二七）年に軽井沢に別荘を持った。鳩山家といえば、一郎の父の和夫は衆議院議長まで務めた政治家であり、鳩山一郎自身も衆議院議員として政友会の東京出身の大立て者であった。しかし、やがて自由主義者と政党政治家をあくまで捨てなかったがために、一九三〇年代の政治から疎外されていく。そして一九三〇年代末から四〇年代にかけて、鳩山は衆議院にかろうじて議席を持っているだけの存在と化し、政界から事実上引退を余儀なくされてしまう。自由主義者一斉退陣の時代になるのだ。

それでも何人かの自由主義者たちは、一九三〇年代から四〇年代にかけて、辛抱強く生きのびる。幣原喜重郎しかり、吉田茂しかり、芦田均しかり、そして鳩山一郎もまたしかり。

日本の戦前の政治にある、一種の余裕の醸し出す面白さは、現実に日々の政治を担っている東京から離れた所に、現実の政治をながめつつも、半ば引退・隠居生活をしている人がいたという事実である。二度と再び立つ日がくるかどうかは誰にもわからないのだ。だが、それを知ってか知らずかひたすら待っている政治家がいたのである。こういう人たちがいたからこそ、戦後すぐに日本の政治を担う人材が出て来たに相違ない。

その最も有力な候補の一人が鳩山一郎であった。鳩山はとにかく、ずっと衆議院議員であり続けた。昭和一七（一九四二）年の翼賛選挙の時も非推薦で当選し、少数派として議会に籍を置く。そして反転攻勢の時を待つ。実は鳩山がじっと我慢の子でいられたことの裏に、東京を離れた軽井沢での生活体験があった。

彼は軽井沢でまさに晴耕雨読の生活をする。原書で本を読み、感想を日記に書き付ける。もちろんいろいろな人に会って情報交換をする。彼は戦争の時代になればなるほど、春から秋の終わりまで、一年のかなり長い期間軽井沢に滞在することになる。その軽井沢で、今風に言えばガーデニング、庭園づくりを本格的に始めるわけである。すなわち、自分の主張が受け入れられぬため政治の手入れができない分、自分の土地の手入れに精を出す。今年はこれを植える、来年はあれが咲くだろう、という生活を通して、まさに軽井沢の自然をつくる作業をしながら、自らの政治の栄養素を蓄えていくのである。

鳩山は昭和一三(一九三八)年、国家総動員法制定の頃にはほとんど政治の世界から疎外されている。だからこその軽井沢だ(『鳩山一郎・薫日記』上巻、中央公論新社、一九九九年)。

「七月二十二日。軽井沢に行く。数日来非常な暑さの為め二十一日午後五時四十分にて軽井沢に来たる。全く別天地なり。涼風と静寂は何とも言へぬ。

八月五日。久振りに青空を仰ぐ。浅間の雄姿も時々見た。懸命に薪をつくる。

八月十日。浅間の噴煙天に柱し壮観、又漱石の句を想ひ出す。空には煙棚引けるも雲なし。井口、大崎、森田の三氏五時に来て七時半に帰る。代行委員会に出席せよ、少々勉めよとの注意なり。この暑さに、態々茲迄来て直に帰る。其の好意に対しては敬意を払うも、一々人の批評をきいて心を動かす事は僕は余り好かない。」

一応は東京に戻るものの、またすぐに彼は軽井沢に来てしまう。この年は自然に対しての手入れをしていないが、だんだん気分は変わっていくようである。どちらかといえば厭世的に。

昭和一四(一九三九)年、独ソ不可侵条約締結を受けてこう述べる。

「九月二十三日。利害のみの離合集散、卑しむべきだ。併し此事を知らぬと現実の世に活きにくい。故に永く軽井沢に住む事になる。」

かくて昭和一五(一九四〇)年になると、近衛新体制と日独伊三国軍事同盟へとむかう動きから鳩山は完全に排除されている。現実に彼は四月に入るとしばしば軽井沢を訪れている。ちなみに、この頃の彼の日記にはかの馬場恒吾の日曜評論が折に触れて引かれているのが印象的である。

「五月十八日。午前八時半上野発にて軽井沢に向ふ。石楠花の花美し。落葉松のみどり新鮮なり。

未だ新芽の出ぬ木々あり。風強くも日光暖かく、日中寒を感ぜず、雄大な浅間、静寂な森、軽井沢は心を洗うに適す。

五月十九日。今日も快晴。朝四時半頃より小鳥の囀る声で日を覚ます。数種の小鳥が時をかへて順次に静寂を支配して囀る。六時半頃にはもう鳴きやむ。

五月二十三日。草津行き電車にて北軽井沢に行き、鈴蘭を採取。」

鈴蘭を自ら採って帰ってきて、自分の庭に植え始める。これが彼の自然への手入れの始まりである。

「六月十四日。同行宮沢護衛と、木村及び松。鈴蘭を大きな四苞程採る。

六月十五日。パリ無血開城を伝ふ。惨亦惨。終日鈴蘭を植える。

六月十六日。又北軽井沢に鈴蘭採取に行く。

六月二十四日。小鳥の巣を古き板にて作りし為め、巣くふ小鳥多し。

七月四日。午前旧ゴルフ場にて練習のみす。終日庭の手入れ。」

この年、彼は鈴蘭採りに熱中する。パリの無血開城を聞きながらも鈴蘭のガーデニングにいそしむのである。彼はいよいよ政治の世界からの本格的撤退と同時に庭園作りを自らの使命と考える。東京から軽井沢へ、軽井沢へと彼の気持ちははっきり動く。

このあとも、この年はずっと鈴蘭を採る。大量の鈴蘭を採ってきては植え、採ってきては植えるというのが、鳩山にとっての昭和一五年の夏、新体制ができる前後の行動であった。

「七月二十六日。午後野鳥関係、野鳥研究家中西君等来訪。三時頃伊沢氏来訪、時局を心配しての話しあり。」

民政党系の元内務官僚伊沢多喜男もずっとこの時期に軽井沢に来ている。伊沢は、軽井沢の伝統を維持するため、長野県や警察関係に隠然たる力を発揮したという。七月末になると、採取する花の種類がふえ、ジャコウ草、撫子、そして桔梗と、だんだん秋の花になってくる。

「八月十九日。追分に自動車でジャコウ草をとりに行き、二時帰る。夕食迄植付けて疲れた。

八月二十日。昨日ジャコウ草植付けた処少々不足を生じたる為め、自動車で追分に行き、俵に三俵とってくる。」

鳩山の熱中ぶりが手に取るようにわかるではないか。八月二六日には苔を六俵とってきて、庭いじりをした。Max Lerner の "America in a Totalitarian World" と題する *New Republic* の七月一日号に出た記事を読んで「吾等は既に戦端を開いていると云へないであろうか。デモクラティック・コレクチビズムの必然を説く、ロイド・ジョージ氏の言葉ではないが、「無為緩慢なる態度」に終始するであろうところに吾等の真の危険は伏在しているのである」と記している。

彼は近衛新体制の成立過程をながめ、マックス・ラーナーの論評を読んで、「そうか、すでに戦時体制であり、ラーナーの言は日本にもあてはまるのではないか」という解釈をしているのである。

そして彼は相変わらず苔を植えたりしながら、疲れた、疲れたと書く。政治の世界で活躍できないだけに、ガーデニングで肉体を使ってくたびれて、それで寝るという生活をずっと続けることになる。九月に入ってもリンドウ採りに出かけるなど、鳩山日記自体が半分農作業日記のようになってくる。

「九月十四日。離山に野花とりに行く、午前と午後。未だ花壇を満すに足らず、五、六回出かけねば不足ならん。」

もう夢中である。自分の大きな庭を全部花で埋めていこうという遠大な計画に、いつのまにかとりつかれてしまった。したがって行く場所はだんだん遠くなる。浅間の山麓など遠方まで車で行って採取しては戻って植え付けるという生活になる。まことにあっぱれと言わざるをえない。

「十月十三日。午後庭の落葉を集めて焚く。焚けば落葉舞下りて煙の中に入る。一茶の「焚く程に風の持てくる落葉かな」を現実に見る。芋を入れて焼いて食ふ。その味頗る佳。掃くことも中々の運動になる。」

驚いたことに一〇月一八日からは新たに求めた土地の文字通り開墾を始めている。彼にとって、政治はますます遠ざかっていくからだ。

開戦の年となる昭和一六（一九四一）年には今度は専門の庭師を入れて庭の手入れを始める。

「五月十二日。石楠花は満開にてとても美しい。つつぢの蕾は堅い。日は暖かく新緑は新鮮で、軽井沢の庭は何時見ても心を慰するに足る。」

それから今度は白樺を植え始め、同時に養魚場造成に乗り出す。

「六月二十九日。午後、藤巻白樺を植える。

七月一日。八尋技師の指導により稚魚養成池を造る事に着手す。」

もはや自分ひとりの手にはあまるので、プロを呼んでやってもらっているのである。

「七月十一日。鱒以前の様に見えず、余程とられたと悲観したが給餌せし処中々多く集まり幾分安心す。（略）。じゃ香草が咲き出した。野花を採ってきた中で最大の成功は此草であった。如何にも美しい。」

去年植えたじゃ香草だけは咲いたという話であり、鳩山のホッと安堵した顔が目に浮かぶようである。

「十月二十三日。軽井沢はどうしても十月が最も美しいとの感あり。」

一週間前に東条内閣成立の報に接した鳩山は、どうしても東京には帰りたくないのである。だから帰京しても用がすむとすぐ軽井沢に来てしまう。もはやどちらが本宅だかわからない。

「十一月一日。又軽井沢に来たる。(略)。池の周囲に石は置けたが、未だ土手其他に完成せざる所あり。落葉終りて枯木の様に立つ木々あり。冬の景色なり。」

とうとうこの年は初冬のシーズンまでいた。そして、一二月一日に後ろ髪をひかれる思いで軽井沢を引き上げる。「去るに忍びざりし」の一言は重い。わずか一週間後に日米開戦なのだから。

かくて戦争が始まった昭和一七(一九四二)年は、五月一日の翼賛選挙で当選を果たすや、一〇日には逃げるように軽井沢にやってくる。

「五月二十九日。八時十分軽井沢に行く、四回目。(略)。野花に色々可愛しきものあり、夫れが来る度毎に変って行く。」

この年は前年着手したミツバチの養蜂を本格化させる。同時に自分の食料のことを考えて、野菜を植え始めている。

「六月三日。昼頃駅より蜜蜂岐阜より到着の電話あり。
六月十八日。トマト三十一本植える。
六月二十一日。トマト八十本植える。

六月二十二日。メロン三十四本植える（九月中旬成熟の見込）。
六月二十八日。じゃ香草咲き始む。蜜蜂とまる。本年ももっと植え度し。レタスメーキング蒔く。二週間も忘れて居たので、出来るかどうか？
七月十九日。霜害にて枯れたシダーの葉を八百株も切り、汗だく〳〵。夕方へと〳〵となる。」

軽井沢でくつろぐ鳩山夫妻（1954年7月23日、毎日新聞社提供）

野花を植え、百合を植え、果物を植えたり、トマトを植えたりしているが、ものがなくなってきているという事情もわかる。

「十月十八日。長野地方には非常の人出あり。皆果物、野菜等を買ひ求む。軽井沢には青物屋に林檎の山を見たれ共、此の休日中に全部なくなる。」

鳩山の日記は昭和一八（一九四三）年から二〇（一九四五）年五月まで記載がない。孫にあたる古澤裕一は、次のように述べている。「だんだん戦局が悪化するにつれて、このような高原の生活も乱れ勝ちになり、反戦政治家の方方からの手紙の往復も多く、また御苦労にも東京から何時間もかけて祖父のもとにお越し下さる方もあって、身辺がにわかに騒がしくなってきた」（朝吹登水子編著『三七人が語る　わが心の軽井沢』軽井沢を語る会、一九八六年）。近衛文麿、吉田茂、宇垣一成、真崎甚三郎、松野鶴平、芦田均といった人々との軽井沢における交流の後、再び政治をつくる季節がやってきたのだ。かくて昭和二〇（一九四五）年八月の敗戦と共に、鳩山は東京に戻り、日本自由党を結成することになる。

もっとも鳩山が政治をつくるために時めいていたのは、わずか八ヶ月にすぎぬ。昭和二一（一九四六）年五月、組閣直前に追放されてしまうからだ。追放された鳩山は、またまた軽井沢で晴耕雨読の生活に入る。自然をつくり、政治をながめ、やがて機を見て再び立つと。まことに鳩山にとっての軽井沢は、東京での政治を断念する代償行為として、晴耕雨読のスタイルの中に、ハイカルチャーを見出すことに他ならなかった。

3　朝吹登水子　軽井沢ハイソサエティ

朝吹登水子の『私の軽井沢物語』（文化出版局、一九八五年）は、ハイソサエティとしての軽井沢がどのような社会であったかということを余すところなく伝えている。

同じく朝吹登水子が編著者となった『三七人が語るわが心の軽井沢』と題する書物も、朝吹を含む戦前の軽井沢のハイソサエティにかかわった人々の証言録である。

実は朝吹たちの回想によれば、一九二〇年代（大正末期から昭和初期）にかけて、軽井沢の一時代を画したハイソサエティが成立していくことがわかる。朝吹は、この当時の軽井沢の特徴をとらえて、こう述べている。

「当時の軽井沢は、皇族や華族たちも大勢来ている避暑地ではあったが、贅沢を見せびらかすことはなく、宣教師たちと別荘をもつ避暑客の日本人がＫＳＳＲで活発に働いていたので、簡素ながら和気藹々とした、英米風の家庭的な雰囲気がみなぎっていた」（朝吹登水子『私の軽井沢物語』）。ＫＳＳＲとはKaruizawa Summer Residents' Associationと称する軽井沢のコミッティーの略語であり、もともと外国人メンバーが主体であったせいもあり、すべて英語で運営されていた（山本達郎「一九二〇年代・三〇年代の軽井沢」前掲朝吹編著）。

また皇族が軽井沢に来始めたのもこの時代であった。竹田恒徳が書いているところは印象的である。皇室での避暑は日光、箱根、葉山、沼津などに限られ、そこに御用邸と呼ぶ夏の一時的な住まいをつくった場合もあり、軽井沢に来ることはなかった。では竹田宮家はどうして軽井沢を訪れるようになったのか。

「我々が段々成長してくると見物する名所には事欠かないが、遊び場所の少ない日光に飽きてきたことを感知した子供思いの母は、最も近代的な避暑地と言われ始めた「軽井沢」のことを誰からか聞いたのであろう。大正の終り頃、軽井沢に我々を連れて行ってくれ、万平ホテル前の四辻の一角にあった半田別荘を借りて夏を過したが、恐らく房子内親王とは相談されていたからであろう、北白川宮ご一家も矢張りその頃から夏は軽井沢に来られていた。

軽井沢にはその頃もうゴルフ場が出来ており、テニスコートや野球場等各種のスポーツ施設があったばかりでなく、貸し馬屋や貸し自転車屋もあって、乗馬での道路や野外の騎乗、そしてサイクリングも盛んであったので、十五、六歳の元気盛りになっていた私は軽井沢がすっかり気に入り、それから夏といえば軽井沢に行き、遂に昭和二年に鹿島の森の一角に今も愛用している別荘を建て、その後は日本に居る夏は何時も軽井沢で過して来ている。

しかし皇族の中で一番早く軽井沢に別荘を持たれたのは朝香宮で、大正十一年末に千ヶ滝に別荘をつくられたが、昭和二年に別荘を作った私共に次いで昭和四年暮れには伏見宮が雲場の池近くの別荘を買われ、翌五年には東久邇宮が別荘を持たれるという様に、皇族方の軽井沢でのご避暑が大層盛んになった」（竹田恒徳「皇室と軽井沢」前掲書）。

大正末から昭和の初め、こうして宮家がどんどん軽井沢を避暑地と認知してやってくる。このような皇室の軽井沢化の伝統を戦後ひきついだのが、皇太子（現天皇）であった。ヴァイニング夫人と共に、避暑に来てこの地が気に入った皇太子は朝香宮の別邸であった千ヶ滝のプリンスホテルを毎夏利用するようになって、やがては周知の「テニスコートの恋」につながっていくのであった。皇族以外の華族や実業家も、ほぼ一九二〇年代から三〇年代にかけて、最初は旅行で、次いで貸別荘で、やがては自分たち固有のスタイルで、という形の軽井沢独特の展開がそこには見られる。

ところで朝吹家は大正一〇（一九二一）年前後、軽井沢で最も良い、旧軽井沢の一帯に大きな別荘を購入する。そこでまことに不思議なことに、イギリス人の家庭教師ミス・リーの指導の下に、物心ついた頃から彼女は軽井沢の中で英語とイギリス的習慣で生活を始める。朝吹の父常吉は、幼くから英語に慣れ、アングロサクソン的文化を学ばねばならぬとの信念の下に教育をしたのである。

「その頃は、たくさんの車が東京から軽井沢に登って来るわけではなく、道も開けていなかった。当時、軽井沢にあった西洋人以外の三台の車は、近衛家、細川家、三井家だった、と軽井沢に長い長谷川登美子さん（旧姓安宅。安宅産業創立者弥吉氏長女）は語る。細川さんでは、「東京からディムラーを持って来るとき、峠へ人夫を二、三人派遣して、道を直したものです」と護貞さんは話された。(略)。

磯辺せんべい、みすず飴、浅間ぶどう飴、これらの菓子は東京には売っていないので、夏休みの軽井沢でだけ食べる、一年ぶりのお三時の愉しみであった」(朝吹『私の軽井沢物語』)。

庭に籐椅子を出して読書をしたり、ちょっと小さなパラソルを立てて外でお茶を飲むとか、そんなことで軽井沢の夏は過ぎていく。そして必ず、日曜日には教会に行くのだ。それでも当時は西洋人の避暑客の方が多かった。だがその間をぬって、皇族や華族や実業家の子供たちどうしのつきあいもすむのであった。その手段としてあったのは自転車である。

「その頃の軽井沢の遠乗りは自転車であった。私は赤い自転車を持っていて、別荘から下の町へ毎日相当なスピードで下りて行った。その頃は自動車は少なく、人も少なく、自転車であっちの別荘へ行ったり、こっちの別荘へ行ったりした。三、四人、あるいは五、六人で自転車を乗り回すこと自体が結構面白かった」(前掲書)。

そこでは自転車競争も行われたらしい。朝吹によれば、「北白川宮、竹田宮、朝香宮の若いプリンスたち、近衛公爵、細川侯爵、酒井伯爵、柳沢伯爵方とジュニアたちが参加、親対息子のレースで、十五、六人の自転車リレーであった」。まことに「当時、町のメイン・ストリートを下ったこの自転車競争は、今日の町の混雑ぶりからは想像もできないだろう」。

軽井沢に育まれていたハイカルチャーのこれもまた一側面である。そして朝吹の文章にさりげなく表われる「町《まち》」といういい方、これもまた当時を知る人々にはノスタルジアを誘うひびきがあった。

実吉利恵子（後藤新平の孫娘）は、「お茶にお招ばれして、ゲームに興じた懐かしい場所として、今でも車道から小川を横切って「町」の方へ行く時、いつも窓から木の間がくれに眺める」広い庭の様子を記した途端、次のように嘆くのだ。

「今、つい「町」と書いてしまったが、この頃、この「町」は通用しないと、我家にみえる方々から時々きかされ、「まさか……」と云うと、「軽井沢銀座」でなければわからないと、タクシーに云われるのだと伺った。まさにその通り、地方の「〇〇銀座」に様がわりしたのである」（実吉利恵子「思い出すまま」前掲朝吹編著）。

現実に、軽井沢の町での交流はどのように展開したのか。

「昭和初期の軽井沢の町は、西洋人に混じって日本人が歩いているという観があった。夕方の町には別荘の青年少女たちも歩いていた。だから、メイン・ストリートを歩けば、たいてい誰か知っている人に会ったし、お辞儀をしないまでも、あれは誰と顔を知っていた」（朝吹『私の軽井沢物語』）。

朝吹はあるインタヴューに答える形で、「お母様の躾は？」との質問に対し、次のように述べている。

「父ほどではなかったけど、少し大人になってから、「良家のお嬢さんはシャプロンなしで外出するものではありません」と言われたり。シャプロンというのはお付きの女性のこと。その頃は皆さんそうだったのよ。一人で銀座へ行ったり、喫茶店や映画館に入るなんて言語道断だったから。それが軽井沢だとわりに自由だったの。宮様方も、東京じゃとてもお出になれないけど、ここではよく町を歩いてらしたわ。北白川宮の佐和様は、護衛の警官が後ろからついて来るのを自転車に乗って撒いたりなさるんですって（笑）。とてもおもしろいのよ。軽井沢でだけお会いする〝夏のお友達〟っていうのがずいぶんありました」（稲木紫織『日本の貴婦人』光文社、一九九九年）。

軽井沢のハイソサエティとは、こういう世界だったのだ。東京では厳しい躾の中で育つのであるが、軽井沢に行くと自由奔放になる。夏だけのおつきあいというこれまた一年に一度の出会いを楽しむ雰囲気が、軽井沢という場の中に醸し出されていく。

この時期にはハーバート・ノーマンやエドウィン・ライシャワーが来ていた。彼等はいずれも古き良き時代の〝ハイソ〟な軽井沢を知っていたのであった。

後の駐日大使のみならず、当時の駐日アメリカ大使も、軽井沢の夏の常連であった。朝吹の兄英一は、こう書いている。

「その頃駐日大使グルー氏は、私共の家の上にある立教大学総長ライフスナイダー博士の別荘に滞在しておられ、家のそばの細い道を通って町へ出て行かれた。そしてその著書『滞日十年』の中に、「朝吹氏の家では、令息の一人がザイロフォンをやり、子供たちがそれぞれ違った楽器を奏するので、家族オーケストラを構成していた。私は軽井沢で、朝吹氏の大きな家の横を通りながら、よく彼らが練習するのを聴いた」とある」（朝吹英一「テューズデー・コンサート」前掲朝吹編著）。

ファミリーコンサートからダンスへと広がっていく音楽の世界。同様にスポーツの世界も広がりをみせていく。軽井沢でのスポーツと言えば、最初はテニスで、やがてゴルフの時代になる。テニスの試合などを通じて、学生でテニスの試合や大会によく出ている人たちが集まり、ゴルフでもゴルフ通の人たちがどんどん集まってくるようになる。だから軽井沢のハイソサエティは、ティー・パーティに始まって、共通のスポーツや音楽といった趣味を通じてハイカルチャーの実体を形作っていく。

ダンス・パーティの世界では、似合う人とそうでない人とが一目瞭然である。この時代、軽井沢ニューグランドホテルで踊っていた何組かの人たちの中で、とりわけ印象に残るのが、白洲次郎・正子夫妻であったらしい。朝吹は「白洲次郎さんはとても背が高く、がっちりした体格で、波打つ長髪と彫りの深い日本人ばなれのした容貌で、十四、五歳の私は、「あんな美男子はいないなあ」とびっくりして彼をながめたものである」（朝吹『私の軽井沢物語』）と記している。

だが、この時代の軽井沢のハイカルチャーはこうした人と人との社交の華やかさだけに限られるものではなかった。実吉利恵子は、やはり「古き良き時代の軽井沢はどんなでしたか」とのインタヴューに、次のようにはっきりと答えている。

「朝吹登水子さんの本にある、ダンス・パーティするような華やかな社交生活とは、私たちはちょっと違うのよ。うちは川に行ってお魚取ったり、馬に乗って牧場行ったり、自転車に乗ったり、うちのテニスコートでテニスしたり、社交といってもティー・パーティっていう感じじゃなくてね、その辺の木の下でカルピス飲むとか（笑）。だから私、カルピスが大好きなんだけど。それから浅間ブドウを採りに行ってジャム作ったり、おむすび持ってドライブ行って、水たまりでもどこでもばしゃばしゃ走っちゃって、川があると長靴はいて魚取ったり……。何ていうか野性的なわけ。だから息子たちが「ママはちっともデリケートなところがない」って言うの。何でもがむしゃらにやっちゃうから」（稲木『日本の貴婦人』）。

片や社交、こなた自然、その双方ともに軽井沢のハイカルチャーの実体に他ならなかった。すなわち軽井沢という場に、この二つが同時に存在したことに、意味があるのだ。社交界と自然界を行ったり来たり、まことに気のむくままにすごせる時間と空間があった。これ以上の精神的ぜいたくはなかったであろう。

ただこの自由な世界も戦時たけなわになってからは色々と緊張を強いられている。おそらくは昭和一八（一九四三）年以降のことである。

「石橋正二郎氏の別荘には、時折、鳩山一郎氏が見え、お二人で庭を散歩しながら話をなさるのだが、そういうときは時局の話だったようだ。日本の敗北は明白だったに違いないが、公にはもちろん口に出せず、鳩山一郎邸は常時憲兵の見張りがついていた。軽井沢の重要人物の別荘はすべて監視され、近衛公の別荘はもちろん一番監視されていただろう。鹿島の森一帯はそういうVIPの別荘が多く、彼等は別荘の庭伝いに往き来して「散歩」、つまりいろいろと戦局や政局を語り合われたらしい。のどかだった町は、憲兵が入り込んできて見張られるようになった」（朝吹『私の軽井沢物語』）。

先に述べた鳩山の日記には憲兵の話は一言も出てこなかったが、軽井沢でも常時見張られることが当たり前なのであった。そうであれば鳩山は常に見張られているにもかかわらず、というよりは、だからこそガーデニングに熱中し、あれだけの庭の手入れをやったとは言えまいか。あの庭の手入れは、一方では彼の政治への思いの代償行為であると同時に、ガーデニングであれば憲兵もまったく手出しできないということなのである。

馬場恒吾がやはり戦時中見張られているときに、新聞紙を出して墨で大きな字を書くという「手習い」をやっていたのと同じであろう。大きな字を書くことに文句はつけられまい。馬場といい、鳩山といい、自由人は不自由をものともせず、このような形での一種の抵抗運動を展開していたのである。

さて今一つのこの話のニュアンスは、憲兵の見張りが付いていても、別荘同士が隣り合わせになっているので、そこで秘かに散歩の形で情報交換ができたということにある。まさに軽井沢ならではのことであった。

4　白洲次郎　エピソードとマナー

白洲次郎は朝吹登水子が夏の軽井沢で会うのを楽しみにしていた男である。逝きて一五年、その白洲次郎は最近のはやりである。何よりも白洲次郎関係の本がたくさん出ている。

では白洲次郎という人間の何が面白いのか。実は彼については、エピソードが面白いのである。彼の人生航路を振り返ってみれば、昭和二〇年代吉田首相の側近として終戦連絡事務局次長、貿易庁長官、首相特使（平和条約交渉）、講和会議全権団顧問、東北電力会長といった肩書きは確かにきらびやかではある。だが、その肩書きに見合った仕事をどのようにやったのかということになると、格別の話はない。むしろある場面で彼がどう応対をしたかということになると、圧倒的な臨場感をもって迫ってくる。あるシーンのあるエピソードで彼は記憶され、語られる人なのである。つまり白洲次郎は、それぞれの場面で、彼自身が信じるイギリスのジェントルマンシップの典型的行動――スタンダードを考え、マナーを守る――をとった。そこに浮かび上がるエピソードをつないでいくと、ダンディで、非常に頑固で、何ともいえぬ格好のいい〝おじさん〟が出現するのだ。

白洲次郎その人は、いわゆる名門の生まれではない。彼は芦屋の生まれで、父が綿貿易で巨富を築いた裕福な家庭で育っている。

彼は神戸一中卒業後すぐにイギリスに行って、ケンブリッジ大学クレア・カレッジに入学し、イギリスで思春期を送る。もし一九二〇年代末に家が没落しなかったら「白洲商店」を継げたはずだ。ただ家が倒産するまで六年間も若い時代をケンブリッジで過ごしたことは、白洲の人生にとって決定的であった。このように外国ぐらしを若いうちに経験させるということは、この頃の名門や金持ちの子供達によくあった。パリに行ったまま一〇年といった類の育て方である。しかも外に出して好きにやらせていたら別に戻さなくてもいいわけである。ところが彼は家が倒産してしまったので、戻って来ざるを得ない。

留学生活を中断して帰国して、昭和四（一九二九）年には樺山伯爵家の次女正子と結婚して、やがて日本食糧工業の取締役になる。留学時代の人脈を生かし、たえず日本とイギリスを往復するような生活になる。それ自体は、別にこの当時の観念からすれば決してハイカルチャーでもなんでもない。樺山の娘をもらったという時点で、華族につながったということはあるけれど、白洲自体がハイソサエティの世界の出身ではないからだ。

ただ彼は一九三〇年代後半という実によい時期に、イギリスに遊びに行き、吉田茂と知り合う。この出会いが非常に大きい。しかもケンブリッジに学んだということで、相当程度イギリスのジェントルマンの教育が身に付いていた。ものの言い方から考え方まで、すべてが身に付いたことは間違いない。それは、スタンダードを考え、マナーを守ることに他ならなかった。

だから白洲次郎は早くも昭和一五（一九四〇）年には、わずか三八歳で仕事から退いて、小田急線沿線の鶴川に農家を買い、そこで農業を始める。白洲正子によれば、「鶴川にひっ込んだのも、疎開のためとはいえ、実は英国式の教養の致すところで、彼等はそういう種類の人間を「カントリージェントルマン」と呼ぶ。よく「田舎紳士」と訳されているが、そうではなく、地方に住んでいて、中央の政治に目を光らせている。遠くから眺めているために、渦中にある政治家には見えないことがよくわかる。そして、いざ鎌倉という時は、中央へ出て行って、彼らの姿勢を正す」（白洲正子「白洲次郎のこと」『遊鬼』新潮社、一九八九年）。

そういうイギリスの習慣を真似たのだという。当時の白洲次郎にそれだけの力があったかどうかは疑問なしとはしないが、そういう感覚で鶴川に住んで畑をつくった行為そのものがすがすがしい。

先述したように、戦前から白洲夫妻は、よく軽井沢に出かけていた。しかし、戦前の軽井沢社会には決定的にコミットしたわけではない。ただ戦後鶴川での農業に失敗し農地を売却した結果、高度成長期に入る頃白洲次郎は自らの晩年を軽井沢に、それも軽井沢ゴルフ倶楽部の運営に賭けることになる。

実は、軽井沢ゴルフ倶楽部（常務理事、理事長）の運営の前面に立ってからの白洲はエピソードだらけの人物となる。たとえ首相が来ても会員でないものは断ったとか、会員であればすべて平等だということで、社会的地位に関係なく扱ったとか、その手のエピソードは枚挙にいとまがない。白洲は軽井沢ゴルフ倶楽部に、自らの考えるスタンダードと守るべきマナーをもちこみ、頑固なまでにそれに忠実であろうとした。だから人をしかり、コワモテで応対し、自らのダンディズムを演出したのであった。その意味で軽井沢ゴルフ倶楽部は「カントリージェントルマン」たる彼にとっては、思い通りにできる一番最後の幸せな空間であり時間だったのであろう。

吉田側近時代以来、白洲は宮沢喜一と気安くつき合える仲だった。宮沢を首相にとも期待していたらしい。『佐藤栄作日記』（朝日新聞社）によれば、佐藤は昭和四〇（一九六五）年前後から、折に触れて、ゴルフの場で、白洲と宮沢に出会っている。また、昭和四一（一九六六）年八月二日の条に「夕刻白洲君がロックヘラーの番頭さんをつれて来る。暫く駄弁る。同時に宮沢君の待遇について話合ふ」（前掲『佐藤栄作日記』二）とあり、白洲が宮沢の起用について議論しにきていることがわかる。

その宮沢はこう語っている。

「占領から独立という異常な期間において付き合ったから、なおさら印象が強いのかもしれません。占領期間中、白洲さんはとにかくよく占領軍に楯突いていましたよ。物腰は普通の日本人ではないし、言葉も甚だ直接的で、懇切丁寧なものではなかった。すぐに歯に衣着せぬ批判をしたから、池田（勇人）さんでさえ、はじめは「聞きしにまさるいやな奴だ」と言ったくらい。しかし当時の彼は明確な哲学に基づいてそれをやっていたんです。「自分は必要以上にやっているんだ、占領軍の言いなりになったのではない、ということを国民に見せるために、あえて極端に行動しているんだ。為政者があれだけ抵抗したということが残らないと、後で国民から疑問が出て、必ず批判を受けることになる」と、何度も言っていましたね。それがあの当時の、あの立場での白洲さんの哲学でした。（略）。

白洲さんは私にとってはあくまでも「フレンド」でした。兄貴分というのも違うし、「親父」ほど離れてもいない、まさに英語でいうところの「フレンド」。あちらは初老だったけれど、その時の世の中のことよく知っていましたから、話が通じないなんてことはなかったし、こっちが生意気言っても、一向にこだわらなかった。年が下だということもあったんでしょうけれど。（略）。

とはいえ、彼は決して政治向きの人ではなかった。あれだけ率直に思うままを喋ってたら、まあ無理ですよ。政治の表舞台に立ったら、三分ともたないだろうと思いますね（笑）。電力会社の会長ほど簡単じゃないですから、なんて言ったら、白洲さん怒るかな」（宮沢喜一「純粋にして過激な「側近」」『白洲次郎』平凡社、一九九九年）。

宮沢喜一という、政治家に最も不向きと思われる人に、白洲は政治家には向かないと断定されるようなタイプだ。最後は、古くからハイソサエティを構成していた人々による会員制のクラブの理事長となる。かくて〝ハイソ〟な雰囲気を漂わせる人々の上に文字通り「君臨」して、白洲は「カントリージェントルマン」としての一生を終えるのである。

それ以外では、この人自身の生き様で、八〇近くまでスポーツカーを運転したり、英国仕立てのツイードのスーツを着たり、スコットランドの究極のウィスキーを飲んだり、ダンディズムが息づいた行動様式を押し通して、暮らしていったということになろう。ここではいつのまにか、スタンダードを考え、マナーを守るという白洲の生き方そのものが、軽井沢という場にふさわしいハイカルチャーであると、人々に認識されていくのだ。これまた軽井沢の魅力のある側面になるが、何でもとりこんでいくという点で軽井沢は奥が深いのである。白洲次郎さえも包み込んでしまい、「カントリージェントルマン」としての作法もハイカルチャーにしてしまうのだから。

白洲次郎は晩年は妻正子に骨董や著述など好きなことをやらせて自分はそれをバックアップする形をとった。そして「一緒にいない」ことこそが夫婦たることの秘訣とうそぶいていたらしいが、これまたいかにも白洲のダンディズムの発露に他ならない。

また彼自身は、鶴川の農場でも、軽井沢の別荘でも、テーブルやワゴンをはじめ、家の中の調度品を作ることをいとわなかった。昔の人々は手仕事を進んでやったのである。鳩山は庭園を作った。白洲は農場や調度品を作った。したがって、ハイカルチャーの世界というのはある面でセルフメイドできる世界なのである。言い換えれば、セルフメイドというのは、ある種の自覚と余裕をもったそれなりの地位と身分にある人にのみ許されたぜいたくに違いない。

なお、本稿が参考にし参照した白洲関係の本を三冊だけ掲げておく。『白洲次郎』（平凡社、一九九九年）、青柳恵介『風の男白洲次郎』（新潮社、一九九七年）、馬場啓一『白洲次郎の生き方』（講談社、一九九九年）。

5　玉村豊男　ヴィラデスト

最後は玉村豊男である。玉村は、これまで述べた鳩山、朝吹、白洲の三人とはまったく異なる文脈で登場する。むしろ一九世紀末の軽井沢に、偶然のなせるわざでやってきた馬場と動機は似ているかもしれない。二〇世紀末の玉村と一九世紀末の馬場とが、意外にもねじれ現象をおこしてつながるとしたら、これほど面白いことはない。

玉村豊男は時々テレビで見かけるが、フランス通で、料理が好きで、評論をして、最近は絵も描いている。本人は自分自身をエッセイストと規定している。実は、玉村豊男と軽井沢との関係は非常に興味深い。彼は元来軽井沢に縁があったわけではないが、偶然が重なって、昭和五八（一九八三）年から軽井沢に住むことになる。はじめに軽井沢ありきではないが、結果として軽井沢でよかったと言うのだ。なぜか。ずばり、軽井沢は田舎でありながら都会だからだ。それはまさに戦後の軽井沢が大衆化したときの大衆による消費社会化の動きを、もののみごとに言いあてている。

彼が最初に軽井沢に行って書いた『新型田舎生活者の発想』（PHP、一九八五年）はなかなかに刺激的だ。軽井沢で原稿を書いて、東京へファックスで送る。軽井沢でおいしいものを食べる。それは自分でつくるわけではない。軽井沢にはおいしいものがいっぱいあるからそれを買って食べる。東京よりも〝おいしい〟消費生活ができるではないか。自然の中で都会の暮らしができてとても楽しい、というのが彼の最初の軽井沢に対するコンセプトであった。

実はこの頃から、在宅勤務ができるとか、東京にいなくても情報を取れるということが言われ始めていた。いわば〝新型〟消費生活をめざす線に乗って彼の軽井沢生活は始まる。それをよく示すのが、この本の第三章のタイトル「エレクトロ・コテージをめざして」である。職住を兼ねた電化された家が実は軽井沢にあるのだが、東京は近いからすぐ出ていける、という生活に彼は満足しているのである。

「なんだか子供時分に帰ったような気さえする。かつて東京にあっていまはなくなった自然が、軽井沢には、もちろんそれを上回る規模でですが、いま、あるわけですね。（略）。

東京に住んでいるとすべてが東京中心に動いているような錯覚に陥って、とても東京以外では住めないような気分になるものですが、それはほとんど幻想だとぼくは思います。東京に住んでいると東京の外に出たくなくなるというのは、きわめて偏狭な、一種のローカリズムではないでしょうか。東京にいれば世界中の情報が集まっているから東京にいるのだと東京の人は思っているし、だから東京をはなれると情報も文化も何もなくなってとてもそんなところでは生きられないと思うんだけれども、実際には東京の人が思っているほど東京というのがものすごいところでもなんでもないようですよ」（玉村豊男『新型田舎生活者の発想』）。

玉村の言う自然を楽しむ部分は、馬場などと共通の点がないわけではない。また、庭のそうじから家のメインテナンスのすべてをやるのに時間がかかるから、田舎の生活もけっこう多忙であるとの認識には、セルフメイドを自覚していた鳩山や白洲と通じるものがないわけではない。しかしともかくも、「軽井沢にも東京にもどちらにもアイデンティティを持たなくて済む」「どちらへ行ってもよそ者であると言う。これは最高に自由な気分です」というのが、玉村のいつわらざる感想なのであった。それが、歳月をへるに従ってだんだん変わってくる。彼は軽井沢で生活しているうちに、自分で食べたいものを自分で生産したいという気分に変わるのだ。本来消費者だったのが生産者としての欲求が起きてくるのである。先の本の中で面倒だから野菜を作ったりはしないし、その意味での田舎暮しをするつもりはないと断言していたにもかかわらずだ。大病をしたせいもあったろうが、ほぼ一〇年近くの軽井沢生活に終止符を打って、もう少し軽井沢から遠い東部町［現、東御市《とうみ》］というところに移住する。そして東部町に大きな土地を買って、鳩山一郎どころではない本格的な農耕生活を始める。自ら名付けて、〝ヴィラデスト〟だ。

平成七（一九九五）年に出た『田園の快楽』（世界文化社）という本には、いかに彼が年中百姓生活をしながら自然と共存しようとしているかということが書かれている。

「東京で生まれ育った私たち夫婦が、信州へ移住して山暮らしをはじめてから、早いものでもう三年になる。当初は軽井沢の別荘地のはずれに住んでいたが、四年前から東部町に引っ越し、小さな山の上に居を構えて、目の前の斜面で畑を耕している。ワイン用のブドウ、各種のハーブ類、ズッキーニ、トマト、トウガラシなどの西洋野菜。ほとんど経験のない畑仕事に取り組んでから、なんとか三シーズンを経過し、一応現在のところ農園の活動は順調である。

多雨低温、猛暑干魃と、毎年続く異常気象に見舞われ、予測のつかない自然に翻弄され続けてはいるけれども、一日一日と経験を積み重ねる中でわずかずつではあるが、あるひとつの、しっかりとした手ごたえのある暮らしの形を手に入れつつある実感を抱いている。ヴィラデストというのは私たちがその家と農園につけた名前で、探し求めた理想の土地に居を構え、都市と田園を結びつけながら新しい生活と文化のスタイルを模索していきたいという願いがこめられている」。

いつのまにやら、がんらい東京と軽井沢のどちらにもアイデンティティを求めない筈であった玉村が軽井沢の周縁地東部町に定住し、ヴィラデストたることにアイデンティティを見出さんと望むようになった。自然と格闘していくうちに農耕生活の面白さに目覚め、これが自分の本来の姿だと思うようになる。もちろん文筆活動もするが、非常な勢いで、奥さんと一緒に田園の開墾をし、ヴィラデストとしての自立に賭けていく。『ヴィラデスト三年連用日記』（BNN、一九九六年）には、農耕生活の詳細が毎日のように記され、これはもう農耕オタクではないかとさえ感じられる。その意味では玉村は変わっていったのである。

ところが、その彼が最近また変わりつつある。どう変わりつつあるのか。かつて鳩山一郎はあくまでも本業の政治から排除されていたが故に、その代償としてのガーデニングに没頭した。したがって、そこでは最初から採算は度外視されている。いや、そもそもが趣味なのだから、それで構わない。しかし、玉村は都市と農村とを結びつけるためにもそれが職業にならざるをえない。そうすると農業とは不思議なもので、ある程度規模が大きくなると、都市の市場に出して売らなくてはならなくなる。そうするとどういうことが起きるか。もっとたくさん良いものを作るためには手が足りないから人を雇う、という話になる。そうなれば、いままで家族二人せいぜい数人でやっていたものが、今度は擬似大家族化してくる。大きくなれば〝経営〟が前面に出ざるをえない。そして全体をマネージメントするためには、玉村豊男は農業をやっているだけではすまされなくなるのだ。それを維持するためにはもっと東京に出て、東京発のメディアに乗ってエッセイストとしての活動を続けねばならない。何しろ擬似大家族に給料を払わなくてはならなくなるのだから。

玉村は、読書人の雑誌『本』に、去年［一九九九年］一年間「小さな農園主の日記」を連載した。実はこれはこれまでとトーンが全く異なっている。自分は農園にかかわりながらも、外でのいろいろな活動をせねばならず、いわば遠隔操作をしながら農園の生活を見ていくという形になる。まさに企業化である。彼は絵も描かなくてはいけない。もちろん絵は趣味でやっているが、それを売って稼いでいくという話になる。彼の絵は、夏に軽井沢に来た客に、それも軽井沢の一つのハイカルチャーだと思われて買われていくのである。かくて彼は農村にどっぷり浸かった生活から、再び都市の生活にある程度戻っていかざるをえない。

玉村のこの二〇年近い遍歴は、都市の消費生活から田舎の生産生活に入って、今度は農村と都市を結んだ企業経営生活になるといったらいいのだろうか。そうした生活様式の変容が、東京と軽井沢とその周辺を舞台にしながら展開していったということになろう。

玉村の「小さな農園主の日記」は、これまでのものと比べてなぜかしみじみとした情感にあふれている。この日記の一番最後は、平成一一（一九九九）年一〇月八日。自分探しの旅の終わりにあたる。玉村という姓を持った一族を探して、群馬県の藤岡まで行く。しかし結局玉村の先祖の奥の奥は見つからない。そこで彼は最後にこう結んでいる。

「藤岡、武生、京都、東京、そして長野、玉村一族の末裔は、また振り出しの群馬の近くに戻ってきて、いまは小さな農園主。私は駅の近くの店で越前そばを注文し、熱燗を一本つけてもらってひとりだけの誕生祝いの膳とした。それは日記をつけ初めてから満一年の祝いでもあった」。玉村一族の末裔は、いま軽井沢の近くで企業農園主になったわけである。無論、玉村の都市と田園を結んだ新しい生活と文化——それをハイカルチャーとよんでもよかろう——の創造への挑戦は、幕をおろしたわけではない。しかし、どうやら今、一つの到達点に達しつつある。これこそは軽井沢に魅せられて、軽井沢という磁場の発するエネルギーとたたかった一人の男の生き方の不思議さそのものに他ならない。

五人の人物を中心に二〇世紀の軽井沢を追ってきた。五人は、三者三様ならず五者五様で軽井沢の地に、ハイカルチャーを見出した。同時にそれはバーチャルカルチャーでもあった。すなわち、自分の思いなり行為なりを軽井沢という場所に託するという意味においてである。たとえ最終的にはそれが形にならなくても、軽井沢はそれらをすべて包み込んで今日まで来ているのである。

新幹線や高速道路のおかげで、軽井沢は東京とさらに近くなり、これからも各々にとってのハイカルチャーであり続けるだろう。しかし軽井沢は、あくまでも東京あっての軽井沢であり、東京の関数であることをやめることはない。したがって東京との関係で、二一世紀の軽井沢そして、その地が育むハイカルチャーはさらに変化していくことになるであろう。

【補遺】

本章を執筆したのは二〇世紀最後の年であった。当時はかろうじて通じた「ハイカルチャー」なる言葉も、今では死語になった。二一世紀に入って軽井沢はどう変わったのか。

まずは、本章で最後に取り上げた玉村豊男のその後を見てみよう。

東京に生まれ育った玉村は、一九八三年に軽井沢へ、九一年には東京よりさらに離れた東部町（現、東御市）に移住した。東部町に大きな土地を求め、「ヴィラデスト」としての生活をスタートさせ、いつの間にか、ヴィラデストたることにアイデンティティを見出さんと望むようになり、企業経営生活に入るまで変化したことは本章で述べたとおりである。

さて、その後はどこへむかったのか。〝経営〟は順調に進み、二〇〇三年にはなんと果実酒製造免許を取得しワイナリーを設立、翌年にはカフェレストランとショップをオープンさせるに至るのはお見事というほかない。

還暦を過ぎ六五歳を迎えた頃、玉村は『隠居志願』（東京書籍、二〇一二年）なる一冊を書いている。一万二〇〇〇坪にまで増えたブドウ畑を前にして、「樹を植えたのは私だが、もっともよい果実を摘むのは次の世代である」と達観する玉村。

電子機器を駆使すれば東京と同じ生活ができる、自然の中で都会の暮らしができるというコンセプトで軽井沢に移住した彼が、「隠居というのは、世間に飛び交う情報から超然として「隠れ居る」ことではないか」と考えるまでに変化したのである。軽井沢は人を大きく変える面があるのかもしれない。所有すること、モノへの拘泥が嫌で軽井沢に来たのに、いつの間にか農場を所有し経営するまでに変化したのであるから。そして玉村は今や、「千曲川ワインアカデミー」やワイナリー「アルカンヴィーニュ」

に深く関与し、東御市を中心とする広域ワイン特区での活動を始め、ワインによる世界への発信を試みるまでになった。

ところで、私自身が軽井沢とかかわりを持つようになったのは、八〇年代前半頃だった（今から思えば、玉村が軽井沢に移住した時期と重なる）。妻の実家が千ヶ滝に別荘を持っていたことから、中軽井沢を拠点に三〇年以上ウォッチしてきたことになる。

戦後五〇年を過ぎた頃から軽井沢の様子も少しずつ変わり始めたと言えよう。高齢化の問題はここにも存在する。東京郊外の団地とも似ているかもしれない。近くにお店がない、自動車がないと買い物ができない、広い別荘の掃除すらままならない、はたまた相続の問題が立ち起こる等々。いずれは、手放さざるを得ないと考える人たちも多いと聞く。しかし、軽井沢という地が見捨てられていく、などと嘆くなかれ。むしろ、活き活きしているではないか。若い人がわんさと入り込んでいる。東京から越してきた人がレストランやお店を出している。さらには、軽井沢発で東京に進出するような例も出ている。

その顕著な例は、古めかしい「星野温泉」が今や「星のや」「星野リゾート」として生まれ変わり、軽井沢発で京都、沖縄など全国展開をはかり、さらに全国レベルでホテル・旅館の再生業を営んでいることだ。さらに同じく地元から、蕎麦と酒で旧軽銀座のロータリーの一等地を占める「川上庵」グループが、多業種開発で異なる名称をもちつつ全国展開を果たしつつある。若い経営者をめざし、さらに若いエネルギー溢れる人たちが集まってくるという循環である。「ハイカルチャー」ではない、新たなカルチャーが誕生しつつあるようだ。

街の風景も変わりつつある。昔からの別荘地が大規模開発によってマンション群に代わる例も多い。もちろん、そうした動きを批判的に捉える人たちは多い。昔からの住人にとっては眉を顰めたくなるのもわかる気はする。しかし、閑古鳥が鳴いて滅びるようなことがないのは嬉しいことではないのか。多様な要素が入り込み、吸引力と発信力とがさらに強まっているように見え、変化し続ける軽井沢にエールを送りたい。軽井沢はそこを訪れる人をも変えつつ、自らも変わる、そんな土地柄なのではないだろうか。

最後に、政治との関係についても述べておこう。軽井沢には、政治家の別荘が昔も今もある。本章の鳩山一郎の例を持ち出すまでもなく、まさに、「ハイカルチャー」と連携して存在した。歴代の総理が住居を持ち、しばしばそこが社交の場となったのは事実。まさに「権力の館」研究の対象に他ならない（詳細は、『権力の館を歩く』ちくま文庫、二〇一三年参照）。

しかし、今はもう曲がり角に差し掛かっているのだろう。政治家自身が別荘を維持できなくなった。いや、別荘を持つことがステータスと考えられなくなったのかもしれない。政治家の動線は変わり、政治そのものも変わってきた。

思い返せば、一九九三年夏の宮沢前首相と細川首相との懇談も軽井沢で行われている。二人とも別荘を持っていながら、「ホテル鹿島の森」と覚しき所を利用しているのだ。戦後五〇年を目前にしたこの頃から、すでに変化の兆しがあったと言えよう。

昨今で言えば、安倍晋三首相の別荘が河口湖であって軽井沢ではないのも象徴的であろう。政治と軽井沢の意味合いが変わってきつつある。

今はただ、「死語」となったハイカルチャーを懐かしみつつ、軽井沢での新たなカルチャーの出現、成長を見守りたい。

なお、本書と時を同じくしてお目見えするBSテレビ放送大学の一五回番組『権力の館を考える』の九回「軽井沢の館」に是非アクセスしてほしい。ロケバスで走ると「軽井沢」の館と館をつなぐ〝道路〟と〝林〟の存在が、生き生きと感じられるから。

第8章　2002年

「復興計画」をつくる——危機管理コミッティとしての阪神・淡路復興委員会

「復興」から何を連想するか。時間的近さ、そして私自身の関わりから言えば、東日本大震災復興構想会議が真っ先に思い浮かぶ読者も多いかもしれない（そのことは、末尾の補遺で言及する）。しかし、何事も最初が肝心。本章を通して、まずは20年前の「復興」に立ち戻ってみたい。

あのとき、私は“同時進行”的にオーラルを行っていたのである。政策決定過程を記録するのは、山あり谷あり。ある種の興奮とともにオーラルの聞き手を務めたわけであった。振り返ると、当時は全く気に留めなかったことが、後世の読者にとっては重要な発言であることも……。そこにオーラルの醍醐味もある。実際、私自身はそのことを東日本大震災復興構想会議の議長代理で思い知ることになったわけだ。

危機管理、防災などという言葉が日常的に飛び交うようになったのも、阪神・淡路の大震災を契機としている。災害大国に暮らす私たちにとって、たびたび立ち戻るべき地点であることは言うまでもない。

（初出：「危機管理コミッティとしての復興委員会――「同時進行」オーラルの「ファイル」をめぐって」木村汎編『国際危機学――危機管理と予防外交』世界思想社、2002年）

はじめに

一九九五年一月一七日、阪神・淡路大震災が起こった。このとき、私の脳裏にとっさに浮かんだのは、テレビに刻々と映し出される被害状況もさることながら、「政府はいったい、どのような形でこの危機状況を収拾していくのか」という疑問だった。多少とも政治学や政治史を勉強している者にとっては、このような大きな天災が起きたときに、政府がそれをどう収拾していくかということは、かなり興味深いテーマである。したがって、被災者の方々にはたいへん申し訳ないこととはいえ、冷静な一人の社会科学者として、私自身もこのことに無関心ではいられなかった。しかも、まもなく新聞報道などで復興委員会が設けられ、かねてからよく知っている下河辺淳氏（元国土事務次官）が委員長になるということがわかった。

じつはいまから一二〜三年前、私は国土計画――現在は「全総」（全国総合開発計画）といわれている――の研究に従事していた。そのさい、国土計画の全体像を掴むために、下河辺氏（当時、ＮＩＲＡ＝総合研究開発機構の理事長）に、かなり長時間にわたってさまざまな角度からインタヴューを行ったことがあった。もちろん彼一人ではなく、多くの関係者から聞き取りを行い、それを最終的にはＮＩＲＡの報告書として刊行すべく鋭意準備をすすめていた時期に当たっていた。やがてこのオーラルヒストリーの記録は、『戦後国土政策の検証』(上・下二巻)と題して、一九九六年一月に刊行された。

そういう関係があったので、とにかく復興委員会ができることを知った時点で、私は早速、下河辺氏にアポイントメントをとった。二月二二日のことである。下河辺氏も、こちらの意図を何となく察していた様子だった。私の「これを記録に残しませんか」という申し出に対して、「しばらく経ってからですか」と応じたことを、覚えている。「いえ、そうではなくて一緒のジェットコースターに乗せてください。いわゆる同時進行で記録を残しましょう」。幸いにも、下河辺氏はしばらく考えた末に承諾された。それからあとはトントン拍子に話がすすんでいった。

1 「政策決定過程」を記録する

早速、私は何人かの若い友人たちに声をかけて、速記者をふくめて、総勢六名というチームをつくった。問題は、いかなるタイミングでオーラルを始めるかということにあった。当の復興委員会はかなりの危機状況のなかでつくられたにもかかわらず、あるいはそれゆえにというべきであろうか、非常に手順よく一年で解散するという、「サンセット委員会」であることが表明されていた。しかも、ほぼ月に一回ないし二回の審議で結論を見すえた議論をすすめるというのが、当時の下河辺氏の考えであった。そうであれば、毎月の委員会終了後に、われわれのインタヴューをセットするのが、もっとも効果的であった。「ジェットコースター」に相乗りするわけだから、委員会審議日に近ければ近いほど、臨場感を追体験できるはずだったからである。当初の約束どおり、一九九五年二月にスタートした復興委員会は九六年一月で終わっている。全体で委員会は一四回開かれ、そのあとを追う形でわれわれは一二回（九五年三月から九六年二月まで）、下河辺氏に丹念なインタヴューを行った。

「同時進行」オーラルとはいうものの、ターゲットは委員長一人、つまり他の委員からは話を聞くことができない。これは、事柄の性質上無理もなかろう。要するに、秘密保持のためである。当時の下河辺氏の条件の一つが、「記録は一〇年は公開できない」というものであった。つまり、二〇〇五年を公開のメドとすることになる。一九九五年の段階で「一〇年」といわれて私が承諾したのは、とにかくそうであっても、いま何か記録しておくことは必要だと考えたからである。

私がこの手の試みの必要性を考えた理由の一つは、それが内閣にできる諮問委員会であったことにある。なぜなら、内閣設置であれば事務局も寄合世帯になるから、おそらく委員会が終了すれば、資料は雲散霧消するに違いなく、何としてもここで資料を確保しておかなければならない、との確信めいたものがあったからだ。さらに、記憶が鮮明なうちに、委員会の状況等もふくめて、どういう議論を経て復興計画をつくっていったか、すなわち政策決定過程を、委員長自身に語ってもらわなければならない。そこで、必ずしも私の専門ではない領域に関しては、前述の六名のなかに行政学と行政法の研究者を入れて補うという形をとった。

それではなぜ、下河辺氏は私の意図したことを承諾したのだろうか。後日、下河辺氏は、次のように語っている。

「官僚は自分の独断でやれる好きな仕事を担っていると思っているだけに、自分の考えたこと、やったこと、全てを記録しておかなければいけないと思います。成功しても失敗しても、最初に意図したときからの記録が完璧に残されていないと、あとの人が困ってしまうことは明らかであります。そういう意味で、私は自分のやってきたことの記録がないということを、少し重苦しく考えていました」（二〇〇〇年一一月四日、政策研究大学院大学Ｃ・Ｏ・Ｅ・オーラル・政策研究プロジェクト研究集会「オーラルヒストリーの課題と実践」）。

当時の私は、震災復興委員会は村山内閣がおかれた状況からみて、かなり委員長に実質的な権限があたえられるにちがいなく、そこで、おそらく委員長自身が官僚機構を動かしながら、政治的な調整をしていかざるをえないであろう、と予測していた。したがって、われわれにもかなりの程度、政策決定の実質部分がみえてくるのではないか。そういう予測の下に、「同時進行」オーラルははじまった。

現実にはまさに山あり谷ありの一年間だった。しかしまた、本当に「ジェットコースター」のように、あっという間に過ぎ去った一年間でもあった。合計一二回の記録が最終的にでき上がったものの、一〇年間は公開しないとの約束にもとづき、そのまま一つの「ファイル」の形にまとめた。その「ファイル」を、一九九六年当時、下河辺氏が理事長を務めていた東京海上研究所と、私の勤務先であった都立大学の研究室で保管してもつということにして、この年の春の段階でひとまず「タイムカプセル」に納めたのである。

2　公開と機密保持

約束の一〇年が守られていれば、封印は解かれることなく、まだしばらく「ファイル」は眠っていたはずである。ところが、読売新聞大阪本社の西井淳記者が「ファイル」の存在に気づいてしまった。ある日突然に、私に取材の申し込みがあった。「話を聞きたい」といわれても、これまたむずかしい。インタヴューを手法として用いている者が、逆にインタヴューの対象になるわけである。取材される側としては、「(下河辺氏に)同時進行の形でインタヴューした」ということを隠して、「していない」というのは非常にむずかしい。しかし、「した」といってはまずいし、まして認めてしまうと次には「ファイルをみせろ」という話になるだろう。「みせてください」といわれているうちに、「それなら部分的に……」などという話になったら、ますます具合が悪い。当初はかなり抵抗したが、「とにかく会ってください」という彼の執拗な申し込みに、とうとう会うことだけは承知した。忘れもしない、一九九六年一二月一七日、上京した西井記者からいろいろと取材を受けることになった。

さすがに、新聞記者の取材は「うまい」という他ない。私自身、インタヴューというのは、こういうふうにするものなのかと、逆に勉強させてもらった。突然、両手を広げて、「(ファイルは)これくらいの大きさですか」といわれると、思わず「いや、そんなに大きくはありません」と答えてしまったり、話しているうちに次第に隠しきれなくなる。そういうやり取りがあって、最後には「これは下河辺さんが承諾しなければ、表には出ませんよ」——これが、唯一の切り札であった。

いうまでもなく、下河辺氏と私との間には「国土計画」のインタヴュー以来の信頼関係が存在する。しかし、「ファイル」の公開に関して文書で交わした正式の契約があるわけではない。それこそ言葉でお互いに「一〇年」といっているだけで、しかも公開決定については私の権限ではない。そこで、私は「下河辺さんが承諾すれば、その段階でどういう形で公開するかを考えましょう」という他なかった。ちなみに、現在われわれが行っているオーラルヒストリーにおいても、どのような形で公開するかは大変重要な課題であり、録音テープや速記録の管理・機密保持にはかなりの神経をつかっている。また、それらを権利関係のうえでどう処理していくのかについては、現実の問題として専門家と検討を重ねているところでもある。いずれにしても、私は「ファイル」の公開に関しては、下河辺氏の判断に委ねたわけである。

ところで、読売新聞記者は、どうしてこの「ファイル」の存在に気づいたのであろうか。それはありていにいって、下河辺氏が口をすべらせたからであった。私は、なぜ下河辺氏が「ファイル」の存在をもらしたのか、その理由が当時はどうしても掴めなかった。だが、下河辺氏は、読売新聞記者にだけもらしたわけではない。すべての記者に開かれた会見の席上で、そこはかとなくあるような、ないような話をしたらしい。他の多くの記者が、そのサインを見過ごしたなかで、読売新聞記者のみが、それをメモし、件の西井記者に引き継いだ。西井記者は、先輩記者のメモを丹念に追跡し、霞のなかから「ファイル」の存在をつきとめた。――これが、真相のようだ。この下河辺氏の「リーク」は、当初私を困惑させた。しかし後から考えてみると、「ファイル」公開の時期を早める推進力になったのは、いうまでもない。いまになってみると、これこそ、下河辺氏の高等戦略であり、「タイムカプセル」に入れた当の本人が、早い段階の開示を促すために、自ら「リーク」し、気づいた者を外圧とするというやり方をとったのではないか。ふとそんな気がするのである。

3　追加検証のために

学者というのも結構粘着質で、どこかに重要な資料があると聞くと、何度も訪ねて行って、「みせてください」とか「(箱を)開けてくれませんか」とかいうものである。しかし、新聞記者の粘り強さというか、西井記者の粘着質も相当なものだった。それから二年間というもの、季節が変わるたびに彼は私に会いに来た。結局、その執拗さに負けたわけであるが、もっとも心を動かされたのは、彼の「しかし、一〇年待っていたら、震災についての検証はまったくできなくなりますよ」という一言だった。そこには、未曾有の大震災であったため、早急に事後検証をすべきであるということ以上に、震災直後の救出活動に尽力した人々のなかに、かなり早い段階で、疲労などが原因で亡くなる人が増えてきているという事実が込められていた。

あるいは、中央で政府の政策決定にかかわった官僚についても、一九九五年段階で実際にタッチした局長や課長クラスの人たちがだんだんポストが上がって、リタイアするということもあった。したがって、「二〇〇五年まで待ったときに、どれだけの人に追加検証できるんでしょうか」という彼の痛切な叫びは、私にはかなり切実であるように思えた。普通は、私が対象者からさまざまな話を聞き出し、「早く公開せよ」と迫るのだが、ここは逆であった。「なるほど、人はこうやって説得されるのか」と思ったような次第である。そこはやはり、ある種、理屈の世界でもあり、しかも現場の人たちがどんどん亡くなっているという現実を突きつけられれば、気持ちが動揺してくるのも当然であった。

震災後、読売新聞大阪本社は毎年一月になると、大阪版で「阪神大震災再生への道」と題する検証特集を掲載していた。一九九六年、九七年、九八年と続いて、九九年の特集を考える一九九八年秋の段階で、西井記者は私に、「もう、もたない」と強く訴えかけてきた。おそらく、二〇〇〇年を最後に検証記事は書けなくなるだろうというのである。つまり、「五年で震災もののネタは尽きる」というのが、読売新聞の判断であった。じつは、その前年末から、下河辺氏自身も、「やっぱり一〇年は長いかもしれない」と述べるなど、微妙に態度の変化が生じていた。「どうもネタとして、もたなくなってきている。だから、もう少し早い段階での公開を考えようか」というのが、下河辺氏の対応でもあった。

その後の細かい経緯は省くとして、一九九九年春の段階で、下河辺氏が「読売に関してのみ、これを公開する」ということを申し出られたので、私の手元にあった「ファイル」を西井記者に開示することになった。ここに、「追加検証の手がかりとして」という条件つきで、「ファイル」は「タイムカプセル」のなかから一部取り出された。

4 「第三の道」を歩む

さて、次いで「ファイル」の実体分析に移ろう。この「ファイル」は非常に密度の濃い構成になっており、われわれが通常行うオーラルと同様、一回二時間単位ですすめられた。オーラルの部分だけで二七三ページ、さらに巻末に資料がつくという構成になっている。この「ファイル」をもとに読売新聞大阪本社はプロジェクトチームを組み、それぞれの関係者に再取材を行った。その過程で、またいろいろなことが明らかとなり、それが二〇〇〇年一月の大阪版の「阪神大震災再生への道――復興委員会は何を残した」という特集記事になった。大阪版では九回の連載記事（一二日―二〇日）であり、東京版では一回（一八日）だけ、その特集があった。いずれも、「下河辺ファイル」と称されるわれわれのオーラルの記録をもとに、それを検証する形で記事が書かれていた。したがって、その段階で、この「ファイル」の存在は広く世間に知られてしまったのである。

問題は、このようなプロジェクトをやって良かったのか否か。それから、これを今後どういうふうに一般的な形にして、オープンにしていくのか。さらに、このような「同時進行オーラル」＝「ジェットコースター型インタヴュー」という手法を、今後も使いうるのかどうか。これらについては、私自身いまだ検討中であり、明確な答えをもっているわけではない。

そこで、それらの問題に留意しながら、いま一度「ファイル」の内容を振り返ってみよう。自分がつくった記録を自分が読むというのも妙な感じであるが、読み直して印象的だったことが一つある。それは早い時期のインタヴュー、つまり一九九五年三月から七月にかけての下河辺氏とわれわれの議論は、かなり緊迫感に溢れている。それは、まだ政策の最終的な決定の部分が確定していない時期であり、その分、おそらく委員長も揺れていたからではないだろうか。しかし、夏を越したころから着地点がみえてきた。着地点がみえてくると、これは当然かもしれないが、速記録の内容自体がやや平板なものとなってくる。それは通常のオーラルの場合でも同様で、われわれ聞き手の側の緊張感も〝慣れ〟のために薄れてくるということだろうか。そういう印象は否めない。じつは一一回目の時点（一二月七日）で、われわれ聞き手全員が、その段階での論点のまとめ＝一年間の総括の議論を行っている。

周知のように、復興委員会は七人の委員によって構成されていた。下河辺氏が委員長であり、そのほかに貝原俊民兵庫県知事と笹山幸俊神戸市長、それから関西経済団体連合会会長の川上哲郎氏、作家の堺屋太一氏、東京大学名誉教授の伊藤滋氏、日本女子大学名誉教授の一番ケ瀬康子氏、さらに特別顧問として政界から後藤田正晴氏と財界から平岩外四氏が入っていた。そういうきわめて簡素な委員会のつくりであり、それは逆にいえば、委員長次第で委員会はどうにでもなるという状況であったように思う。

しかも、「サンセット委員会」であるとするならば、やめる時期が決まっている委員会であるがゆえに、終了時点から逆算して計画を立てていかなければならない。実際、第一回目（三月七日）のわれわれとのヒアリングのなかで、はっきりと下河辺氏は、「とにかく、こういうのはダラダラやってはいけない。おしまいを決めておいて、むしろ先に前倒しのようにしてやっていかなくてはいけない」「この年（九五年）の一〇月には最終答申を申して、以後しばらく沈黙をしたい」といっている。一〇月に答申ということは、スタートは三月なので、「一年」といいながらも、実質は「半年」のなかで、どのような手を打っていくかという手だてになる。

しかも、復興委員会は単に「提言」をするだけで事足れりではなく、「提言」に沿って予算をつけていかなくてはならない。すなわち、一〇月で終わるということは、とにかく補正予算で恰好をつけるということが、あらかじめ組み込まれていたことになる。つまり、補正予算を考慮に入れたスケジュールで、一〇月にピタッと一つの方向を示す。これは、おそらく下河辺氏の最初のアイディアであり、このこと自体は別に秘密でも何でもなく、当時の多くの新聞にも報道されていたことである。

しかしそれとともに、復興委員会をどういうタイプのコミッティにするかについて、下河辺氏は、やはり第一回目に次のように述べている。

「臨調というのは、ヒアリングして勉強して、委員会が（結論を）出すというときに、役所の提案で審議しないで、自分たちで書きたい……。そこのところで、信頼感がないかぎり危険な発想になるんですね。臨調の場合はそこで、委員と行政とが切れちゃったんですね」。

「通常の審議会は、役所がいったのを、学者らしくコメントして、しかしまあいいですというのがパターンですよね。それが臨調型にポンといっちゃって、それはいけないということでやった結果、はじき出されて役所を非難しておしまいという。その両方ともぜんぜん委員会になっていないでしょう。だから何か委員会方式に道を開くということが重要じゃないでしょうかね」。

そして、この下河辺氏の言を受ける形で、私が「従来型の審議会でもなく、臨調型でもなく、いわば第三の道というんですか、それをかなり意識されて、いま運営を務められていると考えてよろしいですか」と、再度ボールを投げ返している。さらに続けて、下河辺氏はこういう。

「はたして、どう行政がこなすかというあたりですね。だからチクチクいろいろな形で棘を出してみて、行政がうまくそれをやるかどうか見たいと思うんですね」。

つまり、復興委員会は行政委員会ではないが、行政委員会のような形で委員長がリードを保っていく。しかも、それだけのリーダーシップをとることで、「縦割り」といわれる省庁の調整を容易にし、「縦割り」にも、ある程度やる気を起こさせながら、一方で下河辺氏が調整を行う余地を残しておく。おそらく、そういう考えだったのではないだろうか。

そこで、次に私がいっている言葉がある。

「……そうすると、委員会の役割としても、これからおそらく新聞などに、今日おっしゃったようなスケジュールで出ていく「表」の側の論理、つまり委員会として「こうだ」という「表」の言葉と、それから厳密には下河辺さんが現場の行政とのやり取りのなかで、こういうことをやっていくという「裏」の言葉といいますか、その「表」と「裏」とが意識的に操作されて出ていくという感じになりますね」。

それに対して、下河辺氏がほぼ是認する発言をしているのが印象的である。

「ですから「表」の委員会は素人の言葉で提案を書きたいんですね。専門用語をできるだけ使いたくないんです。「表」でそう答申しておいて。「縦割り」がそれを受けてこうやった、というふうにもっていきたいわけですね」。

ここで、もう一つの問題点を、私が次のように提示する。

「とりあえず、私が聞いた大雑把な感想ですが、七・三・三という、一三問で決めるという決め方、これは下河辺さんが今までやってきた「新全総」における二〇の質問に似ていますね。そういう数で決めて、しかもプライオリティをつけて身近なところから将来へという流れは、下河辺さんが「新全総」をやられたときの基本的なものの考え方で、それがここでも生きているような気がするんですが……」。

これに対して、下河辺氏は、「私は芝居でいうと、スポット屋」といういい方をしている。つまり、「ここに陽を当てる」という、そういうプログラムだけで自分は仕事をしているということを述べた。

それを引きとって、私はさらに語る。

「スポット屋というか、たしかにその辺が面白い。たぶん数を限られて、順序をつけてというやり方は、おそらくそういう基本的な発想の反映だと思うんですね。もう一つ伺っていて面白いのは、今回の委員会が、ある意味で当然なんですけれども、最初にゴールを定めて走るということですね。最初にゴールを定めて走るということによって、委員会自体が逆に力をもつといいますか、ゴールが三年先、四年先で、まだまだ続くということだったら、おそらく力をもたないでしょう。先が見えている委員会であるがゆえに、おそらくマスメディアも期待するというか、一回一回、何か面白い話が出てくるんじゃないかという期待があって、たぶん下河辺さんのほうもそれがわかっていて、一回一回そこへボールを投げようとしている。そういう意味では、「新全総」以来、下河辺さんがマスメディアとやっているキャッチボールを、もう一回ここでやるのかなという感じはあるんですが……」。

もっとも、さすがの下河辺氏もこれには、「う〜ん。そこはよくわからないけれど……」と、ややもて余し気味である。

今回読み直してみて驚いたのは、下河辺氏にインタヴューをするといいながら、ずいぶん自分が前面に出て話しているということである。これは、オーラルヒストリーの聞き手としてとてもまずかったのではないか。やはり「同時進行」ゆえのある種の興奮が、聞き手に必要以上のオシャベリをなさしめたのであろうか。これは現時点での正直な感想にほかならない。

5 「全国区」から「地方区」へ

二回目のインタヴュー（四月五日）では、復興委員会は「提言」を先に出して、その「提言」にしたがって仕事をさせていく、つまり目標が非常にはっきりしたなかで仕事を命じていくという方法をとっているので、まちづくりや雇用確保、瓦礫の除去といった具体的な問題について、かなり詳細な聞き取りが行われた。

いうまでもないことだが、「提言」それ自体は非常に冷たい散文の形で書かれている。そのために、どの箇所の、どの部分が、どう大事で、どういうふうに読めばいいのか、われわれのような素人にはさっぱりわからない。決して総花的ではないが、しかし、なぜこの「提言」が別の「提言」より上におかれているのか、なぜこの「提言」が別の「提言」より下にあるのかといったことをふくめて、下河辺氏の解説を聞かなければ、じつは「読めない」仕組みになっているのである。いいかえれば、マスコミに向けて下河辺氏が強調する部分とは別に、「じつは、こちらのほうが大事である」という部分があって、その文脈についてわれわれは説明を受けたわけである。そういうことも、その場で聞いておくとよくわかる。また、それが復興委員会の一つの戦略でもあったと思う。つまり、一般に文書資料は大事といわれるが、この「提言」にかぎっていえば資料だけをみていたのではまったくわからない。そのことがヒアリングを行うことで、よくわかった。これこそが、「同時進行」オーラルの真骨頂といってもよいだろう。

ここで、一九九五年の状況を考えると、阪神・淡路大震災の問題でどこまでマスメディアをリードできるかというのは、われわれの最初からの関心事であった。周知のように、同じ年の三月に地下鉄サリン事件が起きた。いまさらながら、大変な一年であったと思う。この事件が起きたということが、ある意味で下河辺氏も予想しなかった方向に、マスメディアが動いていくことになってしまった。つまり、地下鉄サリン事件の勃発によって、阪神・淡路の復興という問題が「全国区」レベルの問題ではなくなり、一挙に「地方区」の問題と化してしまった。東京から全国に向けて発信されるニュースも地下鉄サリン事件一色になってしまい、本来ならこのころから復興の話題がかなり大きく出るはずであったにもかかわらず、それが出にくくなってしまった。一つのポイントはここにある。

そこで、復興委員会はかなり意図的に「提言」を出し続け、最終的には半年先を着地点にするということを公表した。毎回の委員会終了後の記者会見では、委員長は新聞に取り上げられるさいの「(見出しの) 言葉遣い」を考えていたようである。このことに関連していえば、新聞はインターネット検索などで出てきた「ベタ」の形（＝羅列された記事）で読んでいてはわからないと思う。電子メディアで読んでいてはわからないのであって、新聞に載ったときの状況、すなわち縮刷版などで実際に「見出し」でどう扱われているかをみると、当時の社会のなかで、その問題がおかれていた状況等が明確に理解できるのではないだろうか。その意味で、「見出し」にどのように取り上げてもらうかということが、当時の委員長の最大の関心事であったといっても過言ではないだろう。この点も、オーラルヒストリーの効用にちがいない。

しかも、下河辺氏がわれわれに向かって幾度となく述懐したのは、「委員会がうまくいきすぎて困っている」という事実だった。つまり、委員会がうまくいって、予定どおりに事がすすんでいるとなると、新聞は取り上げてくれない。委員会のなかに問題がある状況ならば、たとえば誰かが造反している、違う動きがある、まとまりが悪い……ということになると、新聞はそれこそ手を打って喜んで報道してくれるわけだ。しかし、いくらマスコミ対応上手の下河辺氏とはいえ、危機管理のコミッティ運営上、マッチポンプのようなことは断じてできない。それゆえに、前述のやや繰り言めいた「うまくいきすぎて困る」というパラドクスに、われわれもしばし考え込むこととなった。

6 「縦割り」にどう下ろしたか

話を先にすすめよう。第三回目（四月二七日）のヒアリングでは、当時の「復興委員会意見」（四月二四日）が、「提案」という項目のなかで、「……のこと」と一行で表現することによって、その意味合いを全部あらわしていることの意義がわかった。たとえば、それぞれの委員がそれこそ、思いを込めてあれこれと意見をいう。その各委員の思いを、一行の文章のなかに全部込めて表現する。これには、「あなたの意見を決して無視はしていません。この一行にちゃんと表現されていますよ」という形の委員長の技法が示されている。そのような微妙な思いが込められていたことが、ここで初めてわかったのである。

それでも、われわれが一番わからなかったことは、各省庁に対する影響である。内閣は弱体の村山富市氏が総理だったので、これは当然喜んで「提言」を受け入れたであろう。しかし問題は、「縦割り」の各省庁がこの「提言」をどう受けとったのかである。われわれのメンバーのなかには行政学の専門家もいたので、何回か質問を繰り返したが、下河辺氏から明確な回答はなかった。下河辺氏は、「私も役人の古手で、若いときからいろいろな省庁の人と付き合ってきている。その連中がちょうどいま各省の局長クラスになっているから、その人たちと自分は直接交渉ができる。その直接交渉のなかで各省との調整はできる」といった感じの答え方に終始していたように思う。これも、あるいはある種のリーダーシップのあり方なのかもしれなかった。だが、やはりそれだけでは腑に落ちないため、何度となく議論はむし返された。しかし、委員長からはそれ以上の回答は得られなかった。あるいは、それ以上の回答はなかったのかもしれない。

五月から七月までの細かい検討は別の機会にゆずり、次に復興委員会「秋の陣」へと駒をすすめなければならない。先述したように、九月になると議論がやや平板になってくる。第七回インタヴュー（九月八日）で、私は以下のようにいっている。

「だいたい、この委員会のほうもそろそろ第四コーナーを回って、いかにして着地点を見つけて、そこに降りて行くかという作業に入ってきたように思います。例によって、われわれのほうからいろいろな質問をさせていただきたいと思うんですが……。震災からすでに九カ月経ち、そういう意味からいっても一年の四分の三ぐらい回ったという感じですが、その間、注目すべきことはマスコミ情報、とりわけ出版物等が半年経ちましたら、たくさん出るようになったことです」。私はしゃべりすぎではないかと先に自己反省したが、以下の一言は客観的情報として発言しておいてよかったと思う。

「今回、非常に特徴的なのは、精神科医たちの分析がたくさん出まして、そのあといま出てきているものには非常に個人的なものが多いですね。地元で私はこうやったとか、私たちはボランタリーの活動でこういうことをやっているとか、そういう形で個人が主役になっている。その個人が主役になって出てきている文献、もちろんその担い手は新聞記者である場合もあるし、あるいは地元の活動家であったり、その辺の商店のおかみさんという場合もあるんですけれども、そういうものがたくさん出はじめている」。

夏から秋にかけて、非常にたくさんの出版物が出てきたことは、今日振り返ってみても明らかである。これが間違った指摘ではなかったことがわかってホッとする一方で、この時点でそれをあえて記録に残すことができたということも、「同時進行」オーラルの特長の一つではないかと思う。

また、九月には具体的に「夢」の部分、すなわち神戸を将来的にどうするかという大きなプロジェクトの話がふくらんでいき、それがある段階で、「復興委員会をこれで終わらせるのかどうか」という問題へとつながっていく。いうまでもなく、いったん組織ができると、その継続論が出てくる。第九回目（一一月七日）のわれわれのヒアリングのなかでは、「浮揚力がついてきた組織を、このまま終わらせないでおこうという運動が出てきているのではないか」という点が指摘されている。しかし、「それは駄目だ」というのが委員長の明快な回答でもあった。要するに、一つの目的をもって招集された組織が、その目的を達成した後も存続した場合に、いったい何が起きるか。この判断に、それは委ねられる。次にくるのはおそらく失敗であり、失敗をしないうちに解散するのが、きれいな組織のあり方であるということが議論された。

7　本物の議事録とのズレ

さて、復興プランの具体的な内容の検討は別の機会にゆずり、本稿では「ファイル」について、あくまで問題史的に時系列的に振り返ってきた。じつは本稿でもっとも述べたかったのは、一九九五年一二月七日に行ったわれわれの「中間報告」である。これは年末の段階で、その一年間に出た新聞やその他の情報、さらに復興委員会の「プロジェクト情報」などすべてを総合して、聞き取りに参加したメンバーが報告を行ったものである。このなかで、私が何をいっていたか。「ファイル」を読み直して、検討してみよう。

じつは、このとき私は下河辺氏の部屋で、当時、下河辺氏の手元に届いていた資料と、復興委員会の本物の議事録を読ませてもらう幸運に恵まれた。この二つと、それまでのわれわれのインタヴューの記録を読み比べて、私は次のようにいっている。

「通常、われわれがある時代の、ある時期の、ある問題をあとから扱うというのとはだいぶ違いまして、われわれは中に入っちゃったんですね。中に入っちゃって、いたずら小僧が中から見ているという感じのやり方で見てきてしまった。ですから、やっているうちに、どうもわれわれは本来は傍観者のはずだったのに、自分自身も参加しているのではないかという参加意識をもたされた。この参加意識をもったことが、分析にどう影響してくるのだろうか。このことを、今日だいぶ考えました。

これまで、毎回毎回、下河辺さんのお話を伺って、いわば下河辺さんの口から語られる内々の話として、下河辺さんの視点から見た復興委員会像が語られ、下河辺さんの口から「誰々はこうでしたよ」とか、「誰々はこういうふうにいいましたよ」ということが語られた。そういうなかで認識してきたことと、私も歴史家の端くれですから、多少客観的にものを見るという点で申し上げれば、今日、下河辺さんの部屋で二時間にわたって委員会の議事録と各委員のメモを拝見しまして、それを見たときの印象というのは、やはりどこかにズレがある。

ズレがあって当然なんですが、そうすると、私がいまこの時点で下河辺さんに「同時進行」オーラルでお話を伺って、復興委員会についてものを書いたときと、いったんそれを除いて、いわゆるブッキッシュな資料だけで復興委員会について書いたときとでは、どういう違いが出るのだろうか。このことを、考えました。今日は、それを話の切り口にしたい」。

これは、かなり重要な指摘である。あの一九九五年に「同時進行」オーラルを行っている時点においても、復興委員会の本物の議事録や各委員のメモの応酬を、ある程度みることが許された段階で、「下河辺委員会」の筋をもう一遍追ってみると、その時点ですでにズレがあった。当然とはいえ、ズレがある。そのことを、ここで再認識したということである。

少なくとも委員会レベルで話されている内容、つまり委員会の本物の議事録が公開されたときにどう感じるかといえば、やはり内部では相当の議論があったなという印象である。委員長自身がわれわれに話すときには、「あれは……こうでしたよ」といって、みんな軽く押し倒していったように語ったことでも、かなり内部では違っていたのではないか。これが第一印象である。もちろん、それは違っていて当然であり、「違う」部分は、ある意味で逆に大事である。

また、この聞き取りに参加した若い行政学者が、「このやり方は、素人さんには要注意だ」と評した。いずれにしても、下河辺氏のリーダーシップのあり方というのは、おそらく他の人に真似させることはできないのではないか。かなりの要件が成立しているからできた。これが、彼自身の認識に他ならないが、まさにそのとおりであろう。

「私が見ていて非常に面白いのは、今回の場合、役割分担がかなり明確で、それぞれの人が何をいうだろうかということは、だいたい、下河辺さんは読んでおられたなという感じがするんです。それでも一つ覚えのように、ある問題が必ずある委員から出てくるというのが、ずっと読んでいるとわかるんですね」。

これは、私の発言である。たとえば、ある委員はどうしても形にならない感情問題について語っている。だから、その委員がいうことは予測できる。とにかく福祉の問題であり、住民の気持ちの問題であり、「何か淋しい」という話がいつも出てくる。しかし、「何か淋しい」というのは、受け止める側がもっとも困ることだ。これは、組織の問題にも制度の問題にも入らない。そこで、委員長も何回かの経験の後、その委員の出された問題については、「私はこの一行に集約しましたよ」という感じで、その委員を抑え込んでいく。これは、やはり見事であるといわざるをえない。要するに、感情問題という基本的には処理できないものを、どう表現するかというときに、先述の「……のこと」という「一行主義」は生きたのではないか。

これに対して、別の委員は終始一貫、前の委員とは逆に、形にならない感情問題ではなくて、形にすることを提案する。つまり、問題の領域をもっと大きくしたい。権力のない委員会や権限がない委員会では困るから、もっと権限のある組織にしたいというのである。現在の組織が駄目なら、次にもう一つ組織を大きくつくって、それをやりたいというような議論が、素人目にもわかるほど出てくる。しかも、その意見は補正予算がつくという段階で出ていることがわかるのである。

いま一つ非常に面白かったのは、ある委員が、ある有力者のところに出かける。しかも、「出かける」ということを委員長に知ってもらわなければいけない。そこで、ある有力者のところに行くというときに、「これから行くぞ」というファックスを委員長に入れている。そのファックスを、私はみることができた。さらに、帰ってきて「ちゃんと行ってきたぞ」というファックスが、また入っている。

一九九五年の段階では、ファックスが「時間差攻撃」に使われる武器となるということを、このとき私は知ったのである。いまともなれば、おそらくファックスではあるまい。E-mailなど、もっと異なる手段があると思う。ある意味で、これは非常に迫力ある情報攻撃である。「行くぞ」と書き、「行ってきたぞ」と書き、それ以外のことは書いていない。けれども、それで委員長に対して何らかの意思表示をしている。

このような事柄は、このときに資料をみせてもらって、まさに「同時進行」オーラルの場でそういう話をしたから記録に残るのであって、おそらく時間が経ってみたのではわけがわからないにちがいない。繰り返しになるが、「行くぞ」と「行ったぞ」というファックスだけで、内容は何も書いていないのだから……。

以上のようなことを議論しているなかで感じるのは、やはり政治の現場を再体験できるという意味での、ある種の面白さに他ならない。それを記録に残すことができたという点で、私はやはり「同時進行」オーラルをやってよかったのではないかと思った。

委員会報告書を村山首相に手渡す下河辺委員長（1995年10月30日、毎日新聞社提供）

もう一つ、忘れてはならないことは、この時期の特長を復興委員会がうまく掴んだということである。社会党の首相と官房長官という、当時の状況をじつに効果的に読み切っている。しかも、現実に自民党から箇所付けなどについて割り込みが入らないように、後藤田正晴という特別顧問を立てることによって防御壁にしていた。そういう形で、委員長のリーダーシップが発揮できるようになっていたことも、「同時進行」オーラルを行っているうちにわかってきたのである。

8　価値中立的立場をこえて

私は、このオーラルの記録を一冊の「ファイル」にまとめるときに、前書きに次のように書いた。

「公職にある者は、いかなるブレーンを抱えているにせよ、つねに孤独の判断を迫られるものである。自分がたったいま下した決断や、その前後に行った活動について、月に一回、純粋に知的好奇心のみで集まった研究者グループに客観的に語るという行為は、その意味で興味深いものであったにちがいない。おそらくは、その「語る」という行為を通じて、委員長自身、これまで気がつかなかった問題に気づき、またフォローすべき問題を整理するという作業を知らず知らずのうちに行っていたのではないかと思われる。

また、インタヴューを通じて、いま行われているコトに迫る研究者グループのほうも、結局のところ価値中立的な立場ではありえないという予期せぬ結果を招いたように思われる。現に展開されている事柄について、多方面からの質問を投げかけることが、委員会の仕事を否定的に捉えるのではなく、肯定的に捉えるかぎりにおいて、その全体的な運営にプラスする効果をもったにちがいないからである。その意味では功罪ともにあるといえよう」。

私がここでいいたかったことは、聞き手の側も単純な知的好奇心だけでは済まされない――この冷厳な事実である。つまり、「同時進行」でオーラルを行うということは、「そこに入り込む」ということであり、「入り込む」という行為自体で、じつはある種の価値判断を行っているのである。別ない方をすれば、ある種の価値を投影しているのであって、その良し悪しの問題は別にしても、少なくともそこを理解せずに、気楽な感覚でこの問題に入り込むのはかなり危ないのではないか。

しかし、そうはいうものの、ここ数年の動きのなかで自分自身、何度か反芻してみた結果、後世、一九九五年に起きたことをできるかぎり再検証したいという場合に、この「ファイル」が一つの重要なマテリアルになるのではないか。否、実際に読売新聞の場合にはマテリアルになったわけである。そうであれば、価値中立たりうべしとの一線を踏みこえてもよかったのではないか。このような気がするのである。

ともかく、われわれが純粋な知的好奇心で委員長の話を聞くことができたのは、危機管理といっても、起きた事件をすぐに解決するための危機管理というよりは、短期的ではなく中長期的な危機管理の問題だったからであろう。つまり、「復興させなければならない」という絶対条件のみがあって、「復興しなくていい」という選択肢はそもそもない。その意味では、価値判断とはいっても、その幅は狭い。

当時の社会党首班内閣でいうならば、これが安全保障の問題や沖縄の問題といった、よりハイポリティックスのレベルにある、イデオロギー性の高い問題であったならば、仮に「同時進行」オーラルのプロジェクトが可能であったとしても、それに直ちに参画するかどうかについては、より大きな決断を必要としたのではないだろうか。イデオロギー性の高い問題では、聞き手の側にも「賛成」「反対」という反応がすぐに出てくるだろうし、それにもかかわらず、あえてなかに入って聞くことは、かなり大きな意味をもつと思うからである。たまたま、今回のテーマがそういう問題ではなかったから、研究者としての「倫理」をぎりぎりクリアしたのではないかと思う。

もっとも、それとはまた別の感慨も、じつは湧いてくる。それは、イデオロギー性があろうとなかろうと、とにかくオーラルというのはやってみなければわからないということである。「やってみたら面白い」というのは、いろいろな分野でいえることだが、とりわけ今回のように「同時進行」している場合は非常に面白い。「同時進行」している間は、自分自身のものをみる目が若干違ってくるのだから。すなわち関係している問題について、通常とは異なる視座によって接近できるからに他ならない。

いうまでもなく、われわれのような研究者は、「追体験」という形でしか政策決定当事者の気持ちとか気分というものを味わうことができない。それを今回「同時進行」オーラルによって、かなりの程度まで体験することができた。もちろん、下河辺委員長がわれわれに直接話をしたといっても、すべてを話したわけではないだろう。それは当然である。つまり、彼がわれわれに話さなかったこと——その未知の部分が五〇から六〇％あって、通常ならば二〇％ぐらいしかわからないことを、少なくとも四〇％まではわれわれに明らかにしたといえよう。その四〇％から先の未知の世界は、「あなた方の洞察力で補ってください」ということであり、今度は聞き手のセンスが試される番だ。

したがって、先述の「縦割り」の行政にどう下ろしていったかという問題は、おそらくその未知の部分にかかわることだと思う。「ここはいいませんけれども、あとはあなた方で推察してください」というサインである。そうなると、今回の「ファイル」が、世のなかに出ていった場合に、今度は後世の震災を研究する者が読んで、われわれがなかで聞いていて四〇％しかわからなかったことを、あるいはもう少しパーセンテージを上げて知ることができるかもしれない。その意味では、われわれは、やはり「危機管理」の一環をなす一つの役割をはたしたうえで、次世代への「予防効果」を示したことになるのであろう。

【補遺】

本章で扱った「復興」から一六年後、もう一つの復興に私自身がかかわることになった。「東日本大震災復興構想会議」の議長代理としての仕事である。そのとき、知らず知らずのうちに気づかされたことがある。一六年前のオーラルで耳にした下河辺流の所作、動作が確実に血肉化していたのだ。運命の不思議さを感じたのは言うまでもない。

具体例として、メディアとの付き合い方をとりあげてみたい。本章でも紹介したように、下河辺氏はメディアとの関係を常に気にしていた。「委員会がうまくいきすぎて困っている」との述懐はその点の難しさを如実に表しているではないか。

私も、「復興構想会議」に推進力をもたせるためには、メディアを味方につけるしかない、と当初から考えた。政府の作為、不作為を含め、メディアは常に批判的。しかし、批判的であれ何であれ、報道してもらわない限り困るわけである。

私は、記者会見の席上では、なるべく言質を取られないような発言を繰り返した。したがって、右に行っては左にそれるといった発言のくり返しとなったので、絶望した記者も多かったはずである。一方で、個別には丁寧な対応を心掛けた。取材は、一人も断らずに受けた。不勉強な記者も多かったが、駒場の研究室に来てもらい、質問には一つ一つ誠意をもって答えた。最低一時間は取ったつもりである。復興のイメージ、復興会議の動き方を強く印象付ける努力を惜しまなかった。そう、報じてもらわなければ何も始まらないわけだから。これも下河辺流と言えるかもしれない。

「とにかく、こういうのはダラダラやっていてはいけない」とは下河辺氏の言。「終了時点から逆算して計画を立てていかなければならい」ということなのである。メディアを意識すればなおのこと、どこかで「山」を作らねばならない。

二〇一一年四月一四日に最初の会合があった私たちの「復興構想会議」に与えられた期間は、答申までの約二カ月余り。

「山」をどこにおくか。意識したのは、五月連休明けの「復興構想会議」であった。この時点で、ある方向性、つまりは、各新聞が確実に取り上げてくれるような内容のものを出さないといけない。もし「山」にできなければ、しばらくは様子見だったメディアが一斉に批判をし始めるのは予想ができた。さらには、議長団（議長と二人の議長代理）と意見を一緒にしない人たちが、会議で独自の行動を始める恐れがあった。

かと言って、どんなものでも「山」になるわけではない。私たちは、「復興の七原則」なるものを提示することにした。三がいいか五がいいか、それとも七か。新聞に載ることを考えれば、三は小さすぎる、七であれば紙面を大きく使ってもらえるかな、と。ついでに言えば、「原則」とかいたことで、「憲法」のようなイメージを持ってもらえたようである。正直言えば、この時点でようやく一息ついた感じであった。

最後は、肝心の「提言」である。本論はもちろん大事であるが、復興の哲学を語るいわば総論部分は欠かせないと考え、「前文」を置くことにし、私自身が筆をとった。結果として、議論の主導権をとることができたのは、「野党勢力」を多く抱えた「復興構想会議」を前に進めるのに大いに役立ったことは言うまでもない。下河辺氏がポイントポイントでは自らが発言し、かつ筆をとってリーダーシップを発揮していたことが念頭にあった。

いずれにしても、下河辺委員会の「同時進行」オーラルの経験が生かされたのであった。因果は巡るかもしれない。私自身が経験した「復興構想会議」については、いずれ何らかの形で公表しなければいけないと考えている。

なお、「復興構想会議」の事務局官僚だった荻野徹氏の論文「余はいかにして脱藩官僚とならざりしか」（『「政治主導」の教訓』勁草書房、二〇一二年）から、私の行動についての記載を最後に掲げておきたい。

「（略）復興構想会議で、委員はどうふるまったのか。まず注目すべきは、官邸主導による人選である。復興構想という課題から安易に想起される工学系、社会科学系ばかりではなく、多くの文人派委員が選ばれた。他方、女性が少なく、国会で与党の女性議員から批判されるということもあった。文人派委員は、しばしば五時間を超えて行われる会議の席上、各人の熱い「思い」を滔々《とうとう》と述べた。その結果、議論は白熱するものの、一時は提言の成否すら懸念された。高邁な文明論を語り涙を流さんばかりの良心の吐露を見せる委員が、同時にかなり細かい個別具体の提案を行うなど、委員の意見がいわば二極分化したからである。

さらに委員は、会議での議論が、議長の主導により整理・体系化されることに抵抗感を示した。委員の発言の総量は膨大で、そのままでは提言にならない。そこで、委員の発言は分解され、整頓されたうえで、その総体が委員に提示され、それを素材に再度意見表明がなされる。このようなプロセスを経て、委員の意見全体の広がりや構造がおぼろげながら見えてくる。合議体として提言を目指す以上、個々の意見の複雑なニュアンスや含意、トーンの強弱といったものが程度の差はあれ刈りこまれ、誰のものでもない合議体の意見がどこかで形づくられなければならない。このような事態の展開に委員たちは当惑し、違和感を隠さない。すると、それまで「吸取紙」のように聞き役に徹していた御厨貴議長代理が、「何だ、これはと思われるかもしれません。しかし、現実には、……皆様がここで出された意見」であると述べ、穏やかに、しかしきっぱりと議事を進める。

会議の議論は、議長が事務局に資料作成等の作業をさせつつ、提言としてまとめるべく取り仕切ることになる。しかし委員たちは、その段取りに容易には乗ろうとはしない。一定の期日に何らかの結論を出す以上、そこから逆算してスケジュールを組み、それにそって議論をまとめていくというプロセスは、程度の差こそあれ、どのような会議体にも必要である。たしかにそのような無機質で技術的な仕事の進め方は、「官僚的」な臭いがするだろうが、技術的な合理性（道具としての便利さ）のゆえに普遍性を持つのであって、狡知《こうち》にたけた悪い役人が陰ですべてを操っているというわけではない。しかし、現実には、事務局の役人が勝手に何かやっているという官僚への反感がやまない。さらに、委員の「思い」の部分は、技術的な整頓が困難である。

かくしてデッドロックに直面しかけた会議の最終局面において事態をこじあけた鍵が、それまで自らの意見を述べなかった御厨議長代理起草による、提言全体の「前文」及び「結び」、そして各論各章の「序」であった。「破壊は前ぶれもなくやって来た。……かくしてこの国の『戦後』をずっと支えていた〝何か〟が、音をたてて崩れ落ちた」と説き起こされる文章は、いずれも簡潔ながら、文体、内容ともに政府文書には例をみない緊張感に満ちている。委員のなかには、「暗記されるくらい格調の高いもの」を期待する向きもあったが、大向こうをうならせる類のものを想定していたとすれば、虚を突かれたのではないか。どうみても官僚の手によるものではないこれらの文章によって、委員たちの二極分化した意見のうち、「熱い思い」の部分はおおむね吸収され、各論・具体論へと議論を進めることができた。これによって、提言は各委員の意見を単純に足し算した類のものではなく、委員たちにとって報告書全体が自分たちのものであるとの実感を持てるようなものとなった。（略）

聞き手に徹することで人びとの「思い」を吸収し、これを文体の力によって統合していく芸術的手腕は、官僚機構のよく発揮しうるものではない。しかし、公共的な意思決定の場面で、多種多様な利害を適切に整理し円滑に調整するためには、「段取り」その他何らかの技術的な仕事ぶり、いわば官僚的な匂いのする技法が必要となるであろう。その担い手は、公共部門のプロである。これに加えて、決定過程の技術的な要素に市井《しせい》の人びとが疎外感、さらには嫌悪感を抱くとき、これを包み込んで、合意形成へと導く役割をだれかが担わなくてはならない。（略）」

［なお、本章で何度も言及されている「下河辺ファイル」は、政策研究大学院大学C・O・E・オーラル・政策研究プロジェクトの出版物として、二〇〇二年に公刊されている］

第9章　1987年

「政党」をつくる——昭和二〇年代の芦田均・重光葵・三木武夫

戦前・戦後の統治のあり方を幅広く考察したのが第１章であった。本章では、統治の要ともいえる政党（そして政治家）について、昭和20年代にしか存在しなかった第二保守党に即して考察してみたい。

当時の主流であった自由党とは異なる系譜の政治家、芦田均・重光葵・三木武夫の存在は大きい。この時代の遺産が、その後の自民党に残されたわけである。結党当時はいつまでもつか、と言われたのに、還暦まで迎えた自民党。その恐るべき生命力の秘密も探れるかもしれない。

もちろん、本章では取り上げていない中曽根康弘を忘れてはなるまい。彼も第二保守党を生き抜き、最後は総理までたどり着く。総理時代の動きやウィングの広さを考えるとき、彼がこの流れから出てきた政治家であることを思い出したい。

なお、末尾に補論として掲げたものは、『芦田均日記』を通して迫った、芦田の“心理ドラマ”である。芦田の人間らしい葛藤を読者はどう思われるか。

（初出：「昭和20年代における第二保守党の軌跡――『芦田日記』『重光日記』にみる芦田・重光・三木」『年報近代日本研究』1987年。なお、補論は、「「芦田均日記」に見る“首相”の心理的葛藤のドラマ」『通産ジャーナル』1987年２月号）

はじめに

保守合同と社会党統一とによって、一九五五年体制が成立するまでの戦後一〇年間、政界の中にあって、合従連衡をくり返すことで常にその動向が注目されたのは、進歩党に始まり改進党に至るいわゆる第二保守党の系譜であった[1]。しかも、政策や人脈をめぐってたえざる分裂を生じたにもかかわらず、第二保守党のめざすべき政治的位置はある時期まで常に変わらなかった。その歴史的事例を次に紹介しておこう。まず昭和二二年三月、進歩党解党による新党結成に乗り出し自由党脱党を決意した芦田均は、このように述べている[2]。

「日本再建の運動は、資本と経営と労力との坦懐な協力に俟つべきものであつて、政党運動は国民大衆との血のつながりを生命とする。保守陣営が現在の姿のまゝで進めば、やがて国民大衆から遊離して我国政界の前途は混迷の外に途はない。われらは過去の無気力と封建的色彩とを一掃して、真に民主的に運営せられる新政党の生れることを念願し、こゝに天下同憂の士と共にこの運動のために全力を致す覚悟である」。

次いでこれより五年後の昭和二七年五月、改進党総裁就任を決意した重光葵は、吉田茂宛書翰に次のように抱負を述べている[3]。

「日本赤化工作の激しい現状に於て、小生はどうしても二つの政党に依って民主主義の政治運用を円滑にして新日本の建設に付て第一次世界戦争後の独逸の様な混乱に陥ることを防ぎ度いからであります。これは老兄の下に自由党を立派に発達せしめ更に第二党として共産党を除く進歩的勢力を育てる外にないと考へます。小生の政治的行為は自分としては或は危険な政治的自殺行為かも知れませせぬ」。

確かに、昭和二二年と二七年とでは全体の政治状況の変化がもたらすニュアンスの相違はあるものの、第二保守党の党首候補は共に、〝右〟の自由党と〝左〟の共産党との間に立って、社会党を含んだいわゆる中道勢力のリーダーとして自らの第二保守党の政治的展望を切り拓くべく強調している。だがこの後、吉田対鳩山の抗争に象徴される保守内部の対立の激化と、社会党左派の強化・伸張につれて、結局は事志と異なり中道政治は放棄され保守合同が志向されることになる。しかし第二保守党たる改進党内では、保守への求心力が強まるものの、芦田を中心とする保守大合同的構想と重光を中心とする救国新党的構想とにわかれ、保守結集の主導権をめぐってまたも対立が生ずるのである。かくて、中道政治から保守合同へという政策的レベルでも、また保守合同構想をめぐる主導権争いという人的レベルでも、自由党よりはるかに複雑な要素を抱えていたが故に、第二保守党が五五年体制下の自由民主党に残した政治的遺産もまた無視することはできない(4)。

本稿は、『芦田均日記』(全七巻、岩波書店)および『重光葵日記』(「重光葵関係文書」、憲政記念館所蔵、目録あり)という二つの最近明らかにされた戦後史研究における一次史料の紹介を主たる目的としている。とりわけ『芦田日記』の場合は豊富な記述量から言っても、単に政治史・経済史のみならず(5)社会史・風俗史の面できわめて興味深い素材を提供している。しかしながら、これらをすべて網羅的に紹介するのは、意味の無いことである。(6) したがってここでは、外交官として同期生（明治四四年）であった芦田と重光が、奇しくも相次いで第二保守党のリーダーとして戦後政治に一定の政治的役割を果たした点に着目する。そして、第二保守党の形成・発展・分裂・再編・停滞・合同という歴史的流れを、『芦田日記』および『重光日記』の比較検討によって明らかにしたい。言い換えれば、この二つの史料を第二保守党の視角から整理紹介することをめざす。

その際、第二保守党の変化に即して昭和二〇年代を五つの時期に区分する。当然のことながら、前半（1〜3）では『芦田日記』のみを、後半（4〜5）では『芦田日記』と『重光日記』の双方を、各々考察の対象とすることになろう。そして第二保守党の軌跡を追究すると共に、芦田・重光の個人的動向や政治家的資質の問題にまで考察を加えたい。さらに「中間政党」(7)「保守第三党」(8)として社会党と第二保守党との間に位置し、やがて第二保守党と合同するものの、独自の色彩を残す協同党—革新派の存在および三木武夫個人に、常に注目し続けたい。

以上要するに本稿は、芦田・重光・三木の三人の政治家の政治的思惑と行動を描き、さらにそれら三人のからみあいの中に第二保守党を浮かび上らせ、(9) 昭和二〇年代政治史に対する一つのアプローチを試みるものである。(10)

1　芦田脱党と民主党結成——二〇年一〇月〜二二年五月

昭和二〇年一一月、鳩山一郎を総裁とする自由党結党大会が開かれた。芦田均は戦時中来の同交会の一員として鳩山自由党創立時の有力メンバーだったにもかかわらず、一〇月に幣原内閣へ厚相として入閣したことにより、早くも結党時から自由党内で孤立していた。それは芦田が、GHQの支持を背景に厚相として積極的に労働組合法制定等の進歩的諸政策にとり組むと共に、社会党を意識しつつ左へのスタンスをとることになったからであった[11]。厚相就任後まもなく「日本社会党の一部は私を首領に引張り出そうとして論議してゐると聞いた。私は自重して進まねばならぬ[12]」と記した芦田は、早くも一カ月後には「自由党はどうにか結成の方向に進んで居るけれども、新旧思想の衝突は早くも二つの激流として、表面に現れた。松野、河野両氏に対しての反対は可なり強い[13]」と述べ、二〇年一二月には「政治の安定勢力を造らなければ新日本は再建出来ない。安定勢力は新鮮溌剌たる分子を聚めねばならぬ[14]」と決意している。

すなわち厚相としての民主主義的政策の遂行に自信を持った芦田は、明らかに自由党の鳩山・松野・河野執行部に違和感を持ち、党内非主流として独自の立場をとろうとしていた。それ故に二〇年一二月末日の日記に、当面は鳩山を支持するものの、来たる総選挙の結果如何では「或は社会党の一部と握手する外ないかも知れぬ[15]」との見通しを芦田は記したのである。この見通しはさらに翌二一年二月、幣原内閣の反動性の顕現と共産党・社会党の人気上昇[16]という芦田の現状認識によって、確信に[17]

近いものと化し、遂に芦田は次のように語るに至った[18]。

「私は自由、進歩の共同戦線は避くべきであると思ふ。余りにも保守的な進歩党とは一緒に歩けないからである。総選挙の結果、自由、進歩の接近が問題となる時には、吾々は社会党右派と共に社会民主党を創立することをも考へねばなるまい」。

つまり芦田の構想は、山川均らの民主戦線と保守派の自由・進歩連立という二つの構想の間に社会民主党として割って入り、主導権を握るというものであった。もっとも四月総選挙の後、自由党が第一党となり鳩山内閣が確実視されるや、鳩山から内相もしくは書記官長を依頼された芦田は、一度は主流派との提携を考慮している[19]。しかし鳩山追放後の後継総裁の有力候補として鳩山・河野らと鋭く対立したため[20]、結局芦田は反主流にまわり内閣・党ともに役職からしめ出されることになった[21]。芦田は「私は今岐路に立つてゐる。進歩党と合同すれば、保守派の類別に入つて了ふ。別に一派を立て、社会党右派と提携せんとせば依然少数党となつて将来多くの難関につき当る[22]」と、苦渋に満ちた筆致で追いつめられた心境を記している。

しかし芦田は、自由党内の主流派と反主流派との対立を、幹部派と少壮派との対立[23]と適確に捉えていた。そして幹部公選論など党内民主化を進める少壮派の運動[24]に乗ることによって、たちまちにして実権を回復していく。その有様を芦田自身が次のように書いている[25]。

「河野、三木〔武吉〕が党をリードした時代、私は厚生大臣として別天地に在つた。ついで鳩山君の引退、自由党首の更迭等々で、私は一敵国として排斥された。然し第九十一議会で憲法委員長をつとめ、ついで政調会長に推され（これは所謂幹部派の一歩退却であつたが）、九十二議会の演説（十二月十七日の劇的な議場）で世評が定まつて以来、党内での地歩は大に堅まつた如く見える」。

政界において戦後改革の第一人者と目され始めた芦田は、党政調会長として「新しい仕事は自由党の脱皮である。政策の再検討と党勢の拡張。無所属と国協党とをどうして抱込むかの点も考へねばならぬ(26)」と書いている。そして二二年二月、吉田内閣の下で行き詰った政治状況を打開するため、芦田はあくまでも少壮派主導により次の二つの構想を考えた(27)。

「一つは自、進と三派とを一丸として大政党を造ることである。それが単なる自進合同のみであつては政局は打開できない。又、新政党の頭目に古い型の御本尊を頂くのであつても旧態依然である。それよりか、自、進両党の新進分子が三派と合して第一党となることが吉田内閣を倒して新党首班の内閣を組織する所以である」。

無論党政調会長として公式には前者の構想を進めつつも、元来「鳩山派と称する一派と所詮心から解け合はないなら、今こそ思切つて別れるべきではないか(28)」という気持ちの強い芦田は、ともすれば後者の構想に傾斜しがちであった。しかもそこに協同民主党の三木武夫の分裂再編論ともいうべき戦略がからんでくる。三木は芦田に対して、「三派八十五名は纏つてゐる。そこで私〔芦田〕が党首として何人かをつれて来て貰ひたい、それが出来ねば単独でもよろしい」とそそのかし、「自由、進歩党が完全に合同するとなると三派の方では纏つて入党できない（旧勢力に叩頭することになる為か?）、進歩党も自由党も割れなくては困る」とささやいている(29)。こうした戦後政党の再編過程の中に、いずれ明白となる「小が大を飲む」型の三木の政治指導の原型を看て取ることができるだろう。

結局芦田は三木の示唆もあって、状況次第では無所属、あるいは小会派の頭目への道も考慮しながら[30]、「老人党と青年党とが別れてもよい」[31]と決断する。そして三月二三日の芦田の自由党脱党という単独行為を契機に[32]、進歩党も解党し自由党他の脱党組をあわせて、新たに民主党が結成されることになった。しかし注目すべきことに、芦田総裁の実現・進歩党を総勢としない・協同主義の採用という三木の三条件[33]のうち、とりわけ分裂再編論が入れられぬため、三木の協同党は合同を見合わせたのである。このことは逆に、少壮派主体の新党という芦田の当初の目論見が必ずしも成功しなかったことを意味する。つまり進歩党幹部派を抱えこんでしまった点に、民主党はその後の第二保守党の基本的特性となる政策と人との複雑な対立関係を、当初から持ちこんだことがわかる。

連立内閣組閣前に会談する芦田均と片山哲（1948年2月、毎日新聞社提供）

まず何よりも民主党は幣原・斎藤・芦田の三者間で総裁を決定できず、最高委員制で四月の総選挙に臨まねばならなかった[34]。その結果、結党時第一党だった民主党は第三党になってしまう。芦田自身そのことを「夕方には総選挙の大勢が判明して、社会党が第一、一四六、自由党一三二、民主党一二七と報ぜられた。最初の五分間はやゝショックを感じたが、直ぐに気をとり直した[35]」と書いている。しかも芦田も認識している通り、「自由党は幣原男を押立て、自進の提携で行くこと、芦田派を押し潰す案で進む計画だといふ。さもありなむと思ふ」との如く、(36)早くも党内は二分される状況であった。実は芦田を支持する少壮派は自由党時代よりははるかに多くなったものの(37)、最高幹部会では必ずしも優勢とは言えずほぼ互角の状勢であった。

しかし最終的には、党内民主化の波に乗り代議士の頭数の多数を確保した(38)芦田が、それを背景に五月の党大会で総裁に就任することになる。(39)それは同時に、社会党首班の三派連立内閣への参加の有無の決定と密接不可分の選択であった。芦田は次のように記している。(40)

「三巨頭会議に於て斎藤君は野党に下るべしと言ひ、幣原男は三派連立は反対であり片山君が左派を切るべきだとの論であつた。私は三派連立が唯一の進路であると主張して下らなかつた」。

幣原・斎藤ら幹部派対芦田ら少壮派の対立は、まず役員会で連立派三三対反対派六で大勢は決し、次いで議員総会において連立派八六対反対派一五の大差で連立に決定した。(41)数による決着のつけ方は、芦田総裁への事実上の信任投票であり、開かれた政党をめざす以上芦田にとっては当然の行為であった。しかし同じく外交官出身と言っても、昭和七年以来代議士体験を積んできた芦田と異なり、外務官僚として最高位まで登りつめた幣原には、そうした政党のやり方はまったくなじまないものだったろう。議員総会での敗北を察知した幣原についての芦田の筆は、そのことを余すことなく伝えている。(42)

「私〔幣原〕は信念を枉げる訳にはゆかぬと言はれた。気毒に感じたが、然し自然の経路だといふ感もした。一応議員総会へ顔出しすることになつたが、気の進まない幣原氏は廊下の中途から「いや、もう帰らう」と言つて家へ急がれた。政治家の退却する時の淋しい姿は無量の感慨であつた」。

かくて少壮派が幹部派を圧する形で、芦田民主党は片山内閣に参加するのである。

以上からわかる通り、自由党非主流から反主流へそして民主党にという芦田の行動自体が、実はこの時期の第二保守党のあり方を象徴的に表している。修正資本主義的な進歩的政策のみならず、組織論的にいって芦田ら少壮派が幹部派に対して終始主張し続け、一部実現をみた幹部公選論は注目に値する。まさに芦田は幹部公選によって自由党政調会長に就任し、幹部公選論を底流に民主党総裁に就任したからである。やがて芦田のこの体験が、保守合同に際して総裁の民主的決定―総裁公選論として生かされ、芦田から自由党に提示されることにより、緒方構想の中にとり入れられて、五五年体制下の自民党に定着していく。その意味で、幹部公選論―総裁公選論は、戦後民主化を反映した政党の組織論として第二保守党がもたらした遺産の一つと言えよう。

2　片山・芦田中道連立政権――二二年六月〜二三年一二月

片山内閣副総理兼外相となった芦田は、早くも六月には民主党総裁として地方遊説に出かけている。その際「名古屋は東海大会だつたが、総裁といふ名のもつ封建的遺風は実にいやだつた[43]」と記している点に、少壮派を率いる新しい政党指導者としての芦田の自覚がよみとれるであろう。さて片山・芦田中道連立内閣を通じて、芦田は常に民主党第一党化工作を試みた[44]。まず昭和二二年九月から一〇月にかけては、民主党と国民協同党の合同を考えるが、例の分裂再編論的観点から民主党への吸収合併を恐れる三木は賛成しない[45]。芦田ら民主党主流は、政策的統一の観点から幣原派を切って国民協同党を迎えることを考慮していたのである。[46]

しかし現実に炭鉱国管法案をめぐって幣原派二四名は一二月に脱党し、民主党は再度第三党に転落してしまう。[47] ここに至って三木は逆に、国民協同党と民主党との合同に積極的となった。[48] そこで芦田は、社会党内閣不評の中で次期首班をターゲットにおさめつつ、組織的にも政策的にも今こそ民主党拡大のチャンスと捉える。彼が「動く政界に於て座視することは不利益である。自ら動かない限りヂリ貧に陥る」[49] と述べた所以である。そして芦田は、国民協同党および自由党の一部を合わせて昭和二三年一月革新政治中央協議会の組織化を提案する。[50] 芦田は「修正資本主義を基礎とし社会協同の理念に立脚する革新政策」の推進を唱え、これを次のように位置づけている。[51]

「眼前の危機を突破するにも講和会議に備へるにも、最も肝要の点は、国民一体の協力態勢を造り上げることであつて、それがため特に社会党とか保守陣営とかの単独内閣によらねばならない理由は毫末も存在しないのである。思ふに我国内外の情勢は、右翼的な政党や急進的左翼勢力の指頭によつて、日本再建の事業が促進せられるとは考へられない。尚更また旧態勢依然たるボス的勢力に率いられる朋党であつてはならないのである。単り健全な革新的中央政党が中軸となり、思ひ切つて強力に政治を指導することが何よりも要請せられてゐると信ずるものである」。

片山内閣崩壊の兆を逸速く感知した芦田にとって、革新的中央政党こそ民主党首班内閣発足時のあるべき与党の姿であった。[52] したがって一月末の民主党議員総会へのこの提案について、芦田は「民主党は（イ）中央政党を狙ふ、（ロ）国協党は民主党に接近した、（ハ）保守新党へは主流は乗気でない、との点が明白になつたことは、有利であつた」と判断している。[53] さらに片山内閣総辞職直後に、芦田は「夕方に伝聞したところでは外国電報は民主党首班説に有利であるといふ。それは予期したところであつて、中央政党の樹立を唱導したのは一部は Foreign consumption であつたのだ[54]」と自信をもって記すことになる。そして芦田は首相就任後も、自由党へ脱党のさそいをかけ続け、「此上とも中央政党の結成には努力しなければならぬ[55]」と決意している。

しかし現実には民主党第一党化工作はままならず、芦田自らが「何故とはなく内閣が弱体化したように思ふ」と述べた如く[56]、芦田内閣自体の脆弱性の故もあって六月には逆に民主党から不平派が一〇名脱党する動きが顕在化する[57]。そこで芦田は民自党内閣の出現を予期して、「民主党はかゝる場合に極めて不利の地位に立つ。正に一大危機である。それは片山内閣倒壊の際と同一である[58]」と心配するのであった。折柄社会党右派の西尾末広から「単に九月迄持って行くといふ如き不徹底な考へ方でなく、中央政党的に進行するとの固い決意の下に何等かの手をうつべき時だと思ふ[59]」と勧められた芦田は、内閣強化のためにも中道政治連盟の結成を決意し、六月末三木に次のように述べている[60]。

「私の論は昨日の西尾君の意見から始めて今後の内閣の行き方について矢張り中道政治を強く推進することが唯一の活る途であり、国協党もこれと同調されることが望ましい」。

これに対して三木は、民主党が民自党との合同を望む太陽会系を切るなら合同可能と、相変わらずの分裂再編論を強調したものの、当面は国協党主導の革新政治連盟の結成を急ぎたいと答えた[61]。これ以後民主党と国協党は、ともに自らが主導権を握る形でのいわば同床異夢の中央政党構想を推進していく。殊に芦田は、民主党を一体化したまま中央政党に拡大する必要に迫られていた。その理由は、次の芦田自身の言葉に明らかであろう[62]。

「この運動は速急《ママ》に進行させる必要がある。然らずんば他党の切崩しで中央的政党は非常に困難な立場に陥る。そのことは一同の認めるところであり、何等〔か〕の施策を speed up しなければならぬ」。

つまり政策的にも組織的にも魅力ある中央政党に結集しない限り、今や第一党となった民自党の切り崩しによる吸収合併工作に対抗できないからである。しかし八月半に至って、結局三木は芦田に合同できぬと伝え、ここに中央政党の実現は困難となったのであった(63)。これ以後昭電事件が本格化したため、芦田は将来への展望を失い、ついに一〇月初めに内閣総辞職に至ったのである。

それでもなお民主党の吉田民自党政権への協力如何について、芦田は中道政治擁護の観点から犬養らの保守提携論を打破することに成功する。その理由を芦田は、「G・H・Qが民主党の線を百%支持してゐること、この際に民主党が民自党を支持するのでは民主党は全くG・H・Qの信頼を失ふ、従つて吉田氏が最小限度の点数で当選することが、日本の反動保守が案外無力なことを示す所以である(64)」点に求めている。だからこそ事務引継に際しても、「吉田氏は保守合同の必要を述べ、私は労働攻勢に対処するために社会党と共産党とを分離する必要を述べた(65)」のである。言い換えれば、保守合同は保守党の右傾化をもたらし、それはかえって社会党の左傾化を強めるからよくないのであり(66)、そこに中道政治の意義が存することになる。

かくて芦田は、あくまでも中道政治の理念に基づき民主党を野党化に導いた後、自らも昭電事件の疑惑に包まれて民主党総裁の辞任を余儀なくされ、一二月には獄中の人となったのである。

以上にみられるように、この時期の第二保守党—芦田民主党は、当初は民主党第一党化工作のために、その後中道政権崩壊後は野党化のために、中央政党的理念を強調している。もっとも分裂再編論的戦略をもつ第三保守党―三木の協同党とはついに合同ならず、組織的実体としては中央政党は実現しなかった。ただこの中央政党構想において、三木よりは芦田の方がはるかに強烈な反共意識をもち、それ故に極左勢力との対決が念頭にあったこと(67)は注目に値する。やがて中央政党―中道政治の理念が現実的影響力を喪失した後、保守合同の推進派に転ずる芦田とあくまで反対派の三木とを分つ重要なメルクマールとして明確化していくからである。

3　民主党野党派から国民民主党へ――二四年一月～二六年一二月

昭和二四年一月獄中立候補した芦田は、最高点当選を果たしたものの、社会・民主・国協三党は議席数を激減させた(68)。芦田はそれを次のように総括している(69)。

「今後〔度〕の選挙戦は私にとつて恰も昭和十七年の東条内閣の時に同交会の同志と共に野党として闘つた時と同じ恰好であつた。日本の政治としては一九二〇年代の Weimar 派が敗れて後が共産党と右翼との対立となつたと同じく、中道派の萎縮である。それが私の言ふ〝危い橋〟なのであるが国民大衆には所詮わかるまい」。

この状況の中で、吉田民自党は保守合同を長期目標として当面は民主党との連立を考慮する。そして民自党への対応で、民主党は犬養ら連立派と芦田ら野党派とが鋭く対立するに至る。芦田は「所謂保守連携は人民戦線の結成を促進する(70)」との立場から、相変わらず「矢張り社会党を含めた連立でないと労働問題の処理が六ヶ敷いと思ふ」[71]との見解に固執していた。それ故対立が激化するや、芦田らは連立派を切り捨て国協党との合同を模索することになる。[72]それでは、これは前年の中央政党構想の復活と言えるのであろうか。実は前年においては、芦田は保守提携派を含めて民主党を一体化したまま国協党と合同させる構想であった。したがって分裂再編論という点では、むしろ今回は芦田の方から前年の三木の戦略に接近したと言えよう。

ただし芦田は国協党に対し、「其際に社会党との提携を当初から問題とせず、これは機の熟するのを待つこと」[73]と釘をさし、社会党との提携に慎重論を述べている。さらに民主党分裂後四月に入るや、芦田は次のように説くのであった。[74]

「三木武夫君が来て、中間勢力を糾合すれば七十名はできる、然し社会党の右派位までは政策を持つて行かないとダメだと言つた。「糾合は必要だが Timing の問題だ。今やれば単なる離合集散と評される虞がある」と私は答へた」。

芦田は明らかに社会党までを視野に入れた中央政党論に消極的となっていた。やがて六月に入ると、芦田は「西村君は中道政治の復活は見込なしと言つた。それが私に反省の気分を与へた」[75]と記し、中道政治そのものへの展望を失っていく。[76]したがって国協党との合同論そのものにも「不即不離」[77]と言う態度で、次第に情熱がさめたのであった。もっとも保守合同に絶対反対の立場は変わらず、[78]要するに芦田は戦後ずっと意欲的であった政党活動そのものに消極的となったのである。

芦田が再び政党の問題にかかわるのは、昭和二五年三月いよいよ民主党野党派と国協党の合同が本格化した時である。三木が解党合同に賛成、自由党分裂誘導に反対の二点に加えて、「新党は一部の

Socialist を参加しうるような幅の広いものでなければならぬ、但し現在のところ社会党右派との合同は見込がない」[79]と述べて、相変わらず中央政党的理念を強調したのに対して、芦田は次のように冷たく突き放した見方をしている[80]。

「三木君の考へ方はそれでよい。然し目前の困難は世間に売れるような中心人物のないことだ。その次には政治資金のないことだ。私はそう思つたが三木君には言はなかつた」。

いくら理念を高唱したところで、新党の最大の問題は人にあることを芦田は適確に捉えていた。芦田自身が昭電事件の裁判のためカムバックできぬのみならず、実は彼を除けば新党は当初から有力な総裁候補を欠いていたのである。したがって芦田は政策[81]・人事・党名等の新党創設の相談に乗りながらも、「私も余り熱がない問題だ[82]」と記すことになる。その意味では、四月末の両党合同による国民民主党の誕生は、芦田の側から見る限り中道政治の未来に両党とも積極的な展望を見出しえないが故に可能となったと言えよう。永年の懸案解決とはいえ、それは余りにも皮肉な結果であった。

魅力ある総裁を欠いた弱者の結合体では到底党勢拡大は望めず[83]、六月の参議院選挙は国民民主党の惨敗に終わってしまう[84]。しかしこうした国民民主党の状況は、芦田個人にとっては必ずしもマイナスではなかった。何故なら前総裁でかつ次期総裁候補たることによって、一方で党内に隠然たる影響力を行使しつつ、他方で党の枠をこえた積極的行動を可能にし、いわば政治活動の舞台を拡大できたからである。だからこそ芦田は自分がコントロール可能な苫米地総裁―三木幹事長の構想には賛意を示すものの[85]、一万田日銀総裁ら党外からの輸入総裁候補にはきわめて慎重であり[86]、結局旧民主党少壮派と旧国協党の支持を背景に[87]、この年暮総裁を欠いたまま三木幹事長の実現を推すことになる[88]。同時に芦田は、この時点では恐らく未だ三木へのカウンターパートとしての自覚はないままに、党勢拡大の一助として旧民政系の追放解除組の復党に積極的であった(89)。

かくて一応党内を掌握しつつ、芦田は六月以降講和と反共という政治課題については超党派的協力が必要との判断を示す。すなわちこの年六月と一二月の二度にわたって吉田首相との会見に臨んだ芦田は、まさに講和と反共を梃に、自由・民主・社会三党の超党派外交—挙国政権構想を提示したのである(90)。しかし実際には、社会党の左傾化(91)と吉田の消極的姿勢(92)のためこの芦田構想は実を結ばない。

では芦田は、何故この時点で挙国政権構想を打ち出したのであろうか。それは「自民提携しても民主党は食はれる、野党で直進しても事大主義の大衆は自由党に走る、さりとて自由党内閣が五年も八年も続く訳はなからうじやないか(93)」との芦田の言に如実に現われている。理念的に言えば、吉田自由党内閣では日本の右傾化が進み、それが逆に左の擡頭を許すことにつながって、その結果社会党を人民戦線の側に追いこむのは危険であるという(94)、従来からの中央政党的議論の反映である。しかしこの時点ではもはや中央政党論は政治的に無力であるから、本来中央政党たるべき民主党を媒介とした自由・社会の挙国政権という形になったのであろう。さらにこの構想には、吉田自由党の側に常にある保守合同—自民提携論への対抗という意味がこめられていた。芦田はそのことを次のように書いている(95)。

「最も厄介なことは自民提携の提案があつた場合にどう答へるかである。無論吸収的な自民提携は問題にならぬ。然し明白に断ると自由党は得意の引抜きをやらぬとも限らぬ。それが警戒すべき点である」。

すなわち民主党の組織防衛と主導権確保という観点からも、挙国政権構想は重要なのであった。しかし現実的可能性からいえば、挙国政権論と自民提携論は必ずしも真正面から対立するものではなく、妥協の余地を残していた。だからこそ芦田は吉田によって前者を後者に切り下げられるのを防ぐ意味もあって、一二月末に吉田が絶対に受けいれることのできない再軍備論の口火を切ったに相違ない[96]。そして芦田が翌二五年一月、苫米地最高委員長に対して三木を幹事長に推したちょうどその日に[97]、再軍備論につき三木から異論を提示されたのは[98]、二人の今後の運命を考える時まことに象徴的であった。

ところで昭和二六年五月以降国民民主党では、またもや自民連携派と反対派との対立が顕在化してくる[99]。無論芦田も三木も共に反対派であったが、党分裂の兆が見えるや二人の意見は微妙に食い違いを見せ始める。すなわち芦田は「然しどうしても民主党を此上わりたくはない。われたら民主党は終末をつげる[100]」との危機感から両派妥協に動く。しかし三木が分裂やむなしとの考えだったことは、次の芦田の言に明らかである[101]。

「三木君は三、四の人を犠牲にしても止むを得ないと考えているらしいが、私はそれが思い切れない。何とか党を割らない方法をとりたいと念じている」。

かつて幣原派を切り次いで犬養派を切り、そのたびに党を小さくしても、あくまで中央政党論に固執してきた芦田にとって、これはやはり先述の挙国政権論に続き、いずれ保守合同論への傾斜につながる方向転換の兆と言ってよい。つまりここで自民連携派をつなぎとめなければ、自由党に対する交渉能力を喪失する危険を芦田は感じたのであろう。かくて先に再軍備論で意見を異にした芦田と三木は、さらに自民連携派との妥協をめぐって対立することになった。しかしながら、この時点では未だ敵対関係に転ずるまでには至らず、芦田の方は相変わらず「私が最も相談相手に頼むのは三木君である」[102]と述べるような心境であった。したがって三木の抵抗をうけつつも、芦田は自民連携派との妥協に続き、さらに追放解除組の大麻ら新政会との合同を進め、次のように記している。[103]

「三木君は追放解除者の新政会に対して相当に強硬である。大麻君などは政界に出るべきではないと主張する。「然し余り率直に言はないでユトリをとつて置き給へ」と私から忠告した」[104]。

かくて芦田は、ここでもまた民主党少壮派と新政会との「仲裁人」の役割を果たすことになる。この時点で芦田は、中道政治・中央政党という自らが主体となって切り拓いてきた戦後政治の一つの理念に、最終的に終止符を打ったとみてよい。それは何よりも、九月に芦田が記した新政会への心理的共鳴の告白[105]に明らかであろう。

「今日の集会で感じたことは民主党の現職議員と一緒に居ても同志的な気分が出ないけれども、今日の古い人々〔新政会〕と会うとどうやら同志の気持になる。矢張り共感が湧くせいだらうか、それとも時代の流がピントの合うと合はないとの差を作るのであらうか」。

しかしたとえ新政会にシンパシーを感じたとしても、芦田にとって新たな政治的展望が開けたわけではなく、必要以上に積極的に動くことはなかった。それ故昭和二六年一二月新党結成にむかう状況の中にあって、芦田は自ら「党務も熱心ではなかつたが、それだけに派閥争に超然としていることが出来た。新党結成にも積極的には働かなかつた」[106]と記したように、終始傍観者的位置に立ち続けたのである。

以上に述べたように、第二保守党―民主党野党派と第三保守党―国協党との合同による新たな第二保守党―国民民主党は、政策的には協同主義という独自の色彩を持ったにもかかわらず、何ら積極的な展望は見出しえなかった。無論三木は中央政党的志向を堅持しており、再軍備反対論で芦田との溝が生じ始める。他方芦田は中央政党論を最終的に断念し、挙国政権構想から、やがて再軍備論を柱として自由党に対する交渉能力の高い第二保守党への脱皮を考えるに至るのである。そして芦田の唱える再軍備論は、保守合同前の民主党を経て合同後の自民党にも政策課題の一つとして引き継がれていくことになる。

4　改進党結成と重光総裁――二七年一月～二八年一二月

昭和二七年一月新党結成過程において、芦田と三木はいよいよ意見の相違を深く認識することになる。すなわちまず第一に三木が農協をも合同させるため協同社会主義という文字に固執したのに対して、芦田は「私は社会主義という文字を入れたら新党から脱落する者が出来るから、それは避けるがよい」と明確に言い切っている。[107] 次いで第二に三木が大麻の入党留保を主張したのに対して、芦田は「大麻君を左程心配することはないし、留保などというと新政クラブがモメル」と強く押し切った。[108] つまり芦田は社会主義への門戸を閉ざし、追放解除組への門戸を開くことにより、政策人事両面でこれまでよりは明らかに右よりな第二保守党としてのスタンスをはっきりさせた。

しかし新党はまたも総裁問題でもめる。結局芦田の推す村田省蔵、三木の推す石黒忠篤のいずれもが引き受けず、[109] 二月の改進党結成時には総裁欠員のまま、[110] 三木を幹事長にすえてスタートすることになった。ただ芦田も三木も総裁欠員体制の方が、各々の立場から党内影響力行使の点で有利なことは否めなかった。とりわけ党組織上幹事長を握った三木の指導力が強まったのは無理からぬことであり、芦田は結党大会の光景を「演壇に出る人も出る人も国協系と民主党の左派であつたことが眼についた」[111]と記している。

ところが改進党総裁の有力候補として、三月追放解除の決まった重光葵が急速に浮上してくる。昭和二五年一一月の巣鴨プリズン出所以来、円卓倶楽部等非公式の会合を通じて戦後政治への復帰をねらっていた重光[112]は、この時点で岸信介・三好英之ら日本再建連盟設立中（設立は四月一五日）の一派と、大麻唯男ら結党直後の改進党の一派とから、それぞれ総裁候補に擬せられひっぱりだことなった。[113]確かに重光の日記には両派からの訪問が記されているが、「朝、三好、綾部両氏来。再建聯盟に付て意見交換す。餘り早まることとなきを勧告す」（三月二九日）[114]と書いて以来、心情的には重光は改進党への関心をましたと思われる。

しかし重光の総裁擁立は、芦田にとっては衝撃的であった。何故なら外務省同期の重光の起用は、芦田の総裁候補としての潜在的可能性を最終的に奪うことに他ならなかったからである。そこで芦田は努めて冷静に次のように告白している。[115]

「僕のうけた印象は体よく私を棚上げしようとの案だらうと感じたわけだ。然し棚上げされる時に大人しく棚上げされるのが男らしい。女々しい気持であつてはならぬ。それが国家の大局に必要なら喜んで棚上げされるべきである」。

さらに三月二六日、有田喜一から党内で重光推薦が多数意見たることを聞くや、芦田は「私は有田君の話を聞いて益〻総裁になる気はなくなつた。これが身の転機になるような気がした[116]」と判断し、「兎に角党の大勢が決すれば私は一肌ぬぐ気持である[117]」と述べた如く、重光総裁実現にむけて積極的に動くことになる。自分に不利な状況の中で、逸速く最善の方法をとる芦田の決断力の確かさには注目すべきであろう。かくて四月に入り、三木ら党内左派の反対を封じこめつつ、芦田は重光総裁実現を強力に推進している。そして五月初には、芦田は重光説得にでむくのである[118]。

これに対し、これまで公式には何も言わず非公式には総裁固辞の姿勢を崩さなかった重光は、芦田との会見後もなお慎重な態度を変えない。すなわち側近の谷正之、加瀬俊一らと相談し、公式には「貴下〔芦田〕の御好意にも対し目下充分考慮中なるも、御返事は暫く俟たれ度し」と回答しつつも[119]、非公式には谷から「結局、君〔芦田〕からの話で重光君の意見は動いたということだ。但し僕が言つたと申されては困る[130]」と伝えているのである。情報入手の上側近と討議をくり返し、公式非公式の二通りの回答を用意し、いずれかの選択肢への決定的なコミットメントを避けつつ情勢をみるという重光のこの荘重な手法は、戦前の重光外交のそれを彷彿とさせるものであった。さらに先まわりして言うならば、善きにつけ悪しきにつけ、改進党総裁としての重光の今後の行動様式をも規定する一つの特徴となる。

重光を臆病とみえるほど慎重にさせたのには、再建連盟との関係もさることながら、次の重光自身の分析にみられる改進党内の複雑な党内事情があった[121]。

「改進党中国協、農協等の左派イデオロギー組は改進党に参加して進歩、民主党の組織を乗り取らんと努力し、記者を旧民政系即ち右派の代表者と思惟し、記者総裁の上は努力を失ふものと考へ、紛争を事とし立場を確保せんとしつつあり。民主系は其の状勢を承知するの明なく、徒らに旧套を追ふのみの有様なるが如し」。

しかも三木は、重光推薦の芦田を翻意させるために、芦田判決決定まで総裁留保という形で断腸の思いの芦田を心理的にゆさぶる作戦に出たのである。[122] それ故に芦田もまた自己の選択の政治的賢明さを信じつつ、次のように微妙な心境を告白せざるをえなかった。[123]

「私の態度は決して私心のないことだけは明かになつたと思うが、それでも色々の批判もあらう。私は Cyrano de Bergerac の心持でいるのだ。時折は胸に熱い固りがこみ上げるような気持がする。この心を誰にも談らず、何人も察しては居ないだらう。それが男の意地だ」。[124]

結局芦田は、最悪の場合には三木ら左派を切っても重光総裁を推す立場を明確にし、五月七日重光入党が決まる。ここで芦田はこれまで再軍備論や新党結成問題で対立の兆が生じつつも継続していた長年の三木との協調関係を、事実上断ったとみてよい。ちなみにその三木と会見した重光は、「秋田清に酷似す」[125]と寸評している。

六月の党大会で重光は総裁に就任するが、党の最大の課題は、昭和二四年一月以来久しくなかった来たるべき総選挙対策であった。そこでは三木幹事長の留任とも関連して、重光推薦により党内影響力を確保した芦田を、[126] 選挙体制の中にどう位置づけるかが問題となる。その経緯を重光は次のように記している。[127]

「自分が総裁として芦田、大麻、三木、三人委員会新設を提唱したのに対し、三木、北村等現幹部は挙って之に反対して、選挙対策委員会は已に現有して活動して居ると云った。其の委員会には何らの用意はなかった」。

　つまり重光は、資金源たる大麻、入党の推進役たる芦田、党組織を握る三木の三者から成る委員会を設けた上で、総裁としてのリーダーシップを発揮する構想を提示したのである。(128) 結局三木の反対でこの構想は有耶無耶になるものの、重光の幹部会的構想はやがて党の中に色々な形で実現していく。たとえば、幹部会、顧問会、常任顧問会、拡大委員会、中央常任委員会など、党三役以外に多くの会議体が設けられるのである。そして実はこれまた重光外交の手法にならったものに他ならなかった。そのことは次の石射猪太郎のメモワールの記述に明らかである。(129)

「重光外相は小磯内閣に残り、大東亜大臣を兼任した。本多重光氏の外務省は、賑やかな外務省であった。本多（熊）、有田、山川（端）の三先輩を顧問に聘し、これに堀田前大使、来栖大使を加えて最高幹部を形成し、また各部局員を動員して、各種の委員会を設け、頻繁に会合を催した。重光外相の好みというべきであろうか、大掛りに衆智を集めて、時局に処するための調査研究にはげむという態勢なのである」。

　こうした重光の外務省運営的な組織観を三木が見抜いていた点を、内田健三はこう語っている。(130)

三木幹事長の話に耳を傾ける重光総裁（1952年６月、毎日新聞社提供）

「重光総裁を大麻が連れてきたんだが、若手グループは反対だった。そうしたらいきなり重光総裁が乗り込んできて、「上級幹部集めてくれ」と言ったんですって。そこで居合わせた人たちが「重光さん、政党には上級・下級はないんだ」（笑）と。やっぱりそういう感覚の人だったんだと、三木は言っていますね。つまり外務省で幹部集めるような感覚」。

重光は外務省的組織観から改進党の組織に違和感をもったばかりでなく、街頭での選挙活動についてもなじめなかったことが、次の記述から了解される(131)。

「村々町々をメガホンで、重光総裁来る。重光総裁来る！（中略）と連呼する。村々、町々の人々は道路面に顔を出す。我々の自動車はその前を通って手を振り頭を下げて愛想をすると云ふ順序になる。あれだ〳〵！と云って自動車内の自分を指して見るのもある。「次期政権を担当する重光改進党総裁来る」と男の声でどなるのは稍行き過ぎである」。

結局改進党では、重光、芦田、大麻、三木らの協力体制を組むことができず、昭和二七年九月の総選挙の結果は、決して芳しいものではなかった。そもそも芦田は重光擁立に自らの政治的活路を見出したものの、改進党の将来にも重光自身にも明るい展望をもってはいない。つまり三木ら左派の動きを制しえず「私は改進党に少しも望を繋いでいない」と嘆き(132)、選挙に対する重光の強気の見通しに対し、「内情を知る自分には夫れ程の勇気が出ない(133)」とつき放すのである。そこで芦田は選挙戦を控えて、左派を切って少数党として生き残るか、自らが党を離れるかのどちらかを将来の選択肢として思い描くことになる(134)。

総選挙後の一〇月、重光は党役員の一新を決意する(135)。ほぼ同時期に昭電事件一審で無罪判決をうけて勢いをとり戻した芦田も、左派体制では改進党はヂリ貧を免れないとの認識から、(137)重光・大麻への協力の姿勢を示している。しかし一二月に入って役員改選をめぐる動きの中で、三木はあたかも後年の挙党協による〝三木おろし〟への対抗を思わせるような執拗な反撃をくり返す。そして様々の抵抗をくり返したあげく、二月大会まで留任という妥協案を提示する。(138)芦田は「延期するということは党内闘争を持越すだけの事だから(139)」という理由であくまでも反対するが、重光らは交渉に応じ不再任という条件付きで妥協案が通るのである。

昭和二八年早々、重光は三木から次のように人事構想を打ち明けられ同意を与えている。(140)

「三木幹事長来り政談す。同氏は後任幹事長に清瀬一郎氏、其の他川崎、荒木、山本等を副幹事長に押す意向の如し。総て円満に運ぶ様申渡し置きたり」。

また芦田・重光会談で芦田が「左派と称する連中とは同一行動はできない」と強調したのに対し、重光は「こちらから保守新党にも合同にも手は出せない」と述べた。(141)つまりこの時点で明らかに重光と三木とに戦略的にせよ協調の兆が芽ばえたため、重光は芦田の左派切り捨て論に必ずしも同調していない。おそらく重光・芦田対三木から芦田対重光・三木へというこの微妙な差異の顕現は、大麻の工作によるものと思われる。(142)

そして二月の役員改選において、川崎政策委員長の就任問題で芦田と重光は初めて真正面から衝突することになる。二月六日の重光の日記を見てみよう。(143)

「芦田は川崎政策委員長に強く反対し若し聞かれされば二、三十名を率ゐて脱党すると云ふ。芦田は小物にして常に小事に拘泥して容易に最終的の言葉を口にし人を困らして顧みさる男なり。

大麻の苦肉策川崎支持は反感を招き、小策は遂に失敗なり。智者は智に溺る。北村、三木態度よし」。

ここにはこの時点での重光の各人に対するスタンスと評価が簡潔に表われている。では何故芦田は脱党をかける行為に出たのであろうか。その理由は二月八日の芦田の日記に明確に述べられている。[144]

「川崎が昨年総選挙の直後、党本部で僕の顔を見るが早いか「アナタの再軍備論で改進党は十名の同志を損した」と言つた。彼は軍備反対論者である。それが政策委員長に据るということは私にとつて侮辱であるのみならず改進党の変節改論である。それが無闇に癪に障つた」。

芦田は、重光・大麻と三木との接近を許さず、感情論とイデオロギー論とをうまく再軍備問題に結びつけて提示したのであった。これに対する役員銓考委員会における重光の人事裁決案は、重光によれば次のような内容である。[145]

「芦田は問題は感情論である。意見の容れられさるは党の指導者が自分に対する武士のなさけのないことなり。故に意見容れられずは脱党すと云ふ。記者は、苟も党の長老の感情も又理屈（論）も総裁としては顧慮せさるを得ず。然し感情は水に流して貰い度い、理屈は妥協して貰い度い。それが政治家としては大なる態度である。自分は此の当面の故障には触れぬ裁決をする積りである」。

すなわち党の結束の立場から、川崎政策委員長は見送りとなった。そして重光はこの委員会での決定にあたり、「自分は裁決案を発表する気勢を見す」と重々しく書いている。あたかもそれは、外務省において大臣裁定・次官裁定でものを決めるのに類比しうる手法であった。かくて芦田脱党の危機を乗り切った重光は、党内組織として理事・常任顧問を置き、(146)全国各地代表者の集まった組織委員会において、「一場の演説をなす」のである。(147)そして「政党人は自己本位の感情動物なり。地位は要らぬと云ふは、要ると云ふ反語なり」(148)との感想をもらした重光は、いよいよかつての重光外交運営の手法を改進党の運営に色濃く出していくことになる。それこそが、重光自前の改進党党内体制の構築に他ならなかった。

ところでこの年二月末の吉田首相の「バカヤロー」発言は、政治状況を急速に流動化させ、不信任か解散かという問題を一挙に浮上させた。そこで芦田は、改進党の将来性のなさとむしろ解消の可能性を前提に、吉田内閣の打倒から「理想としては保守全班の合同をすること」という展望を初めて示すに至る。(149)したがってこうした展望をもつ芦田と会った重光が、「芦田氏は内閣打倒急進論者なり。感情を変へたる嫌あり」(150)と記しても不思議ではなかった。その重光にしてもこの時期から大麻―松野、大麻―池田のルートで、保守合同への糸をつむぎ始めている。(151)その際、考慮すべき政策課題について「民主主義堅持、新日本建設、日本の自主独立（自衛軍備・憲法問題）、経済―長期計画的、行政建直し」とメモしているのが、注目に値する。(152)何故なら重光のメモには再軍備はあるものの、協同主義はみられず、一年後の民主党結成時の綱領を暗示する内容だったからである。

しかしバカヤロー解散の結果は、自由・改進・分自の保守がふるわず、社会とりわけ左社の伸張が目立った。議席数を減じた改進党では五月一日の常任中央委員会にて議論百出の後、「重光首班を挙党推進すること」に決定し、(153)翌二日重光は次のように書いている。(154)

「改進党の態度は常任顧問会、顧問会、新代議士会、衆参代議士総会、理事会、常任委員会を経

て、意見を出し尽したる上、一致結束して重大責任を果すと云ふ申合せをなして政局に対する基本態度を決し、其運用は幹部に一任と云ふことになり一段落となった」。

ここでの重光は、やはり何種類もの会合を開き衆知を集めるという外務省運営方式を以てし、自信に満ちあふれている。そして二百議席を割った自由党吉田首班にかわるべく、改進・分自・右社・左社のいわば保革四派連合が、政局の主導権を握るべく動き始める。

まず芦田は重光に対し、吉田自由党と全面対決し、首相・議長を四派連合で占めるべしとの強硬論を説き続ける。[155] 無論芦田の真意は、改進党自体の消長は考慮に入っておらず、重光政権を梃にして保守合同への展望を拓くことにあった。そのためには、吉田引退とできれば右社のとりこみが望ましい。だからこそ重光に対して「首班をとりたる後は、社会党左派と連絡の要なし」と、左社とは一線を画すことを示唆したのである。[156] 実は三木ら左派も四派連合には意欲的であった。したがって議長のみかあるいは首相もかの幅はあるにせよ、芦田構想は同床異夢ながら急速に改進党の動きの要となっていく。

この動きに対して重光はむしろ慎重であった。何故なら重光に、選挙後の中央常任委員会での議論を通して、「党の意向としては左より右に第〔ママ〕分移りたる感あり」[157]と感ぜしめたように、左派への対抗を強める官僚出身者から成る中間派の存在を無視できなかったからである。そもそも中間派は、四派連合そのものに反対であった。[158] したがって重光側近の谷正之が「大局より説き吉田重光会談によって時局を救ふべきことを勧説」し、「芦田の意見は短見」と批判したのに、重光はむしろ同感している。[159]

しかし重光自身が記すように、「尤もなるも改進党を纏めて行く方法に付ては談は行き詰まる」のであった。[160]

やがて四派会談が進むつれ、左派・右派・中間派の対立が明確化してくる。重光は四派会談に「深入りするは禁物」[161]との判断を示していたが、五月一七日三木ら左派は芦田構想を具体化して「重光首相・芦田議長」をセットとし[162]、二人とも正面切っては反対しにくい人事構想にまとめあげていく。ところがこれに対して、町村・古井ら中間派は、脱党を賭しても反対し自由党との連携を主張することになる。[163]重光は「浅慮の輩なり」と寸評している。[164]

結局翌一八日、四派会談を社会党とりわけ左社に譲歩してまとめることの危険性から、重光はまず三木構想のうち芦田を議長候補からはずすことによって中間派への配慮を示した。四、五名の脱党でも左社に抜かれ野党第二党に転落する恐れをもつ改進党の総裁としては当然のことであった。もっとも芦田にも議長への未練はまったくと言ってよいほどうかがえず、あっさりとこれを認めている。以上に述べた両者会談の雰囲気は、次の芦田の記述にみることができる。[165]

「重光君が例の重々しい口調で「実は今回の議長選挙も赤の作戦だ。これに乗ることは君に多大の犠牲を強いる事になる。だから見合せたが良いと思う」という。「僕も今朝は辞退する決心で出て来た」と答えて話は直に纏つた」。

最終的には四派連合で議長・副議長・常任委員長をとったものの、首相には吉田茂が選任され第五次吉田内閣がスタートする。そして実はこの四派連合形成の過程以降、改進党内の左右両極化はますます進行することになる。まず五月二五日、役員改選の方法をめぐって重光は主導権を喪失する。それは重光の日記にはっきりと書かれている。[166]

「理事会にて三木、北村反対運動開始。清瀬次期大会迄留任を声明。役員総裁一任反対、大会に準備するため躍進委員会設置を提案し、総裁不信任の意を表明。川崎過激な言辞を表す。（中略）一松全然無能力、徒に紛糾せしむ。午後中央常任委員会、準備委員会構成に決す。総裁演説指針を示す」。

つまり重光は、例の外務省運営方式にならった上からの人事権発動の構想を三木ら左派によって打破され、人事権を準備委員会に委任せざるをえなくなった。もっとも準備委員長には芦田が就任する。芦田は一方で「党内左派は妙に社会党に色目を使つていることが判然したのは注意すべきである」(167)との考えから左派を警戒すると共に、他方で中間派についても、「言う所は「極左と切れ」「革新派の動向をチェッキ《ク》したい」というに過ぎない」(168)と述べて距離をおいている。しかし具体的に人事や大会宣言を検討していく段階で、三木ら左派との関係は悪化の一途をたどり、六月一三日の人事決定委員会でそれが決定的となった時の模様を芦田は次のように書いている。(169)

「二時から中央常任委員会に出て、大会準備委員会の経過報告をした。その頃から三木派が次々に起つていやがらせ戦術をとつた。私は三木君に対して今日程軽蔑の念を抱いたことはない。所詮この人とは行動を共にし得ないと思つた」。

結局重光は、大麻・芦田ら左派に反発する長老の力を借りて人事権を回復し、松村幹事長を始めとする人事案件を決定するのに成功した。しかし、四派連合、役員人事と二度にわたって当初はイニシアチブをとりながら最終的には屈服を余儀なくされた左派の不満は、六月一五日の大会の席上で次のようにはらされたと重光は記している。(170)

「党大会（芝公会堂）、党内左派と称せらるるもの（三木派）、党の主体性（協同主義）なるものを主張して旧協同党系の威力を示さんとし青年部等を動員して、右派と見られる官僚出身者の過去の態度（自由党との連繫等）を難詰す」。

ともあれこの時点で、バカヤロー解散から四派連合に至る改進党内外の抗争は一応収まる。そして昭和二八年後半は、水面下の工作はいざしらず、表面上党内抗争のエネルギーが育まれることはなく平穏に推移していくのである。もっともこの間に重光と芦田との関係は、「私には重光君から打とけた話がないので彼の心境は判明しない。どうも自信があり過ぎて党員につとめないのが不評のもとかとも思う」[171]との芦田の批判にみられる如く、きわめて冷えきったものになったようである。

以上からわかる通り、新しい第二保守党―改進党における芦田・重光・三木三者の関係は、きわめて複雑であった。イデオロギーを始め政策面でも人事面でも、元来芦田・重光と三木とが対立する構図になる。しかし党の役職についておらず改進党組織優先の意識の薄い芦田が三木に非妥協的なのに対し、党総裁として改進党組織維持を至上命題とする重光はともすれば三木に妥協的となった。そこから、改進党の枠外に出て保守合同を展望する芦田と、あくまでも改進党組織を中心に将来を考える重光との対立が生ずるのである。そしてその意味では改進党組織の防衛という側面において、重光と三木は戦略的に共生関係になりえた。

つまり少壮派を率いて幹部派と対決したかつての芦田の姿は今やなく、三木にとって代わられていた。しかも重光総裁の就任により、芦田は幹部派でもありえず、両派に対して脱党をほのめかして言うことをきかせる、いわゆる弱者の脅迫を手段とする立場に置かれたのである。他方重光は、かつての重光外交を思わせる手法で改進党の結束と運営に腐心していたと言えよう。

5　保守合同の模索と民主党の成立——二九年一月〜一二月

芦田は、昭和二八年末に自由党の緒方・石橋と会見して以来、保守新党の結成をめざして動き始める。(172)そして重光・松村とも接触しつつ、二九年二月初めの段階では最終的に改進党は保守新党でまとまると、芦田は判断していた。(173)やがて三月に入り造船疑獄で政界がゆれる中にあって、芦田は保守新党で自由・改進両党を説得する前提として、吉田・重光の引退を含みとしよう党首の民主的方法による決定（総裁公選）という提案を、堤康次郎から緒方に伝え賛意を得ている。(174)そこで芦田は三月二〇日と二二日の二度にわたり重光を訪ね、この案で説得を試みた。その結果、二〇日には「重光君も新党論者である。然し党内をまとめる自信の無いのと、矢張り首班の Chance を狙っている」(175)との印象から説得しきれなかった芦田も、二二日には重光から「僕は一兵卒として御奉公してよいのだ」(176)との言を引き出し、芦田構想に賛成との判断を下したのである。したがって芦田はその旨を緒方に伝え、(177)二八日緒方は党首を民主的方法で決する保守合同構想を明らかにした。(178)

しかし重光は、決して芦田には説得されなかった。二〇日には芦田の言を「保守合同は政策問題よりし人事には触ることは出来ぬ等の意見開陳あり」と記すにとどめ、(179)二二日の記述はなく、二八日の緒方声明に対しては直ちに大麻と協議の上、緒方—芦田ラインの動きと判断し事態静観を決めている。(180)そもそも重光にしてみれば、重光も棚上げになるような方法で同意し、事もあろうに、小磯内閣、東久邇内閣と過去二度にわたって重光と対立した緒方と芦田が結んだことは、背信行為以外の何ものでもなかった。それは恐らく反党的とさえ言いうるものだったろう。

結局緒方声明は両党内外の集中砲火をあび、状況打開の動きにはならなかった。翌二九日重光と面会した芦田は「重光君には動揺の色が濃いように見えた。そして話は二週間以前に逆転している」(181)と記し、他方重光は「形勢静観の外なく芦田は此上何ら積極的行動をとらぬことを約して去る」(182)と記し、互いに相手の出方に注目している。かくて芦田の保守合同構想は一頓挫をきたしたが、その過程で芦田もまた重光に対する不信感を募らせた。それは次の芦田の記述に明らかである(183)。

「今度の事件でも最も不快な印象をうけたのは大麻君と重光君との態度である。重光君はあれ程明かに私と同見であると言つて置き乍ら、いざ緒方発表が sensation を起すと、知らぬ存ぜぬと白を切る。大麻君が重光君に説いてかような態度をとらせたと考える外はない。（中略）重光君は独りで良い子にならうとしている。尤も人間の九割迄はそうだから、別に怪しむことはないが、将来はこの点を頭に措いてかゝる必要がある」。

その後、苫米地に対し「もう議論の時ではない。実行の時ですよ」と強調し(184)、松村に対して「纏めると言つても吾党は纏らないように出来ている。今の見透しでは合同が出来ても出来なくても脱落者が出ると思う(185)」と言い切った芦田は、内外に合同論をいよいよ鮮明にしていく。これに対して三木・北村ら改進党革新派もまた合同反対を明確化し(186)、それを貫くために吉田内閣不信任案の提出をもくろんだのである。無論芦田はこれに断固反対であったが、ここでもまた重光の態度は曖昧であった。「中央常任委員会に持ち込み激論の結果、遂に26対38にて改進党独自の政府不信任案提出に決す」と、四月二四日重光は客観的に記しているだけである。[187] これに対して芦田は、折角の合同論に水をさす三木らの動きに対して「私は改進党の左派が又いばり出すだらうし、党は段々不愉快になるものと予想しなければならぬ[188]」との感想を付している。

しかし五月に入って改進党も一応新党論でまとまり、自由・改進・鳩山三派による新党交渉委員会がスタートする。[189] だが六月になると警察法案をめぐって与野党が激突し、いわゆる乱闘国会が生じて、自由党の強硬姿勢に対し改進党は非常に強く反発するに至る。[190] この時には新党交渉委員会の中で積極派たる芦田でさえ、次のような感慨をもらすのであった。[191]

「新党で保守が一つになり、自由党的の気持で革新と対立するとなれば政争は今日よりも苛烈になる。それを思うと新党運動も考えさせられる。近時の政府、自由党の動向を考えれば考える程新党の熱はさめる心持がする」。

このように芦田は、自由党主流派への違和感を抱きつつも、他方で吉田棚上げ論を梃に新党交渉を決裂させようとする三木に対してもきわめて敵対的となった。[192] それ故芦田は「三木武夫君は新党叩き潰しの計画を立て、着々やつているという。私もその印象をうけて、所詮一緒には行けないと信じている」と、はっきり書いている。[193] それは、重光が改進党総裁として多数派たる三木ら革新派の動向を無視できず、「之は止むを得ぬ」と記した[194]のとはまことに対照的であった。当然のことながら三木への対応をめぐって、芦田と重光はまたもや対立することになり、重光は芦田の態度を「芦田君例によって我侭に独走、無遠慮に「決意した」とか「脱党」とかを口にす[195]」と記している。

以上を背景として、六月二二日の改進党の打合会における結論を芦田は次のように書いている。[196]

「結局吾党は総裁の公選は同意するが党議として吉田タナ上げを主張しているから、敢て自由党の同意を求めないけれども、その方針を捨てるとは言えないということにして四時前散会」。いわゆる玉虫色の決着であるが、重光は「大勢は明日の交渉を改進党の責任に於て決裂せしめさることになる」(197)と芦田よりは抽象的な捉え方をしている。そこで芦田はさらに三木をおさえるために、例の弱者の脅迫の手段を用い、重光に次のような形で圧力を加えた(198)。

「朝、谷正之君より電話にて、芦田氏より電話にて総裁に対する不満を述べ脱党者多数ある旨を以てせりと。芦田君の例の今日の会議に対する威嚇の意なるべし」。

しかし、重光もすでに芦田の常套手段と心得ているような書きぶりである。ところが二三日の幹部会でまたもや三木が吉田棚上げ論をむし返したため、重光によれば「芦田激越の口調にて三木に突つかゝり憤然として退場せんとす。一同慰撫遂に事なきを得(199)」という状況になった。芦田本人も「私も遂に癪にさわつて、三木、松村、重光の諸君に当りちらした(200)」と書いている。これは少人数会談における、芦田による一種の修羅場の演出に他ならない。さすがに芦田は、やはりこういう戦術においてたけている。その結果重光によれば「本日の交渉は決裂の口実を与へさることに決(201)」したにもかかわらず、交渉委員会では自由党側から一方的に打切りが宣せられ、ここに三党による交渉委員会は決裂となった。一番がっかりした芦田は当日の日記に「気持はむしやくしやしている。昨年来の新党運動もこれで打切りだ。どうしようもない。責任は自由党と改進党の双方にある(202)」と無念のありったけを書いている。

しかしこの新党交渉委員会決裂直後から、岸―芦田―石橋のラインと鳩山―重光のラインとによる二つの新党運動が展開されていくことになる。すでに五月の段階から、これまでの新党促進協議会を総花的なものでなくより同志的なものに変えるべく芦田に提案していた[203]岸は、六月二四日直ちに芦田を訪れこの線での新党運動を促した[204]。これをうけて常務・岸、政策・芦田、組織・石橋からなる新党結成促進協議会が設立され、八月にむけて遊説活動を開始するのである。

他方この動きと踵を接するかのように六月二五日には、松村を通じて鳩山から重光に対して会見の申し入れがなされた。重光は大麻らと相談の結果、岸・石橋らの動きを見きわめるまで会見を延期している[205]。そして翌二六日松村らとの協議の模様を、「新党問題に附帯し鳩山の向背に関する件を中心とす。新党促進は急進主義と漸進主義とを併用すべきと指示す[206]」と重光は記した。大げさな言いまわしであるが、要するに慎重にやるべしとのことにすぎない。

やがて九月に入ると、新党促進協議会では三党交渉の再開と新党結成準備会への切りかえが考慮されることになる[207]。もっとも三人の中でも、芦田は緒方との関係をたつことなく、あくまでも保守大合同をめざしていたが、石橋はともすれば鳩山新党に傾斜しがちであり、岸が両者の中間に位置するという構図であった。そして芦田は自己の構想実現のために、九月一四日緒方を仲介に吉田・芦田会談に臨み、緒方派も新党準備委員会に参加することが決まる[208]。ところがその動きとこれまた踵を接するように、九月一九日には松村・三木武吉・石橋・岸らの立会いの下に鳩山・重光会談が開かれ、改進党も新党準備会に参加することが決まるのである[209]。実は一方で吉田・芦田会談に、他方で鳩山・重光会談に各々政治的活路を求めていた二人は、ここで回復不能な衝突を演じている。すなわち吉田・芦田会談直後の芦田と重光の電話での応答の模様について、芦田は次のように述べる[210]。

「緒方君にいつ会つたのか」という姑のような問の連発に始まつて、「そういう会談は予め党に相談してからやつて貰いたい。徒に自由党の宣伝に利用されて困る」というに至つて怒が爆発した。

「一体、個人が個人と会談するのを統制するという党則があるのか。あるとすれば松村は岸と会談し、大麻は鳩山と逢い、君は吉田と会談した。然し君にしても曾て一度も事前にも事後にも僕に話した事はない。僕は少くも今日迄事後には逐一報告している。それが悪いのなら党の制裁はうける。明日にも離党届を出して宜しい。一体政局安定の大目的を忘れないのが本筋じゃないか」。

家人が驚く程の大声を出した」。

すでに新党結成促進協議会に加わって以来、芦田は改進党に見切りをつけていたが、これ以後は幹部会にも顔を出さなくなる。これについて「欠席しても出席しても結果は同じだつた。一時間でも不愉快な思をするのがつまらない」[211]と芦田は述べている。そして九月二一日の新党結成準備会以降、芦田は緒方・池田との提携強化をねらう一方、重光・大麻・松村ら幹部および三木ら革新派を除く改進党の有志を結集する方向で動き始めた[212]。それによって鳩山派・緒方派の双方から超然とし保守大合同のまとめ役を演じるというのが、芦田が自己に与えた課題であった[213]。しかしこれら一連の芦田の行動は、当然のことながら改進党に対する反党行動と幹部派や革新派に認識されることになる。今や芦田と重光・三木とは決別寸前の状態にあった。

結局準備会の代表委員の構成で、鳩山・吉田の処遇をめぐり準備会と自由党の対立が続き、一〇月二〇日の大会では妥協がならぬまま重光・石橋・鳩山・岸・芦田の五代表委員が発表されたところ、案の上自由党の反対により決裂状態となった。[214] 以後もなお芦田は自由党との妥協をめざし、吉田の代わりに池田を入れる提案を行うが、[215] 最終的には改進党および準備会の双方に拒絶され失敗に終わる。そして一一月八日の岸・石橋の除名によって保守合同への道はひとまず閉ざされ、鳩山新党が残された唯一の選択肢となった。ここに至って芦田自身も「救国新党という偏狭なカラに立て籠りたくない。然し除名された二人を見捨てる訳には行かぬ」[216] との進退きわまった気持ちを明らかにしている。そもそも芦田は、一〇年前袂をわかった鳩山一派を中心とする新党に参加することにはきわめて消極的であった。

しかし最終的に鳩山新党構想にのることを余儀なくされた芦田の態度につき重光は「芦田今度は準備会にて硬論を吐きたりと。彼れは迷路をさまよふ」[217] と冷ややかに観察している。そして一〇日の改進党と準備会との会見を前に、重光はさらに「準備会側は会談に準備会側委員を全部立ち合はせて所謂主導権を維持せんとする根胆の如し。小策動の連続なり。そんなことは頓着する必要なし」[218] と書きつけた。ところが同じことを芦田は「午後二時の改進党側と準備会の四人との会見は実質的には何もないが相手は何をやるか判らないから、可成早く部屋に入つて待つていてくれと言われた」[219] とまったく正反対に記している。いかに芦田と重光との間の相互不信に根強いものがあるかが、ここに如実にうかがえるであろう。

しかも改進党内では芦田批判が強いため、一一月一一日重光・松村と芦田との会見が行われた。重光によれば「芦田は矢張り自由党との協力を固執するも、（中略）党議には飽く迄従ふ、新党も同様とてツジツマを合はす[220]」という状況であり、芦田によれば「改進党員である間は改進党の党議に服するが新党に参加してからの行動を改進党の党議で将来に亘つて拘束しようというのは筋が通らない[221]」と主張したのであった。さらに重光・松村の側は三木ら革新派を割らずに新党へ合同させるために、芦田に「憲法改正・自衛力整備」をこの時点では明確にしてほしくなかったのである[222]。

かくて問題の焦点は新党創立委員会の代表委員の構成に絞られた。まず芦田の側からみてみよう。一三日の改進党中央委員会で芦田は革新派から攻撃され、「党議違反の疑ある者は新党に加えない」との決議が通った[223]。そこで岸・芦田らは改進党との合同はやめて準備会は第三党で行く方針に変えたのである。つまり準備会は代表委員を招待状発送の発起人七名（鳩山・重光・松村・芦田・石橋・岸・三木武吉）に限定する構想を出すことになる[224]。

これを重光の側からみるとどうなるか。そもそも招待状発送の発起人を七名とした点に岸・芦田らの三木武夫排斥が明確である。重光はこれを「岸・芦田の自由党一部との連繫とも見らる」と疑っている[225]。しかも「昨日の党大会芦田ツルシ上げは甚だしく、芦田派及準備会を刺激し革新派を切って第三党樹立の意見に油を注いだ[226]」とみるのである。結局改進党は代表委員と発起人とは別であるから、党勢に比例させて大麻と三木の追加を要求することになる。

こうした双方の思惑を背景に、一五日の会合はもめにもめた。結局、松村の代表委員増加という妥協案（三木武夫ははずす）を岸・芦田が受け入れることによって、決裂寸前の会合はまとまり、創立委員会が開かれることになる[227]。それでも重光はなお「但し芦田は何をするかわからぬ[228]」と心配し、芦田は「これ程寄木細工の政党は又とない。昭和二十年秋創立した日本自由党でもこれ程ではなかつた[229]」

との失望感を表明している。

その後新党結成へむけて準備は順調に進んだ。まず政策については、憲法改正・自衛軍整備が認められ[230]、総合計画による経済は唱えられたものの、協同主義や修正資本主義は完全に姿を消している。これは芦田や重光の意向が反映されると同時に、三木ら革新派が敗れたことを意味している。次いで人事についても、重光が副総裁、芦田が最高委員となり三木は無役に止めおかれた。そしてこうした人事・政策面での芦田と三木の対立は、そのまま一一月二三日の改進党解党大会に持ちこまれる。重光はそれについて「解党大会紛糾予想さる。要するに革新派（三木武夫）の不満にして芦田に対する感情問題もあり[231]」と記している。さらに解党大会の模様について次のように述べている[232]。

「解党大会—順序よく進む。芦田に対する反感を表示するもの多し。革新派は青年部なるものを使って示威的演説をなす。何れも低級なり、解党宣言を朗読し、総裁の演説、記者の演説中最も精神的のもの、松村幹事長等泣くもの多し、感情の融和に資す」。

すなわち重光は、芦田にも三木にも冷ややかで、総裁としての最後の役割を演じることに重きを置いていたことがわかる。これに対して芦田は、「今日午後改進党の解党式がある。然し又してもチンピラ共がガヤガヤ言つて徒らに空気を乱すことも面白くないと思つて私は出席しなかつた[233]」と実にあっさりしている。しかし翌二四日、民主党結党大会に臨んだ重光と芦田は対照的な記述を残している。まず重光からみてみよう[234]。

「日本民主党結党式。党名、総裁、綱領、政策、宣言、内閣打倒決議、型の如く成功裡に行はる。総裁は詮衡〔ママ〕委員会にて記者推薦の形にて行はる。記者の発声にて万歳三唱、閉幕」。

重光は最後に「昨日今日は成功の日なり、私心なきが為めなり」と付している。相変わらず政党を外務省的組織観で捉えている重光にとっては、改進党を組織的に割ることなく新党に合同させ自らは副総裁のポストを得たことで、とりあえず満足だったに相違ない。また確かに改進党を縮小均衡のまま維持しえた点において、重光の政治指導ならぬ存在そのものの意味をあらためて考えてみるべきかもしれない。その際、元外相有田八郎の「何ももうできないが、何かしている態勢をとるのが重光外交」[235]との評は、改進党総裁たる重光の評としても実に言いえて妙であると思われる。しかし芦田はこうした重光の態度とは対照的であった[236]。

「これ位気の進まない結党式はない。正直に言つて寄木細工の党。互に相手を信用しない連中の寄合である。どうしても永続しないと思う。仮に鳩山氏がポクリと死んだら、どうする。然し致方なしに舞台の椅子に並んで式に列したが鳩山氏のいたいたしい起居。これに続いて重光君の松葉杖の姿」。

芦田にとって鳩山・重光を幹部とし、三木ら革新派を含んだ新党は、実に最悪の事態であった。しかも続く一二月の鳩山内閣の下で、重光がさらに副総理兼外務大臣を占め、党では無役だった三木も運輸大臣として入閣を果たしたのであるから、なおのこと憂鬱だった筈である。そもそも鳩山・重光・三木の三者に対して、芦田は当初友好関係にあり、いずれも後に敵対関係に転じたという共通の経緯をもつ。したがって芦田にとってこの民主党は到底安住の地ではありえなかった。

以上に見てきたように、芦田は保守大合同をめざしてついに改進党の枠を完全に越え、場合によっては三木ら改革派の切り捨てを考慮する。これに対して重光は三木らとも歩調を整えながら改進党を一体化したままの新党を考える。そして結果的には、とりあえず後者の構想が実現する運びとなった。しかし芦田のみならず、重光・三木の二者にしても結局民主党では主導権を掌握できなかった。何故なら民主党は鳩山派および岸派の主導体制となり、修正資本主義や協同主義の理念も消滅したからである。その結果一年後の保守合同に際しては、積極派の芦田はもはや何らなす術もなく、反対派の三木派は蚊帳の外に置かれ、中間派の重光は本命の外交において失速状態にあった。その意味で改進党の解党によって、人的にも政策的にもこれまでの第二保守党の系譜に一応の終止符を打ったと言わねばならない。

それでもなお旧改進党系が割れることなく民主党から自民党へ継続していったため、本稿で見てきたような複雑な政策や人をめぐる対立抗争の体験がそのまま再編されて自民党に遺産として残された。その意味で、自民党が複雑な派閥構成をもち、いわゆるキャッチオールパーティ化した原因の一つとして、第二保守党の存在と意義は大きかったと言えよう。

おわりに

昭和二〇年代に与党・野党双方の体験をもった特異な存在たる第二保守党の実態の解明に役立ってきた『芦田日記』と『重光日記』が有する近代史研究に対する史料的意味について、最後に述べておきたい。

第一はこの二つの日記の公開によって、これまでジャーナリストの実録・見聞録や政治家の伝記・

回顧録を中心に構成されてきた戦後政治史が、いよいよ政治家の日記・メモの検討を通じて再構成される段階に入ったということである。そもそも幕末維新期は言うに及ばず、明治大正期では『原敬日記』、昭和戦前期では『原田日記』『木戸日記』が、各々その時代の政治史の再構成を促してきたのであった。したがってこれを契機に、第二保守党系のみならず自由党系の政治家の日記・メモが続々公開されることが望まれる。

第二はこの二つの日記の引用からもわかる通り、日記・メモには素材それ自体の面白さがある。実は後世の人間の目から見るならば滑稽なほどの政治家相互のきわめて人間臭い争いを、政治講談と評して善くも悪くもつき放す見方は有力であろう。しかし日記・メモという生きのよい素材に内在的な考察を加えることによって、一度は政治や権力の持つ凄味を追体験することも無意味ではあるまい。そしてさらに多くの政治家の日記・メモを積み重ねることにより、保守合同を始めとする戦後政治史の主要テーマへの生態論的アプローチが可能になると思われる。

第三にこの二つの日記を皮切りとする戦後政治家の日記・メモの公開によって、近代日本の政治家にとっての時間と空間の変容過程の比較検討が可能になる。すなわち明治以来の近代化の進行に伴う生活形態の変化や技術革新の促進が、政治家の政治活動をどう変えていったかの考察は、政治家の生活の実態把握を当然の前提にしている。そこで政治家の有する時間と空間の変容を追究することによって、権力の社会史とも言うべきフロンティアの開拓が現実化されるであろう。

注

（1）内田健三『戦後日本の保守政治』（岩波新書、一九六九年）五五～六八頁、後藤基夫・内田健三・石川真澄『戦後保守政治の軌跡』（岩波書店、一九八二年）六八～六九頁。
（2）『芦田均日記』一巻、昭和二二年三月二三日の条、一七八頁（以下、『芦田日記』一巻、二二・三・二三、一七八頁のように略記）。
（3）『重光葵日記』1A－19、昭和二七年五月九日の条（以下、『重光日記』1A－19、二七・五・九のように略記）。
（4）佐藤誠三郎・松崎哲久『自民党政権』（中央公論社、一九八六年）一七八～一七九頁、二四〇～二四二頁。
（5）すでに次の三著の中で、『芦田日記』は効果的に利用されている。講和と再軍備との関係において、五十嵐武士『対日講和と冷戦』（東京大学出版会、一九八六年）一八二頁、二二一～二二四頁。天皇と宮中との関係において、高橋紘『象徴天皇』（岩波新書、一九八七年）四〇～五五頁。ハンガリー事件と自民党との関係において、小島亮『ハンガリー事件と日本』（中公新書、一九八七年）一一八～一三四頁。
（6）渡辺昭夫「書評と紹介『芦田均日記』第一、二巻」（『日本歴史』一九八七年二月号）は、中道政治と反共の観点に絞って、拙稿「『芦田均日記』に見る〝首相〟の心理的葛藤のドラマ」（『通産ジャーナル』一九八七年二月号。本章の末尾（三七八頁～）に、補論として所収）は、内面世界の記述に焦点をあてて各々論じている。
（7）前掲、内田『戦後日本の保守政治』五九頁。
（8）伊藤隆「戦後政党の形成過程」（『昭和期の政治』山川出版社、一九八三年）二四一～二四四頁。
（9）『芦田日記』各巻冒頭の進藤栄一氏の「解説」は、芦田均論としても本格的なものであり、本稿も種々の点で多くの示唆を得ている。また戦後政党史としての『芦田日記』の意義については、進藤栄一「解題」『芦田日記』一巻、一四～一六頁参照。
（10）他の資料とのつきあわせによる詳細な検討は、後考を待ちたい。
（11）進藤栄一「解説」『芦田日記』一巻、四三頁、五一～五二頁。

(12)『芦田日記』一巻、二〇・一〇・二〇、五一頁。
(13)同右、二〇・一一・九、五四頁。
(14)同右、二〇・一二・二五、五五頁。
(15)同右、二〇・一二・三一、五七頁。
(16)同右、二一・一・三〇、六八頁。
(17)同右、二一・二・一四、七二頁。
(18)同右、二一・二・一四、七三頁。
(19)同右、二一・四・一一。九七～九八頁、二一・四・一八、一〇〇頁。
(20)同右、二一・五・一一、一〇九頁、五・一四、一一〇頁。
(21)同右、二一・五・三〇、一一四頁。
(22)同右、二一・五・二四、一一二頁。
(23)同右、二一・六・一四、二六四頁、二一・八・二八、一三〇頁。
(24)同右、二一・八・一〇、一二一～一二二頁、二一・八・二七、一二九～一三〇頁、二一・一〇・一二、二八五頁。
(25)同右、二三・一・二六、一四五頁。
(26)同右、二三・一・二八、一四六頁。
(27)同右、二三・二・九、一五六頁。
(28)同右、二三・二・二、一四八頁。
(29)同右、二三・二・九、一五六頁。
(30)同右、二三・二・一七、一六二頁。
(31)同右、二三・三・四、一六九頁。
(32)同右、二三・三・二三、一七六～一七八頁。

(33) 同右、二三・三・一七、一七四頁。
(34) 同右、二三・三・三一、一八三頁。
(35) 同右、二三・四・二八、一八八頁。
(36) 同右、二三・四・二八、一八九頁。
(37) 同右、二三・五・六、一九三頁。
(38) 同右、二三・五・二〇、一九七頁。
(39) 同右、二三・五・一八、三二四頁。
(40) 同右、二三・五・三〇、一九九〜二〇〇頁。
(41) 右に同じ。
(42) 右に同じ。
(43) 『芦田日記』二巻、二三・六・二三、五頁。
(44) 同右、二三・九・二四、一四頁。
(45) 同右、二三・一〇・五、一五頁。
(46) 同右、二三・一〇・五、一六頁。
(47) 同右、二三・一一・二八、三〇一頁。進藤栄一「解説」『芦田日記』二巻、八頁。
(48) 『芦田日記』二巻、二三・一・一五、三四頁。
(49) 同右、二三・一・二五、三五頁。
(50) 右に同じ。
(51) 同右、三七〜三八頁。
(52) 同右、二三・二・八、四二頁。
(53) 同右、二三・一・三〇、三六頁。
(54) 同右、二三・二・一〇、四四頁。

(55)同右、二三・三・一五、七六頁。
(56)同右、二三・六・四、一二二頁。
(57)同右、二三・六・五、一二二頁。
(58)同右、二三・六・七、一二三頁。
(59)同右、二三・六・二六、一四〇頁。
(60)同右、二三・六・二七、一四一頁。
(61)右に同じ。
(62)同右、二三・七・三、一四六〜一四七頁。
(63)同右、二三・八・一四、一七二頁。
(64)同右、二三・一〇・一一、二一七〜二一八頁。
(65)同右、二三・一〇・一五、二二一〜二二二頁。
(66)同右、二三・一〇・二五、二三〇頁。
(67)前掲、渡辺「書評と紹介」、一一〇頁。
(68)進藤栄一「解説」『芦田日記』三巻、五頁。
(69)『芦田日記』三巻、二四・一・二四、三三頁。
(70)同右、二四・二・一、三八頁。
(71)同右、二四・二・九、四三頁。
(72)同右、二四・二・一八、四八頁。
(73)右に同じ。
(74)同右、二四・四・一七、八六頁。
(75)同右、二四・六・一四、一二五頁。
(76)前掲、進藤「解題」六頁。

(77)『芦田日記』三巻、一四・六・二六、一三三頁。
(78)同右、一四・八・二五、一六六頁。
(79)同右、二五・三・七、二五四頁。
(80)右に同じ。
(81)同右、二五・三・三〇、二六二頁。
(82)同右、二五・四・七、二六五頁。
(83)同右、二五・六・八、二九四頁。
(84)同右、二五・六・五、二九二頁。
(85)同右、二五・九・三、三四七〜三四八頁。
(86)同右、二五・九・二六、三六〇頁、二五・一〇・二六、二七八頁。
(87)同右、二五・一一・一、三八二頁。
(88)同右、二五・一二・三一、四二七頁。
(89)同右、二五・一〇・二七、三七八頁、二五・一一・一、三八三頁。
(90)同右、二五・一二・七、四〇八〜四〇九頁、二五・一二・一四、四一三〜四一四頁。
(91)同右、二五・七・一、三一一頁。
(92)同右、二五・一二・一六、四一六頁。
(93)同右、二五・一一・一七、三九三頁。
(94)同右、二五・一一・九、三八七頁、二五・一二・一、四〇二頁、二五・一二・七、四〇七頁。
(95)同右、二五・一〇・五、三六五頁。
(96)同右、二五・一二・二八、四二五頁。
(97)同右、二六・一・一二、四三三頁。
(98)同右、二六・一・一二、四三四頁。

(99)同右、二六・五・四、四九六頁。
(100)同右、二六・五・三一、五一四頁。
(101)同右、二六・六・七、五一九頁。
(102)同右、二六・八・三〇、五七五頁。
(103)『芦田日記』四巻、二六・九・七、六頁。
(104)同右、二六・九・一〇、八頁。
(105)同右、二六・九・一二、九頁。
(106)同右、二六・一二・三一、七二頁。
(107)同右、二七・一・五、七七頁。
(108)右に同じ。
(109)同右、二七・一・五、七七～七八頁、二七・一・一三、八一頁、二七・一・一七、八四頁、二七・一・二二、八六頁、二七・一・二九、八九頁、二七・二・一、九二頁。
(110)同右、二七・二・三、九三頁。
(111)同右、二七・二・八、九六頁。
(112)『重光日記』1A-19、二七・二・九、二七・二・一六。
(113)岸信介・矢次一夫・伊藤隆『岸信介の回想』(文芸春秋、一九八一年)九八～九九頁、一一五～一一六頁。
(114)『重光日記』1A-19、二七・三・二九。
(115)『芦田日記』四巻、二七・三・一八、一一九頁。
(116)同右、二七・三・二六、一二二頁。
(117)同右、二七・三・二七、一二三頁。
(118)同右、二七・五・一、一三八頁、二七・五・二、一三九頁。
(119)『重光日記』1A-19、二七・五・二、二七・五・三。

(120)『芦田日記』四巻、二七・五・三、一四〇頁。
(121)『重光日記』1A－19、二七・五・七。
(122)『芦田日記』四巻、二七・四・三〇、一三七頁。
(123)同右、二七・五・五、一四二頁。
(124)同右、二七・五・六、一四三頁。
(125)『重光日記』1A－19、二七・五・一四。
(126)『芦田日記』四巻、二七・五・一一及び五・一二、一四七頁。
(127)『重光日記』1A－20、二七・八〜九月、「軽井沢の山賊」所収。
(128)『芦田日記』四巻、二七・六・一一、一六二頁。
(129)石射猪太郎『外交官の一生』（中公文庫、一九八六年）四三九頁。同様の記述は来栖三郎『泡沫の三十五年』（中公文庫、一九八六年）一六八〜一六九頁にもみられる。
(130)前掲、後藤・内田・石川『戦後保守政治の軌跡』八八頁の内田の言。
(131)注(127)に同じ。
(132)『芦田日記』四巻、二七・六・一二、一六四頁。
(133)同右、二七・七・一、一七四頁。
(134)同右、二七・六・七、一六〇頁、二七・七・二一、一八五頁。
(135)同右、二七・一〇・六、二三一頁。
(136)同右、二七・一〇・二三、二三九頁。
(137)同右、二七・一〇・一五、二二五頁。
(138)同右、二七・一二・三、二五四頁。
(139)同右、二七・一二・四、二五四頁。
(140)『重光日記』1A－21、二八・一・一二。

(141)『芦田日記』四巻、二八・一・一六、二七七頁。
(142)同右、二八・一・二四、二八一頁、二八・一・二六、二八三頁。
(143)『重光日記』1A－21、二八・二・六。
(144)『芦田日記』四巻、二八・二・八、二八九頁。
(145)『重光日記』1A－21、二八・二・九。
(146)右に同じ。
(147)同右、二八・二・一〇。
(148)同右、二八・二・一一。
(149)『芦田日記』四巻、二八・三・七、三〇六頁。
(150)『重光日記』1A－21、二八・三・七。
(151)同右、二八・三・二、二八・三・八。
(152)同右、二八・三・二。
(153)同右、二八・五・一。
(154)同右、二八・五・二。
(155)『芦田日記』四巻、二八・五・五、三三三頁。『重光日記』1A－21、二八・五・五。
(156)右に同じ。
(157)『重光日記』1A－21、二八・五・一。
(158)『芦田日記』四巻、二八・五・一五、三三八頁。『重光日記』1A－21、二八・五・八。
(159)『重光日記』1A－21、二八・五・六。
(160)右に同じ。
(161)同右、二八・五・一四。
(162)『芦田日記』四巻、二八・五・一四、三三七頁、二八・五・一七、三三九頁。

(163)『重光日記』1A－21、二八・五・一七。
(164)右に同じ。
(165)『芦田日記』四巻、二八・五・一八、三四〇頁。
(166)『重光日記』1A－21、二八・五・二五。
(167)『芦田日記』四巻、二八・五・二二、三四三頁。
(168)同右、二八・六・二、三五〇頁。
(169)同右、二八・六・一三、三五六頁。
(170)『重光日記』1A－21、二八・六・一五。
(171)『芦田日記』五巻、二八・一二・二八、八七頁。
(172)同右、二八・一二・二七、八五～八六頁、二八・一二・三〇、八八頁。
(173)同右、二九・二・一六、一一六頁、二九・二・一七、一一七頁、二九・二・一八、一一八頁。
(174)同右、二九・三・一六、一三五～一三六頁、二九・三・一九、一三七頁。
(175)同右、二九・三・二〇、一三八頁。
(176)同右、二九・三・二二、一四〇頁。
(177)同右、二九・三・二三、一四一頁。
(178)同右、二九・三・二八、一四三頁。
(179)『重光日記』1A－22、二九・三・二〇。
(180)同右、二九・三・二八。
(181)『芦田日記』五巻、二九・三・二九、一四四頁。
(182)『重光日記』1A－22、二九・三・二九。
(183)『芦田日記』四巻、二九・三・三一、一四六頁。
(184)同右、二九・四・四、一五〇頁。

(185) 同右、二九・四・五、一五〇～一五一頁。
(186) 同右、二九・四・六、一五一～一五二頁。
(187) 『重光日記』1A-22、二九・四・二四。
(188) 『芦田日記』五巻、二九・四・二四、一六六頁。
(189) 同右、二九・五・二二、一七九頁。
(190) 同右、二九・六・三、一九二頁。
(191) 同右、二九・六・一一、二〇〇頁。
(192) 同右、二九・六・一七、二〇三頁。
(193) 同右、二九・六・一九、二〇五頁。
(194) 『重光日記』1A-22、二九・六・一七。
(195) 同右、二九・六・一八。
(196) 『芦田日記』五巻、二九・六・二二、二〇七頁。
(197) 『重光日記』1A-22、二九・六・二二。
(198) 同右、二九・六・二三。
(199) 右に同じ。
(200) 『芦田日記』五巻、二九・六・二三、二〇八頁。
(201) 注(198)に同じ。
(202) 注(200)に同じ。
(203) 『芦田日記』五巻、二九・五・二〇、一八四頁。
(204) 同右、二九・六・二四、二〇九頁。
(205) 『重光日記』1A-22、二九・六・二五。
(206) 同右、二九・六・二六。

(207)『芦田日記』五巻、二九・九・一、二四七頁。
(208)同右、二九・九・一五、二五七頁。
(209)『重光日記』1A－22、二九・九・一九。
(210)『芦田日記』五巻、二九・九・一四、二五六～二五七頁。
(211)同右、二九・九・一九、二六〇頁。
(212)同右、二九・九・二三、二六二頁、二九・九・二四、二六二頁、二九・一〇・一、二六六頁、二九・一〇・六、二七〇頁。
(213)同右、二九・一〇・二、二六七頁、二九・一〇・五、二六九頁、二九・一〇・二二、二七三～二七四頁。
(214)同右、二九・一〇・二〇、二七九頁。
(215)同右、二九・一〇・二六、二八四頁。
(216)同右、二九・一一・七、二九五頁。
(217)『重光日記』1A－22、二九・一一・八。
(218)同右、二九・一一・九。
(219)『芦田日記』五巻、二九・一一・一〇、二九六～二九七頁。
(220)『重光日記』1A－22、二九・一一・一一。
(221)『芦田日記』五巻、二九・一一・一一、二九七～二九八頁。
(222)右に同じ。
(223)同右、二九・一一・一三、三〇〇～三〇一頁。
(224)同右、二九・一一・一四、三〇一頁。
(225)『重光日記』1A－22、二九・一一・一三。
(226)同右、二九・一一・一四。
(227)同右、二九・一一・一五。『芦田日記』五巻、二九・一一・一五、三〇二～三〇三頁。

(228) 『重光日記』1A－22、二九・一一・一五。
(229) 『芦田日記』二九、・一一・一五、三〇三頁。
(230) 同右、二九・一一・九、二九六頁、二九・一一・二二、三〇八～三〇九頁。
(231) 『重光日記』1A－22、二九・一一・二三。
(232) 右に同じ。
(233) 『芦田日記』五巻、二九・一一・二三、三一〇頁。
(234) 『重光日記』1A－22、二九・一一・二四。
(235) 前掲、石『外交官の一生』四三九頁。
(236) 『芦田日記』五巻、二九・一一・二四、三一一頁。

補論　『芦田均日記』に見る〝首相〟の心理的葛藤のドラマ

「芦田日記」の面白さ

最高権力者たる首相が、マスコミに晒すよそゆきの顔ではなく、一人の人間としてその内面にどのような表情を湛えているのかは、きわめて興味ある問題である。そこには首相をめざし現にその地位に就き、やがてその座を降りた経験を有する者だけが味わい、余人のまったく与り知らぬ長い心理的葛藤のドラマが展開しているはずだからである。しかしその内面世界に第三者が立ち入ることは、『原敬日記』をほとんど唯一の例外として、これまでは許されなかった。

ところが最近『芦田均日記』全七巻（岩波書店）の公刊によって、戦後の首相の中では初めて芦田についてその内的葛藤のドラマを追うことが可能になったのである。しかも極度に抑制された筆致から、しばしば底意地の悪さをうかがわせる『原敬日記』と比較すると『芦田均日記』はまったくその趣を異にすると言わねばならない。すなわち芦田の日記は、感情の抑制を伴わずに刹那的な気持ちをそのままぶっつけたきわめて人間臭い記述を特色とする。ポーカーフェイスと評され冷たい印象を一般にはもたれていた芦田のそうした外的規制に対するあたかもゆり返しのように、日記の世界の中では心ゆくまで自らの感情に惑溺したのであろう。そのことは、昭電事件で被告となった芦田自身が

「日誌を書くことは今の私にとって一つの道楽である」（昭和二四年四月二二日）と書いているのに明らかである。同時に『原敬日記』に対する芦田の「少し計りよんだが、乾燥した日記であるから読むのは楽ではない」（昭和二五年七月二二日）との評は、二人の差異を表して象徴的と言えよう。そこで以下ここでは、首相以前・首相・首相以後の三つの時期に分けて芦田の心理ドラマに迫ってみたい。

首相への道

戦時中政治的逼塞状態にあった芦田は、それ故に昭和二一年四月の鳩山追放前後から急速に首相候補と目されるに至る。その事態に対して「人世の事は誠に測り知る可らざるものであることを痛感」（昭和二一年五月九日）した芦田は、その後も頻りに「然し総理になって、此難局を乗切る自信があるかと言われたら決して充分の自信はない」（昭和二一年九月三日）との自問自答をくり返している。ところが翌二二年、さらに芦田内閣の現実的可能性が強まった折に、「私もそれを肯定するかの如き態度にゐた」自分自身に気づいた芦田は、我に返って次のように述懐するのである。「考へて見ると人間といふ動物は、初はお国の為、公共の為と思って動いてゐる中に自分の面目とか、野心とかいふ問題が混入して、終ひには、その方が重点になり易い。私の行動にも矢張りさういふ点が明白に認められる。これではならぬと、静座してつくづく思ふ。一体自分の如きものが一国の宰相として立つ値打があるかと反省したら、明白に私はノーと答へる。然し……然らば誰がよりよき人材かと反問すると、対社会、対議会の関係から適任者が中々無い。だから仕方がないではないかと自分を正当化しようとする」（昭和二二年二月一三日）。

このように、熱にうかされた自己の中にいるもう一人の醒めた自己による反省を時に示しながら、しかし芦田はやがて「私の現在は看板娘に引張られてゐる形である」という議論で、首相への道を意味する新党運動へののめり込みを正当化し、こう断言する。「引張られてみれば、人生意気に感ずるとの念は湧いてくる。私の体は此人等に託して、どうにでもしてくれと言ふ気分になる。城山の西郷になるのかも知れぬ。然しそれでも男は立つ」(昭和二二年三月一四日)。

その武者震いにも似た心境を、「それは重大な責任感と未知の世界に対する不安とであった。結婚の前夜、代議士に当選した刹那、そして今度の事件の三度とも同じような憂鬱感に囚はれた事を想ひ起す」(昭和二二年三月一九日)と、芦田は実に巧みに表現している。

かくて芦田は新党運動を成功させて民主党総裁に就任し、総選挙後五月には中道連立の片山内閣副総理兼外相となり、いよいよ次期首相の座が至近距離に入ることになった。だが芦田は、そこでまた次のように自分を一度はつき放してみるのである。「幣原、吉田両氏は既に利用価値がないとして捨てられた。然し自分もやがて同じ運命を辿るに違ひない。凡そ海外に於て占領統治を行ふ国は、米、英でも日本でも同じ手を打って来たのであって何等不思議とすることはない。それと知りつつも次から次へ内閣乗取りを策するのは人間の政権欲からであろう。勿論彼等も「これが国家民生の為だ」とSelf-justifyすることは怠らないにしても……」(昭和二二年一〇月一〇日)。

首相の座の魅力

いかに透徹したものの見方も、政治家を本来政治家たらしめているデモーニッシュな力にはかなわない。その証拠に首相の座がより近くなった時、芦田は「勇気を出せ、断じて行ふ決心をすれば、予想以上に力も出る。自由党を脱して新党を造る決意をしたことが自分の進路を明朗にし、延いて政界に新しい空気をかもし出したのである」と過去の自己を正当化した上で、「然し事の成否はTimingである。それを摑むことが政治家の達識である」（昭和二三年一月一日）と、首相への意欲を明確にしている。

そして片山内閣総辞職後、吉田・芦田の決選投票に際しては「人間は不思議にWishful thinkingに左右されるものだ」（昭和二三年二月一六日）と案外冷静な判断を示した芦田も、いざ組閣の段になって猟官運動の激しさにはうんざりしたとみえ、「政治家といふのは人間の屑だね」（昭和二三年三月一二日）と嘆くのであった。もっとも首相の座の魅力は、就任後じわじわと浸透してくるものの如くである。したがって芦田も「総理になると外相時代よりも一層金が入用になる」（昭和二三年三月二一日）とのきわめて実際的な感慨を述べてまもなく、それに見合う権力の魅力を悟ったらしく、「最近つくづく思ふことは、思切って仕事をするには総理でなくちゃだめだ。片山内閣時代に比べて遙かに自分の力が揮へる。外相を兼任することも無理のないことだ」（昭和二三年四月一日）との強気の姿勢に変わっている。

だが、予算や脱党などで内閣弱体化の兆が見え始めるや、芦田は外には無論強気でありながら、「永く権力の地位に在りたいとは思はない」との弱気の言を日記に書きつけることになる。芦田のアンビバレントな気分は、「私の頭には矢張りハムレットのような悩がある。政界を退くか、或は頑張るか、それが頭に往来する問題である」（昭和二三年六月八日）との言に明らかである。さらに西尾起訴問題によるゆさぶりの只中にあって、芦田は「私はこれ以上野心はない。晴耕雨読で日を送っても心残りはない。その方が望ましい。唯、心掛りは自分の知る限り総理大臣の適任者がゐない。それが困る」（昭和二三年七月一一日）と記す。この言が、後継者難を口実とする首相留任の正当化たることは明白であった。

一方ですでに首相としての主体性の喪失の自覚があるにもかかわらず、他方で「私の過去は凡て今日の為めに用意せられた」とのチャーチルの確信と比較した場合、この文句は「私にはまだ当てはまらぬ。私はそれ程に充分の力を傾倒してゐない」（昭和二三年八月一五日）との自意識を生じたため、芦田も首相の座をなかなか去り難かったに相違ない。だからこそ「どの途十月迄は内閣は大丈夫と思はれる」（昭和二三年七月二八日）と安堵してみたり、「そこで今日は年内一杯位で政界を去らうとの決意をした」（昭和二三年八月一日）り、気持ちが千々に乱れるのである。歴史の後知恵から言うと、これはまさに自己実現的予言と言うにふさわしい。すなわち芦田内閣は、栗栖・西尾の拘引によりちょうど一〇月に辞職のやむなきに至るからである。それでもなお芦田自身が「私は一生を通じて二度迷った。一つはミヨ子の縁談の時、今一つは今回の辞職問題である」（昭和二三年一〇月五日）と述べているように最後の最後まで芦田は首相の座に固執したのであった。もう一方に「然し人生は腹八分だ。も少しアシダにやらしたかったと言ふ程度で引込むのが良いのであらう」（昭和二三年九月三〇日）との醒めた認識がありながら、現実には引き際の美学を演出できないのが、政治家の業と言うべきであろう。

被告となった前首相

首相の座を降りた芦田は、一二月に昭電疑獄のために逮捕される。しかし無実を主張する芦田は、「拘留されても立候補する決心をきめた」（昭和二三年一一月三〇日）。そして逆境に立った方が芦田は底力を発揮し、総選挙で見事に最高点当選を果たし「こゝで落選したらそれこそミジメだったらう」（昭和二四年一月二六日）との感慨を示す。

これ以後、芦田は政治生活と公判生活とを両立させていくことになるが、公判による心理的圧迫は相当なものであった。ある時は「明け方から眼がさめて考へごとをした。又しても悟りが足りないで腹が立つ。それを抑えようと努力する」（昭和二四年五月二二日）と述べ、またある時は次のように強気と弱気との交錯する心理を素直に語っている。「今日の法廷では空気が有利に見えた。帰る時に綾部君が「流石に前首相の堂々たる貫録を示したね」と言った。検事のまごついた形もおかしかったので気持がすうすうしてゐる。夕方からは反動的に気がくさくさした」。

結局芦田は精力的に文筆活動に打ち込むことによって、公判に伴う心理的な虚無感から自らを解放しようとする。その意味で「床に入って新聞や通信をよんだが、何となく淋しい。友達でも呼ぼうかと考へ乍ら中央公論の荷風の日誌、断腸亭日乗をよんでゐると色々のことを考へた。第一に荷風が毎日無為にして日を過すのを不思議に思った」（昭和二四年六月四日）と記しているのは印象的である。そして昭和二五年半ばごろから芦田は前首相としてある程度の政治的復権をとげ、三〇年代に入って最終的に無罪が確定した後、死を迎えることになる。

神に祈る

芦田のように一見アクがなく権力者的イメージの弱い政治家でも、内面的世界における起伏の激しさには想像を絶するものがある。そして、自ら激する心理をどうにも持て余した時、彼が最終的に頼るのは他ならぬ神であった。たとえば芦田は追放の有無が問題化した際、次のように書いている。「歩き乍ら不図頭に浮かんだことは四月十日、八坂神社へ詣でて御みくぢを引いた時大吉が出たといふこと、そして神様は正しい者を勝たせようと考へてゐるといふ事だった。そうだ神様が見て居られる！そう思ふと心機は急に一転して元気になった。よし来い。陰謀ならば凡て叩き破って見せる！」。

以上に述べた芦田の心理ドラマが、すべての首相の場合に妥当するとは言えまい。しかし、首相の座を前にした時、進むべきか退くべきか、虚偽意識も働く中で、当事者がきわめて人間らしく逡巡するであろうことは、疑いえない。その意味で、ここで垣間見た芦田日記の描き出す心理的葛藤の内面的世界は、すぐれて普遍性をもつと考えられよう。

終章　戦後七〇年のむこうに、何が見えるのか

自民党の根幹には「戦後」への追憶感情

二〇一五年にこの国は遂に「戦後七〇年」を迎えた。

「戦前」は一八六八年の明治維新から一九四五年の敗戦までの七七年。これに対して「戦後」も半世紀を超えて、七〇年を迎えることができた。喜寿の「戦前」、古希の「戦後」、いや冗談ではない。実は還暦を迎えた自民党の根幹には、「戦後」への追憶感情が常にある。しかも、「追憶」は「保守」の感情を伴わない。なぜなら自民党の「追憶」はいずれにせよ流動的であって、敗戦からずっと続いている「戦後」を、今にも終わらせるというアクションを時に取りながら、実はバージョンアップしたい本音に迫られてしまうからだ。

もちろん「戦後」の歴史は歴代の自民党政権が常にこの「戦後」を終わらせようとして、次から次へと政治課題を設定してきたことを示している。そもそも自民党は、「もはや戦後ではない」とする一九五六年の経済白書の高らかな宣言に示されるように、その前年、一九五五年の保守合同によって誕生したのではなかったか。しかも吉田茂政権の終焉と、戦前の経済水準への回帰とは、まさにこの政権が担った「戦後復興」の課題達成を意味するものであった。

しかし「戦後」はだからといって終わらない。「戦後」を終わらせるために、新しくスタートした五五年体制下の自民党政権は、ポスト「戦後」を模索しながらも、統治の思考様式や閣僚人事において、一挙に「戦前」を引き寄せる結果を招いてしまった。

特に岸信介政権は、「安保改定」と「憲法改正」によって「脱占領」というカタチでの「戦後」からの自立を求めた。結局のところ、主観的には「戦後」を超えるはずが、客観的には「逆コース」という言葉に象徴されるように、ノーモア「戦前」が、ここで確定してしまう。そこで文字通り戦後派初の首相が導いた池田勇人政権は、復興から高度成長へという舵をとり行うことにより、「戦後」の肯定の上に更なる飛躍を目指す方向に転換した。そこでは「憲法改正」の棚上げが進む。一九六四年の東京オリンピックは、まさに「戦後」の達成と着地点を国内外に示す国際的イベントに他ならなかった。

この二〇年、すなわち今われわれの経験しているこの二〇年にはるかに先立ち、「戦後」の一つの着地点までをトレースした一九四五年からの二〇年は、こうして「戦後」を手放しでたたえる明確なエポックを迎えたのであった。だからこそ、続く佐藤栄作政権は新たなる政治課題を、「沖縄返還」と定め、佐藤首相自ら「沖縄の返還なくして戦後は終わらない」と明言したのであった。

しかも佐藤政権の時代、終わらぬ「戦後」に「明治百年」が重なる。「戦前」初頭の明治の国生みの栄光が、まさに「戦後」的価値の繁栄にダブって見えるならば、「戦後」の肯定に異をはさむ者はいないことになろう。そのうえ佐藤は日本が大陸を向いていた時代は不幸であったとして、「戦前」と明確に区分された「戦後」の固定化を強調してみせた。

政治価値を脱色され「戦後」は固定化

かくてポスト佐藤の「三角大福鈴」政権は、「戦後」的価値をますます享受するようになってゆく。象徴的なのは、新全総（新全国総合開発計画、一九六九年）と日本列島改造論（七二年）がしめした国土開発の思想である。この二つのプランに共通する特徴は、地政学的に言えば、「日本列島の中で考える」という発想にあった。

そこには、日本の周辺たる中国も朝鮮半島も東南アジアも、一切出てこない。日本海はもちろん太平洋すらない。まさに抽象化され、北海道と九州とを形状的に接近させる「日本列島を丸くする」イメージ図が描かれた。みごとなまでに「戦後」はここに政治価値を脱色されたまま固定化されてしまったのである。

しかし、「安保改定」と並んで「戦後」を終わらせる課題たる「憲法改正」を首相在任中にできなかった岸信介は、政権へのカムバックを秘かに念じていた。岸はポスト佐藤の時代に、脱イデオロギーの権化である田中角栄を最大の敵に見すえながら、「戦後」を終わらせることを考える。そして岸はそのために「憲法改正」を常日頃語っていた中曽根康弘政権への支持にまわるのだ。

確かに中曽根は自らの政権のあり方を「戦後政治の総決算」と位置づけ、「戦後」を終わらせることを高らかに宣言した。そして国家的な価値を重視し、「憲法改正」を視野に置き、靖国問題など「戦後」の中に封じ込められてきたイデオロギーの一斉開放を目指してきたものの、結局固定化した「戦後」は微動だにしなかったのも事実である。

ポスト中曽根政権の嫡子であった竹下登政権の短命崩壊は、リクルート・スキャンダルと消費税導入が契機であった。ここに固定化された「戦後」は、戦後政治体制の礎となっていた自民党政権そのものの構造的劣化をもたらし始めた。さらに東西冷戦の終焉による世界レベルでの「戦後」イデオロギー構造の崩壊が起こると、日本の政治・外交も無傷ではおかない。すなわち一九九〇年代は内外ともに、これまでとは非連続のかたちで、「戦後」解体への圧力が強まった。

「戦後」を壊す期待込め「政治改革」の時代

そこに「戦後」をぶち壊す国民の期待を伴って「政治改革」が、この文脈の中に立ち上がる。それは「戦後」の政治価値そのものではなく、「戦後」より一〇年若い「五五年体制」を壊すことによって、いわば「戦後」の政治構造を変えることにシフトしたのだ。こうして二〇世紀末の一〇年と二一世紀初めの一〇年、あわせて二〇年の「政治改革」の時代となる。戦後五〇年は、今考えると長期にわたる「政治改革」の出発点の只中にあったのだ。

二〇一二年一二月の総選挙による自民党の政権奪還と、二〇一三年七月の参議院選挙によるやはり自民党の勝利によって、「政治改革」の時代にピリオドが打たれた。この二〇年をリードしてきた小沢一郎そして小泉純一郎の二人とも、政治生命を終えかけている。

小泉についてては一点だけ注意を促しておきたい。やはり福田赳夫の薫陶を受け岸派の末流にいたせいであろうが、国家的価値、歴史認識やイデオロギーという、政治価値の問題に、小泉は本能的に一定程度の関心を示した。それを三点に絞れば、「憲法改正」「靖国参拝」「女帝容認」であった。出処進退をめぐって一番話題になったのは、中曽根政権以来争点化した「靖国参拝」に他ならない。しかし小泉はこれらの政治価値の問題につき、言挙げをし話題の種となる以上のことには、関心もなく踏みこまなかった。

繰り返すが、戦後五〇年を始期とする「政治改革」は、この二〇年で一回転し、その役割を終えた。すなわち「小選挙区」「二大政党」の下、二〇〇九年の「政権交代」では民主党政権が誕生したものの、続く二〇一二年には再度の政権交代で、自民党政権が返り咲いた。「政治改革」の主唱者・小沢一郎が望んだのは、明らかに「政権交代」による長期にわたる自民党の野党化であった。他方「政治改革」とは無関係に小泉純一郎が推進したのは、「抵抗勢力」としての自民党の崩壊の契機を作りだし、「官邸主導」による「劇場型政治」推進への転換をはかることであった。

実はそのどちらもが中途半端なまま、失敗に終わった。小泉政権の後、自民党政権は、一年ごと三代の首相がなすすべもなく潰《つい》えた。そして野党転落である。しかし続く小沢主導の民主党政権も、これまた一年ごとに三代の首相がなすすべもなく潰えた。またもや野党転落である。その結果「戦後」は終わることなく、これまた残ってしまった。

二〇一二年の衆議院選、翌一三年の参議院選の結果により、自民党政権は公明党を誘ってではあるが、確かに「政治改革」以前の統治構造にビルトインされ再生されたかのような印象を与えている。さらに二〇一四年の再度の衆議院選における自民党の三連勝で、早くも自民党一党優位体制の復活と見るむきもある。

総裁をカムバックさせない暗黙のルール

ただ安倍自民党政権は戦後七〇年を画期として「戦後」を終わらせる契機を含んでいることは確かだ。そもそも安倍は二〇一二年秋の自民党総裁選で総裁に返り咲くまで、主観的にはいざ知らず、客観的には政治的復活の可能性はゼロに等しかった。なぜなら五五年体制成立以後の自民党政権は、常に総裁の座をとりかえ、一度使った顔は二度とカムバックさせないという暗黙のルールで運営してきたからだ。

しかし、かつて「戦後」からの自立に失敗した岸信介は、もう一度首相にカムバックできたならと、次のような注目すべき述懐を残している（原彬久編『岸信介証言録』中公文庫、二〇一四年）。

「私はいまでも思うんだが、戦後の日本では派閥間の抗争、党内の人間関係からいうて、一度総理総裁になるとそれで一丁上がりということで、お次の番ということになるんです。本当は、総理をやってですよ、しばらく野に下《くだ》って、今度は権力者としてではなく国民の側に立ってものを観察し、いろいろ思いを巡らしてこれを前の経験と結び合わせてもう一度総理をやった政治家は、前より大いに偉くなるんですよ。それを利用しないのは、国にとって非常に僕は非能率だと思うんだ」。

それでもカムバックを夢見た岸信介、田中角栄、福田赳夫、橋本龍太郎と、安倍よりははるかに実績をあげた何人もの有力ＯＢが、常に涙をのんできた。その敗者の歴史の中で、任期も一年と短く実績にも乏しい安倍がなぜカムバックに成功したのか。

派閥が名存実亡となり横断的に多数派を形成

理由の第一は小泉純一郎元首相が行った「抵抗勢力」排除による自民党ぶっ壊しの効果にある。派閥が名存実亡となり、派閥の長が総理総裁をめざし金と人事の支配を貫く構造がなくなったことだ。今の「仲良しクラブ」に、決定打を打つことはできない。だから安倍は旧来の派閥を横断する形で多数派を形成できた。そのうえ、安倍は「短命で非力」のイメージであったが、総裁選に挑む新人候補も「短命で非力」に見えたせいもあり、再チャレンジの資格が容易に与えられる状況にあった。

理由の第二は、いわゆるアベノミクスを訴え、政権の第一課題に経済と金融を措定したことだ。同時に小泉ばりの敵対劇の演出に成功する。すなわち政権発足一〇〇日間での勝負に賭け、明確な「敵」として残り任期が三カ月の白川方明・日銀総裁を据え、デフレの元凶としてたたき、アベノミクスを象徴する黒田東彦新総裁の電撃的着任と金融政策の変更を断行した。景気をよくする話に反対する人はいない。このムードづくりに安倍は勝った。

そして再チャレンジの日本と自らを重ね合わせ、国民に過去を振り返らせず前を向かせることに腐心する。「追憶」でなく「希望」を追求することで、カムバック首相は先の辞任の時のみじめな姿について一言も弁明することなく、あっという間に上昇気流に乗れた。

第三に、内閣と官邸および党の人事配置に工夫をこらした。第一次安倍政権の最大の失敗は、イデオロギーを振り回す大政治と、補佐官を多用する小政治を、「お友達」ネットワークで乗り切ろうとしたが、結局官僚や政治行政のプロの知恵を利用する術を知らぬまま、これまで官邸や党の中に脈々と受け継がれてきた「暗黙知」を壊してしまったことに尽きる。

だから第二次安倍政権の命運は、かつて自分が壊した政治の「暗黙知」を再生できるかどうかにかかっていた。第二次安倍政権はかなり早い段階で、古き良きネットワークを復活させ新しい人材とマッチングさせることによって、機動的かつ機能的な官邸を作り上げ、あらゆる権力の一元化に成功した。具体的に言えば、閣僚と同じく小泉政権以来四代の保守政権を支えた官僚を、官邸にカムバックさせ、「官高党低」と称される体制を築き上げた。それは「追憶」の人材を使いながら「追憶」の政治を超える可能性を持つことになる。

これを実現したのは、誰あろう安倍総理と菅義偉官房長官の絶妙のコンビである。実は、安倍も菅も政治の履歴は浅く、細川政権以来の政治しか体験していない。安倍は九三年、菅は九六年の当選だからだ。したがって二人とも派閥の論理や旧来の党と官邸の文法をこれまたよくは知らぬ。すでに述べたように派閥は名存実亡となり、派閥の長が総理総裁をめざして金と人事の支配を貫き、選挙のたびに派閥が盛衰を繰り返す構造が事実上なくなった頃に、彼らは政治の現場を踏んだのだ。だから安倍と菅のコンビは、既成の政治にとらわれることなく、旧来の派閥を横断する形で多数派を形成し、選挙戦で勝利をおさめたのだ。

野党を経験した政治家には安倍政権は「楽しいわが家」

さらに第二次安倍政権は、閣僚人事を凍結し内閣改造を一年一〇カ月後に先送りした。これは小泉内閣以来のことである。入閣待望組がたくさんおり、空手形を乱発したという噂があるにもかかわらず、なぜ安倍にそれが可能だったのであろうか。それは安倍そして菅個人のリーダーシップや力量のなせるワザではない。安倍政権にまつわるより構造的な問題に帰着するのだ。それは自民党内に明確な反安倍勢力がいなくなったことに起因する。

政権交代で三年冷や飯を食わされてきた自民党の政治家にとって、安倍政権は久しぶりにホッとできる楽しいわが家なのだ。だからそこで難しいことは言わないでおこう。しばらくは政権のぬくもりをじっと感じていよう。そんな気分であれば、「今」を少しでも持続するのがよいことになる。

派閥全盛時代の自民党には、常に次への見通しがあった。だから内閣改造で閣外に去った人も、派閥がその後の政治人生を保証してくれた。派閥衰退期にあっても竹下登は、ありとあらゆる人々の面倒を見た類希《まれ》なる保証人であった。だが今や保証人なき政治だから、「今でしょ」的な刹那主義に現役を張る政治家は陥らざるをえない。一寸先は分からないのだ。

しかもこれだけ「二大政党制」が跡形もなく消え去ってしまったにもかかわらず、自民党永久政権を信じている者は少ない。細川政権、民主党政権という二度の政権交代が現実に起こったことから来る、その不可塑性の認識があるのだ。そもそも二度あることは三度あると言うではないか。

首相や大臣経験者を活用――政権の安定を図る

そこで第四に、安倍政権は「今」をうまくまわすための人材登用に向かう。それを一言でいえば、「シニアサークル」の確立と「シニアミニスター制」の運用である。安倍は明らかに「シニアサークル」で自民党政権を安定させ次につなぐことを考えた。すなわち総理・総裁クラスを再び権力循環の輪の中に入れこみ、昔のように一丁上がりでお役ご免にはならなくしたのだ。元首相たる安倍自らの首相へのカムバックがそれを可能にした。だから元首相・麻生太郎を副総理兼財務相にできた。そこで今度は前総裁たる谷垣の番で、法相から幹事長への起用である。さらに安倍とはウマの合わぬ福田康夫元首相も、中国やアメリカとの安倍外交をサポートする役回りを演ずることになった。ポスト小泉を競った「麻垣康三」のみごとなばかりの全員の復権ではないか。

さらに「シニアミニスター」として、経済再生担当大臣の甘利明、外交担当副総裁の高村正彦を挙げることができる。彼らは安倍の信任とこれまでのキャリアから、経済産業大臣や外務大臣のシニアとして力を振るえるのだ。ＴＰＰ交渉しかり、集団的自衛権しかりだ。

かくて内閣や党の主要ポストを、「シニアサークル」の中でまわす道筋をつける。「派閥」や「イデオロギー」を超えた新たな人材回転システムの誕生だ。その証拠に二〇一四年の内閣改造でも、もののみごとに「シニアサークル」内の人々は留任もしくは横すべりとなり、新たに二階俊博が総務会長にカムバックする形で「シニアサークル」入りしている。そして安倍の先輩格にあたり、前回総裁選のライバル町村信孝を、今度は衆議院議長に推すことにより、「シニアサークル」はますます輝きを放つ。町村の後には、前副総裁大島理森を衆議院議長にすえ、同じく「シニアサークル」の一員としている。

序章と第1章で触れたように、遠い昔、吉田茂首相は、人事権の活用で要所要所のポストを固めたのであった。温故知新というが、安倍と菅にそんな故知を参考にした様子はない。しかし、歴史はくり返すというのは本当である。この件に関しては、吉田と安倍にはアナロジーが効く。

「スピード感覚」の政治を「シニアサークル」が後押し

では、「シニアサークル」は、どこにどう効いているのか。

まずは「集団的自衛権」をめぐる安倍と当時の幹事長で唯一のライバルたる石破茂との政治観の相違に光を当ててみよう。歴史的な閣議決定一本やりの安倍と、基本法、グレーゾーンと多角的手法を使って実質的な解決をめざす石破とでは、政治への時間的な感覚が全く異なる。安倍―菅体制にとっては、〝やっている感〟〝進めている感〟に象徴されるスピード感覚が重要なのである。あれもこれもと争点を掘り出して、一つ一つ解決していく時間的余裕はない。ただしメディアや世論の批判に備えて、常に少し先を指し示しながら止まることなく動いていること自体に重きを置いて政治外交を牽引していくのだ。

このようなかたちで政権を維持していくならば、再び野党転落への恐れを生ずる党内対立を表面化させず、ひたすら短距離走のゴールをめざす安倍―菅の「スピード感覚」の政治を後押ししてくれる「シニアサークル」ほど頼りになるものはない。しかし、「シニアサークル」の活用は、自民党としては逆に新人登用、次世代育成の芽をつんでしまう危険性がある。かつては佐藤政権、中曽根政権、そして小泉政権ですら、五年以上の長期政権の担い手は、次世代の政治家を競わせながら後継者として育成していったものなのだが。安倍政権にはそういった姿が見えない。

かくて安倍政権の不幸は「反対者なき政治」になってしまったことにある。実は政治というのは、よほどの独裁政治でもない限り、反対者がいて初めて、緊張感が走り、戦略の凄みが出て政権は引きしまってくるのだ。だからこそ次第に強力な政権に化けうる。そこで反対者がいなければ、これを無理してでも作り出す方に安倍政権は傾いていかざるをえない。一三年秋から「追憶」の「国家イデオロギー」「国家価値」の政治に、安倍が踏みこみ始めたのは、その証拠である。「特定秘密保護法」の制定がその試金石だ。そして同年一二月の安倍の「靖国参拝」と続く。だが大方の予想と異なり、前者で支持率は一〇％下がったがまもなく元に戻り、後者では支持率は落ちなかった。特に若者世代は、逆に安倍支持にまわっている。

これをどう読み解くかが問題だ。明らかにメディアが型にはまったように繰り返す「いつか来た道」として一九三〇年代モデルを持ち出す議論が、もはや利かなくなってきたのではないか。軍部も植民地もなくなって久しい今の時代に、あの戦争に至る一九三〇年代を軍国主義路線と位置づけ、そのままモデルとして現代を読み解く思考枠組みから、そろそろ離脱を迫られているのではないだろうか。一九三〇年代を持ち出して歴史的アナロジーにひた走り出した途端に、実は今の日本についての建設的な議論がかえって封じ込められてしまうのではないだろうか。

派閥衰退で変質した自民党の「絆」

そもそも本来は少数派だったはずの安倍の国家価値やイデオロギーを黙認するかのように、自民党内が変わっていったのはなぜなのか。それは自民党の「絆」について議論することでもある。「絆」と言えば、繰り返し出てくる派閥がそれに当たる。

だが、派閥が衰退の一途をたどると、派閥を単位とする疑似家族的な共同体感覚も雲散霧消した。すなわち、自民党政治家の信条や「私的」メンタリティーを回収できた「派閥一家主義」的感覚が失せてしまったのだ。この結果、二〇〇九年の下野以降の自民党は、もはや「包括政党」ではなく、共同体意識を育む「派閥一家主義」もなく、「対抗イデオロギー」にも確固たるものはないと自覚する。自民党の全体性をカバーするものがなく、どこにも回収されなくなった政治家の私的心情はいつまでも浮遊してはいられない。そこに安倍がカムバックした。

三年ぶりに政権に戻った自民党の感覚は「「ようやく」返り咲いた与党」である。民主党批判が一枚看板であった自民党にとって、それ故に存在した一体感が、そのまま「与党共同体」意識を醸し出した。ただし、三年ぶりの与党の春も、やがて冬を迎える「小春日和」だという自覚もある。

すでに述べたように、政権交代必定の理が分かっているため、「五年先は再び野党かもしれない。だとしたら、今せっかくの小春日和を楽しもう。小難しい理屈をこねて安倍に反対するのはよそう。安倍につながろう」という気分になっている。

安倍の信条体系の三点セット「歴史認識」「靖国参拝」「集団的自衛権」は、「フツーの自民党政治家」にとって、党内に異論も根強かった狭き門である。だが、今の自民党は、三点セットを前におとなしい。議員バッジを外した多くの個性的な政治家は異論と唱えぬ現役陣をしかるが、しかられた方はどこ吹く風だ。なぜか。そこに実は、今の政権の特質がみられる。

「部分的整合性」で政策を進める安倍政権

三点は確かに課題としてはあるが、安倍はここでも「全体的整合性」という考え方をとらず、「三点各々＋α」という態度をとる。他の政治家の個性やこだわりを尊重しながら一致点を探ることで

「部分集合」を形成し、三点を関連づけない「仕切られた構図」の中で課題を達成する。いわば「部分的整合性」で政策を進めるやり方が特質だといえる。

「閣議決定による集団的自衛権の容認」は、安倍の信条体系に基づいたものに他ならない。しかし、他の多くの政治家や官僚は信条とは切り離された散文的世界での理屈の仕事と割り切り、憲法解釈を巡る様々な言い換えや機能主義的方法を駆使することで「部分集合」を形成し、閣議決定へと導いた。結果として、信条体系と実利体系が一致した稀有の事例だろう。

「歴史認識」と「靖国参拝」も他の政策との全体的整合性への配慮はないが、その分、「仕切られた構図」の中に収まっているから、全体への懸念より「小春日和」を楽しもうという心情が勝り、自民党内からの批判は乏しい。気宇と器量が小さく収まった今の自民党では、かつてのように百家争鳴をさばく余裕がないことの表れでもあろう。

もっとも、政権にとって、党内の反対や批判が出ない、沈黙の現状は決して好ましくない。繰り返すが、与党内の批判の声に接してこそ初めて自らの立ち位置の客観的確認が可能となり、やるべき課題への集中度も高まるからだ。その意味で、現状は安倍政権にとって不幸だともいえる。

二〇一四年末の総選挙の結果は、「一強多弱」どころか、いよいよ「一強」を確認する状態を示している。「戦後七〇年」と「自民党結党六〇年」、〝古希〟を祝うか、〝還暦〟を祝うか。さて、二〇一五年、安倍政権は安保法制の成立において国会を乗り切り、支持率は再度の小規模改造後に上がった。「戦後七〇年」の首相談話では、「侵略」も「事変」も「戦争」も脈絡なく入れることによって、日本およびアジアの安堵感を得ることになった。そこで、利益政治もイデオロギー政治も「サラダボウル」に一緒に入れてこね回し、適宜適切にそこから〝政策〟をとり出す自信を安倍政権はもったのである。安倍のイデオロギー的価値と信条体系の政治の中には、いよいよ「憲法改正」が加わり、「脱占領体制」そして「脱戦後体制」をめざしての動きが具体化することになる。

かくて戦後五〇年から七〇年までの「政治改革」の時代は幕をおろし戦後七〇年を画期として、「信条体系」の時代が幕をあけるのかもしれない。

あとがき

戦後七〇年は、私の「学者生活四〇年」の年でもあった。数年前に研究室の整理を始めたところ、書籍と書類に埋もれた研究室の中から若書きの原稿や論文がいくつも見つかった。シュリーマンの気分である。どうしようかと思って、即座に畏友たる吉田書店の吉田真也君に電話したところ、「本にしますから」の一言で研究室に駆けつけてくれた。「これは今まで単行本化されなかったものばかりで、私も目をつけていたんです」と論文の束を手に取って言う。

かくて〝お宝〟発見が契機となって、一冊の本が出来上がることになった。全九章の仕上がりとなったが、そのうち四章分は一九九五年刊行である。戦後五〇年は多産な年だったのだと実感する。それ以前一九九〇年前後の二章分、それ以後二〇〇〇年前後の三章分でこの一冊は成り立っている。もっとも戦後五〇年そのものをテーマとした論文はない。ただその雰囲気の中で、戦後を振り返りつつ様々な事象を取り上げて考察している。戦後も振り返るべき歴史を持つくらいに、時を刻んだのだという意識が、すべての論文の基調にはある。

そこで吉田君の配列による目次を眺めているうちに、『戦後をつくる』という論文集のタイトルが頭に浮かんだ。正直なところ、戦後七〇年の現在から、これらの戦後五〇年の刻印のある論文を改めて読み直してみると、「どうしてこんなに明るいのだろう」「先行き不透明な筈なのに、この楽観的な気分は何なのだ」と思わざるをえない。いずれにも戦後五〇年の〝達成感〟の如きものがまとわりついているからだ。あれから二〇年たった今、戦後五〇年前後――一九九〇年代――に書かれた作品群がどう目に映じるかはあたかもタイム・マシンの旅の様相を呈する。九つの事象に関して「今ならこうは確信に満ちて書けないな」とか、「留保条件も付けずに思い切って言っちゃったんだな」とか、過去の〝お宝〟を読むと意外にもスリリングな気分を味わえる。読者にも、このタイム・マシンによる歴史紀行の面白さを堪能していただければ幸いである。

さらに、「国土計画」「栄典体系」「復興計画」についていえば、それぞれの章の扉、もしくは補遺で触れたように、これらの論文が現実の政治・行政との密接な関係を育むことになった。すなわち、「東京環状道路有識者委員会」「国土審議会」「社会資本整備審議会」「栄典制度の在り方に関する懇談会」「東日本大震災復興構想会議」などで、現実の政治・行政と向き合う体験をした。はしなくも「戦後五〇年論文、著者を現実に走らせる」あるいは、「〝戦後〟をつくる行為に参加させる」といった趣きになった。

ところで、戦後八〇年、九〇年、一〇〇年はあるのか。疑問なしとしない。いよいよ「戦後をこわす」テーマ群が押し寄せてきそうな気配がする。しかし、「こわす」のは「つくる」とともに、主体的行為の範疇に入る。どこからともなく聞こえてくるのは、「こわす」ではなく「こわれる」ではないのか。「戦後がこわれる」――いい意味でも悪い意味でも、次の戦後八〇年からはそんな時代風景が見えるのかもしれぬ。個人的にも戦後八〇年は後期高齢者入りの年となる。果たしてめでたいのか、めでたくないのか。正直のところわからない。

ただ次の一〇年に向かうにあたって、「戦後がこわれる」モードの中で、「戦後を超える」主体性を取り戻さねばなるまい。地味であっても、それは歴史、近代史、戦後史に淫する態度以外の何ものでもない。そこで、御厨〝翁〟はかく語る。「今一度じっくり戦後にこだわろう。戦後三昧にふけろう。そこからポスト戦後をつくる何ものかが発見されるだろう」。だから、〝翁〟の〝お宝〟発見の旅は続く。

御厨翁記す

二〇一六年一月

山口昇　239
山崎猛　47
山田泰司　130
山本粂吉　347
屋良朝苗　131
横田喜三郎　55, 56, 58, 59
横田正俊　59
吉川弘之　239
吉国一郎　186, 188
吉田茂　4, 42, 47, 48, 51-57, 59, 123, 125, 126, 134, 141-143, 209, 255, 261, 271, 323, 324, 334, 338, 339, 349-351, 354, 357, 359, 360, 381, 382, 385, 394
吉田達男　100
米内光政　37

【ら行】

ラーナー，マックス　258
ライシャワー，エドウィン　267

【わ行】

渡部経彦　100

379
鳩山和夫　254
鳩山由紀夫　9, 10
馬場恒吾　22-24, 26, 27, 31, 32, 246, 250-254, 256, 270, 276
浜口雄幸　2
早坂茂三　107, 110, 112, 129, 145, 146, 148
林譲治　48
林銑十郎　228
原敬　2, 33, 378
原田憲　107
原彪　49
一松定吉　352
平岩外四　298
平田敬一郎　100
平沼騏一郎　36
平山郁夫　239
広川弘禅　48
広中平祐　232
福田赳夫　127, 149-151, 388, 390
福田康夫　9, 123, 394
藤森昭一　239
麓邦明　107, 110, 112, 145, 146, 148
古井喜美　351
古澤裕一　261
平成天皇　217, 231
細川護貞　264, 265
細川護熙　284
堀田正昭　345
本多熊太郎　345

【ま行】

牧野伸顕　36, 37, 47
真崎甚三郎　261
正宗白鳥　253
益谷秀次　52
町村金吾　351
町村信孝　394
松岡駒吉　45
マッカーサー　32, 44
松下幸之助　215
松田太郎　175
松平恒雄　45
松平康昌　37
松永安左衛門　97, 210
松野鶴平　52, 261, 326, 349
松村謙三　352, 354, 355, 357-362
松本健一　140
松本烝治　35, 39, 40, 42, 43
三木武夫　57, 149, 150, 213, 325, 329, 331-353, 355-357, 359, 361-364
三木武吉　327, 358, 361
水野広徳　253
美濃部達吉　42
三淵忠彦　45, 46
宮崎仁　99
宮崎正義　65
宮沢喜一　8, 92, 103, 131, 144, 273, 274, 284
宮原安春　245
三好英之　342
武藤章　29
武藤富男　64
村田省蔵　341
村山富市　305
森山信吾　99
森喜朗　8

【や行】

柳町尚毅　67, 68
柳谷謙介　239
矢部貞治　28-30
山県有朋　2
山川均　327
山川端夫　345

実吉利恵子 266, 268
佐橋滋 196, 197
椎名悦三郎 140
重光葵 165, 323-325, 342-364
獅子文六 232
幣原喜重郎 32, 34, 47, 48, 255, 329, 330, 380
嶋中雄作 253
下河辺淳 71, 89, 91, 99, 107, 112, 124, 141, 146, 289-294, 296-305, 307-309, 314
首藤宜通 67
昭和天皇 21, 22, 30, 36-38, 204, 215, 216, 231
ショー，アレクサンダー・クロフト 245
白川方明 391
白洲次郎 246, 249, 268, 270-276
白洲正子 268, 272, 275
菅義偉 392, 395
杉道助 214
杉山平助 253
鈴木善幸 213
鈴木義雄 190-192
瀬島龍三 215

【た行】

平貞蔵 66
高杉晋一 175
高橋是清 33
多賀谷真稔 194, 195
竹下登 8, 124, 387, 393
竹田恒徳 263
田中角栄 6, 71, 83, 90, 106, 107, 110-114, 123-152, 387, 390
田中義一 33
田中耕太郎 48, 52, 55
田中武夫 192, 193
田中真紀子 127
谷正之 343, 350, 357
谷垣禎一 394
玉村豊男 246, 276-283
丹下健三 97
近松秋江 253
千葉亀雄 253
チャーチル 382
次田大三郎 32-35, 37
土屋清 77
堤康次郎 49, 246
ディクソン，ジェームス・メイン 245
徳田秋声 253
土光敏夫 214, 215
苫米地義三 337, 339, 355
富田健治 29

【な行】

中曽根康弘 6, 134, 149, 213, 387
中田吉雄 197
永野重雄 214
二階俊博 394
二階堂進 145
西井淳 293-297
西尾末広 333, 381, 382
根本龍太郎 90
ノーマン，ハーバート 267

【は行】

橋本登美三郎 90
橋本龍太郎 132, 133, 390
バジョット，ウォルター 16-19
長谷川登美子 264
長谷川如是閑 253
鳩山一郎 4, 42, 52, 96, 143, 165, 246, 254-262, 269, 270, 275, 276, 278, 279, 284, 324, 326, 327, 357-361, 363, 364,

大塚肇　175
大平正芳　131, 144, 145, 149
岡田啓介　37
緒方竹虎　331, 354, 355, 358, 359
尾崎三良　248, 249
尾崎秀実　30
小沢一郎　7, 388, 389
小沢久太郎　67
尾高煌之助　158
小汀利得　253
小渕恵三　8

【か行】

開高健　93-95
貝原俊民　298
風見章　29
加瀬俊一　343
片山哲　45-47, 330
加藤シヅエ　212
金森徳次郎　43, 44
金平輝子　239
金森徳次郎　226, 227
上司小剣　253
亀井正夫　215
茅誠司　97
河井弥八　49
川上哲郎　298
川崎秀二　347, 348, 352
川端康成　138
菅直人　9
岸田國士　228
岸信介　4, 5, 49-57, 59, 96, 143, 144, 150, 165, 342, 357-361, 364, 386, 387, 390
北村徳太郎　344, 348, 352, 355
喜多村治雄　68, 87-89, 91
木戸幸一　36, 37
木下道雄　36, 38
清沢洌　252, 253
清瀬一郎　347, 352
楠田実　96
倉田主税　175, 179
栗原東洋　67
来栖三郎　345
栗栖赳夫　382
グルー，ジョセフ　267
黒金泰美　144
黒川紀章　100
黒田東彦　391
小泉純一郎　8-10, 388, 389, 391, 394
高村正彦　394
河野一郎　57, 326, 327
後藤田正晴　20, 131, 132, 140, 298, 311
小長啓一　112, 130, 138, 148
近衛文麿　3, 29-31, 33, 35, 36, 65, 253, 254, 261
小林秀雄　139

【さ行】

西園寺公望　2, 10, 24, 25, 36
西郷従道　203
財前直方　67, 68, 77
斎藤隆夫　329, 330
斎藤実　2, 10
堺屋太一　298
坂田道太　107
坂本二郎　97
迫水久常　89
笹山幸俊　298
佐藤昭子　129, 137, 143, 150
佐藤栄作　52-54, 57, 59, 60, 96, 111, 123, 126, 141-143, 145-147, 150, 213, 273, 386, 387
佐藤喜一郎　214
佐藤尚武　48

人名索引

【あ行】

アイゼンハワー　54
愛知揆一　96, 145, 151
阿具根登　190, 191
朝吹英一　267
朝吹常吉　264
朝吹登水子　246, 262-270
芦田均　47, 253, 255, 261, 323-364, 351-384
芦原義重　214
麻生太郎　9, 394
足立正　212
安倍晋三　9, 10, 284, 390-399
阿部信行　37
天岡直嘉　204
雨宮敬次郎　248, 249
甘利明　394
鮎川義介　164
荒木万寿夫　347
有田喜一　342
有田八郎　345, 363
有馬頼寧　29
飯沼一省　73
池田成彬　65
池田勇人　6, 52, 54, 56-60, 96, 123, 141-145, 189, 273, 349, 359, 360, 386
伊沢多喜男　258
石射猪太郎　345
石黒忠篤　341
石坂泰三　212
石田和外　59
石破茂　394
石橋正二郎　269
石橋湛山　52, 193-196, 199, 354, 357, 358, 360, 361
石原莞爾　65
石原慎太郎　125, 126, 146
一番ケ瀬康子　298
一万田登　337
市村きよじ　246
市村今朝蔵　246
伊藤昌哉　144
伊藤滋　100, 298
伊藤博文　248
稲葉修三　176
稲原勝治　253
犬養健　334, 335
犬養毅　2
井上五郎　214
今井延子　239
入江相政　21, 22, 36
植田敏雄　68
植原悦二郎　72
植村甲午郎　175
宇垣一成　33, 34, 261
潮恵之輔　43, 72
内田健三　341
海野三朗　190, 192
江藤淳　125, 126
遠藤源六　43
王貞治　235
大麻唯男　133, 340-342, 344-349, 352, 354, 355, 358, 359, 361
大来佐武郎　97, 98, 100
大島理森　394
大河内正敏　133

初出一覧（本書に収めるにあたって、適宜修正を加えたものもある）

序章　戦後五〇年を戦後七〇年から振り返る
（原題「議会と政党の移り変わり」『中央公論』2002 年 9 月号）
※後半部分は、「連鎖する「仮置きの総理」――政治の抜本改革を始めよ」（『朝日ジャーナル』2011 年増刊号の一部を改稿したものである。

第 1 章　「憲法」をつくる、「五五年体制」をつくる
（原題「帝国日本の解体と民主日本の形成」『占領と改革』岩波書店、1995 年）

第 2 章　「処」をつくる
（原題「解題」、総合研究開発機構・戦後経済政策資料研究会編『経済安定本部　戦後経済政策資料　第 34 巻「建設」(1)』日本経済評論社、1995 年）

第 3 章　「国土計画」をつくる
（原題「国土計画と開発政治――日本列島改造と高度成長の時代」『年報政治学 1995』）

第 4 章　「列島改造」をつくる
（原題「田中角栄――開発政治の到達点」『戦後日本の宰相たち』中央公論社、1995 年。2001 年に文庫化）

第 5 章　「機振法」をつくる
（原題「機振法イメージの政治史的意味――新しい産業政策の実像と虚像」北岡伸一・御厨貴編『戦争・復興・発展』東京大学出版会、2000 年。その後、尾高煌之助・松島茂編『幻の産業政策　機振法――実証分析とオーラルヒストリーによる解明』日本経済新聞出版社、2013 年にも同題名で所収）

第 6 章　「栄典体系」をつくる
（原題「飽和点に達した栄典制度」「座談会　勲章――大虚礼時代到来の前に」『中央公論』1990 年 3 月号）

第 7 章　「ハイカルチャー」をつくる
（原題「軽井沢はハイカルチャーか」『近代日本文化論 3　ハイカルチャー』岩波書店、2000 年）

第 8 章　「復興計画」をつくる
（原題「危機管理コミッティとしての復興委員会――「同時進行」オーラルの「ファイル」をめぐって」木村汎編『国際危機学――危機管理と予防外交』世界思想社、2002 年）

第 9 章　「政党」をつくる
（原題「昭和 20 年代における第二保守党の軌跡――『芦田日記』『重光日記』にみる芦田・重光・三木」『年報近代日本研究』1987 年。なお、補論は、「「芦田均日記」に見る“首相”の心理的葛藤のドラマ」『通産ジャーナル』1987 年 2 月号）

終章　戦後七〇年のむこうに、何が見えるのか
（原題「「脱占領・戦後体制」めざす動き本格化――この挑戦をどう受け止めるかが問われる」『Journalism』2015 年 1 月号）

著者紹介

御厨　貴（みくりや・たかし）

1951（昭和26）年、東京都生まれ。東京大学法学部卒業。ハーバード大学客員研究員、東京都立大学教授、政策研究大学院大学教授、東京大学教授などを経て、東京大学名誉教授・放送大学教授・青山学院大学特別招聘教授。博士（学術、東京大学）。
専門は政治史、オーラル・ヒストリー、公共政策、建築と政治。
著書に『政策の総合と権力』（東京大学出版会、サントリー学芸賞受賞）、『馬場恒吾の面目』（中公文庫、吉野作造賞受賞）、『権力の館を歩く』（ちくま文庫）、『知の格闘』（ちくま新書）、『政治の眼力』（文春新書）など多数。TBSテレビ「時事放談」の司会も務める。

戦後をつくる
追憶から希望への透視図

2016年2月26日　初版第1刷発行

著　者　御　厨　　貴
発行者　吉　田　真　也
発行所　合同会社 吉田書店
102-0072　東京都千代田区飯田橋2-9-6 東西館ビル本館32
TEL：03-6272-9172　FAX：03-6272-9173
http://www.yoshidapublishing.com/

装丁　奥定泰之
DTP　閏月社
印刷・製本　シナノ書籍印刷

定価はカバーに表示してあります。

ISBN978-4-905497-42-4